财富传递与流动

居民家庭收入差距代际传递的统计测度研究

刘润芳　郝东明◎著

中国经济出版社
CHINA ECONOMIC PUBLISHING HOUSE
·北京·

图书在版编目（CIP）数据

财富传递与流动：居民家庭收入差距代际传递的统计测度研究 / 刘润芳，郝东明著 .—北京：中国经济出版社，2024.2（2025.4 重印）
ISBN 978-7-5136-7629-8

Ⅰ.①财… Ⅱ.①刘… ②郝… Ⅲ.①居民收入-收入差距-经济统计-测度（数学）-研究-中国 Ⅳ.①F126.2

中国国家版本馆 CIP 数据核字（2023）第 254289 号

责任编辑 郭国玺
责任印制 李 伟
封面设计 任燕飞工作室

出版发行 中国经济出版社
印 刷 者 北京艾普海德印刷有限公司
经 销 者 各地新华书店
开 本 710mm×1000mm 1/16
印 张 20
字 数 292 千字
版 次 2024 年 2 月第 1 版
印 次 2025 年 4 月第 2 次
定 价 98.00 元
广告经营许可证 京西工商广字第 8179 号

中国经济出版社 **网址** www.economyph.com **社址** 北京市东城区安定门外大街 58 号 **邮编** 100011
本版图书如存在印装质量问题，请与本社销售中心联系调换（联系电话：010-57512564）

本书由
西安财经大学学术著作出版基金
资助

前言

随着我国经济的快速发展，居民收入水平大幅提升，人们在共享经济发展成果的同时，收入差距也呈现出多维度的扩大趋势。在效率优先原则下，不断缩小收入差距、进一步体现社会公平成为广泛关注的问题。自 2003 年起，我国基尼系数持续保持在 0.46 以上，高于 0.4 的国际警戒线。“富二代”“官二代”“农二代”“穷二代”等成为大众关注的热词，居民收入呈现出阶层固化的倾向，缩小居民收入差距是我国亟待解决的问题。收入的代际传递是机会不均等的重要原因，因此，通过研究代际收入传递机制可以规避机会不均等，缩小居民收入差距，逐步实现共同富裕。本书旨在运用代际传递的相关理论对我国居民家庭代际的流动性进行测度，并从人力资本、社会资本、财富资本和自然禀赋视角分析其对居民代际收入的影响程度，进而探究我国居民家庭收入差距代际传递的特性，为破解社会阶层固化难题、实现机会均等与公平、缩小我国居民家庭收入差距提供理论依据。

本书运用了对比分析、归纳分析与计量模型等分析方法，在代际传递相关理论的基础上进行实证研究，主要包括六个方面的内容：①居民家庭收入差距代际传递的理论依据与基础性研究。在分析研究背景、意义及梳理相关文献的基础上，界定了基本概念与研究内容，说明了数据来源与研究方法；按照“传递机制—构建原则—指标体系”的逻辑分析框架，构建了研究内容理论体系，阐述了人力资本、社会资本、财富资本与自然禀赋对居民家庭收入差距代际传递的影响机制；在遵循五项基本原则的基础上，构建了一套科学系统、适合中国国情、能够反映居民收入差距代际传递影响因素的指标体系。②居民收入差距代际传递测度方法与统计模型构建研究。从居民代际收入流动性测度、代际传递统计测度、收入不平等测度、居民收入差距影响因素贡献率测度四个方面，构建了居民收入差距代际传递统计模型与测度方法，分析了每种方法的适应性与科学性。③居民代际收入流动性的实证研究。通过基尼系数对全国、城乡及地区居民收入差距发展趋势进行分析，运用参数与非参数相结合的方法对居民家庭收入差距代际传递变动趋势进行研究。④居民家庭收入差距代际传递影响因素统计测度研究。本书以代际传递机制与指标体系为依据、统计测度方法与统计模型为工具，采用动态调查数据对居民收入差距代际传递进行实证研究。为实现本书研究目的，满足各因素的可比性需求，本书统一使用 CFPS（2010 年、2014 年、2018 年）数据，分别从人力资本、社会资本、财富资本和自然禀赋四个角度探讨父代对子代收入的影响。⑤各因素在居民家庭收入差距代际传递中的贡献程度。本书运用 Fields 法、Shapley 值分解法对各因素在居民收入差距代际传递中的贡献程度进行探究，按照子代出生年代进行分组，探讨不同年代群体下各因素对我国居民收入差距产生的影响，并在差异性分析中进行城乡以及地区分类，以探究我国居民家庭收入差距代际传递的特性。⑥从家庭、社会和国家层面提出弱化代际传递的策略。结合各章研究结论，本书基于家庭、社会、国家三个层面提出减少代际传递对居民家庭收入差距影响的策略，为保障劳动者收入公平、防止社会阶层固化、缩小贫富差距提供智力支持。

本书通过对居民家庭收入差距代际传递理论和测度方法进行实证分析，发现代际收入流动性对居民收入差距影响显著，且代际收入流动性主要通过人力资本、社会资本、财富资本及自然禀赋进行传递，其影响机制、测度方法与程度均不相同。重要观点具体体现在如下五个方面：①居民收入差距代际传递是一个复杂的过程，不但受到经济、社会、环境的影响，还受到习惯、国情等因素的影响，为达到精而准的测量目的，从统计学角度设计适合中国国情的居民收入差距代际传递指标体系，使得研究具有系统性、全面性与科学性，指标不但包括数量指标，还包括大量的属性指标。②通过对居民收入差距代际传递测度方法的适应性与科学性进行分析，根据传递机制、指标体系的特点需要选择恰当的统计测度模型。比如，将多层线性模型、代际交叠模型引入人力资本代际传递研究，将决策树嵌套分位数回归模型应用到自然禀赋代际传递研究中。③我国居民收入差距依然较大，但收入差距的代际传递作用呈下降趋势；居民家庭代际收入流动性表现为城镇居民家庭代际收入流动性远大于农村，东部地区代际收入弹性最小，西部地区次之，中部地区最大；低收入家庭代际收入向上流动的概率较大，高收入家庭代际收入向下流动的概率较大。④人力资本中教育及健康人力资本均会对居民家庭代际收入产生影响，且人力资本的增加可以显著地减少其余非努力因素对子代收入的影响；社会资本中政治面貌、单位性质、职业类型的代际传递作用较为接近，政治面貌的代际传递作用最强；财富资本中各影响因素的解释力均呈减弱趋势，住房资产、固定资产的中介效应较强，金融性资产、负债的中介效应较为稳定，家庭保险与保障的中介效应较不稳定；自然禀赋按照家庭禀赋、个人禀赋、区域环境、生存环境顺序发挥作用，禀赋因素的作用在增强，自然因素的作用在下降，家庭禀赋和个人禀赋在低收入层次的作用增长较快，高收入层次的作用增长较慢。⑤不同因素在居民收入差距代际传递中的贡献率各不相同。总体来说，人力资本贡献率最高，城乡之间存在较大差异，城镇居民自然禀赋和社会资本的贡献程度相对较高，农村居民人力资本和社会资本的贡献程度相对较高。

本书在研究居民家庭收入差距时，坚持以人为本的学术思想，从人自身、家庭与社会三个方面来解决收入差距问题，这样不但能提高全民的素质，更能维护社会的公平与效率，实现共同富裕。从内容范围来看，本书研究的创新之处主要体现在以下六个方面。①科学设置了一套适合中国国情的居民收入差距代际传递影响因素指标体系。本书从居民收入差距代际传递机制出发，结合我国国情以及其影响因素的广泛性，为达到精而准的测量目的，从统计学角度设计指标体系，并对指标内容作出解释。②综合运用多学科理论与方法。在研究居民收入差距代际传递的机制时，充分利用社会学、经济学、信息学等相关学科知识，在设计指标体系与构建统计测度模型时，采用统计学、数量经济学、大数据科学与技术等方法进行定量分析。③对多种代际传递统计模型适应性进行研究。根据研究目的及数据特点，选择适当模型对代际传递进行多角度研究，在居民家庭收入代际流动性的研究中使用参数与非参数相结合的方式；研究人力资本对代际传递影响时，采用代际交叠模型与多层线性回归模型；研究社会资本对代际传递的影响时，采用分位数回归与结构方程模型；研究自然禀赋时，采用机器学习中的随机森林与决策树模型等。④将多层线性模型引入人力资本代际传递研究中，探究个体、家庭、区域三个层面人力资本对居民家庭代际收入的影响。本书将个体与家庭作为第一层次，家庭所在省作为第二层次，采用零模型、随机效应模型与完整模型把不同阶层的数据整合起来，避免采用传统回归模型进行单层次数据分析而忽略个体特征与环境背景因素的共同作用及从属于不同社会环境的异质性所带来的误差。⑤通过构建自然禀赋决策树嵌套分位数回归模型对属性变量进行处理。在自然禀赋指标体系中大部分指标属于分类变量，首先通过决策树模型对属性变量建模得出子代平均收入来构建一级指标值，然后对一级指标值进行分位数回归，再通过随机森林模型对自然禀赋二级指标中不同因素在收入代际传递中的重要程度进行测度。⑥对离散性变量合理地进行连续性处理。微观数据库中关于健康状况表现为自评健康值（*SAH*），数据属于分类数据，并且个别年份分类标准不一致，如果直接赋值，会使原始信息损失严重，导致测度结果误差较大，因此本书通过使用 Ordered Probit 模型为自评健康值重新赋值使之近似变为连续型数据。

本书是在笔者全国哲学社会科学基金项目的基础上完成的，感谢参与项目研究同人的协助！在本书的写作过程中，得到了西安财经大学统计学院相关领导、专家学者及老师的大力指导和支持，本书的出版得到了西安财经大学 2022 年学术著作出版基金的资助，在此深表感谢！

感谢在本书的写作过程中参阅过文献的学者们，你们的研究为我们开启了一扇门，让我们沿着你们的脚印走得更远，在此表示衷心的感谢！感谢车延、冯雪琴、谢成芳、李馨兰和马蓉同学在本书撰写中整理数据所付出的辛苦劳动！

由于笔者水平有限，书中难免存在疏漏之处，欢迎读者批评指正。

刘润芳　郝东明

2023 年 5 月

目　录

绪　论

第一节　研究背景与研究意义

一、研究背景

随着经济的快速发展，我国居民收入水平大幅提升，人们在共享经济发展成果的同时，收入差距也呈现出了多维度、多层次扩大的趋势，居民在获取各种社会资源、机会，享用发展成果等方面存在一定程度的差异，居民收入不平等现象仍较为明显。如果收入分配领域中存在的问题得不到有效的解决，会阻碍经济的可持续发展与和谐社会的构建，在效率优先原则下，不断缩小收入差距、进一步体现社会公平是我国亟待解决的现实问题。

造成我国居民收入差距扩大的原因较多，其中代际收入传递导致的阶层固化是最重要的原因之一。收入差距代际传递指的就是目前广泛存在的“二代”现象，可以看出父代收入水平在一定程度上影响子代的收入水平。代际收入流动性是衡量收入阶层变动是否健康的重要途径之一，只有顺畅的代际收入流动才能使个人完成收入阶层跨越，才能化解收入分配领域中存在的突出问题和深层次矛盾，促进共同富裕，推动经济社会高质量发展。如何克服代际收入流动性较差的问题，找出影响居民代际收入流动性的主要因素，并使其向好的趋势流动将变得尤为重要。因此，从不同视角对我国居民家庭代际收入传递进行统计测度，探究影响居民家庭收入差距的原因是迫切需要解决的问题。

洛莫（Roemer，1998）提出，影响个体收入的两个重要因素分别为先赋因素和自致因素。[①] 先赋因素是指个体与生俱来的条件，由其原生家庭直接传承而来，而自致因素则是指个体根据自身努力所获得的由个体本身控制的条件。布劳和邓肯（Blau & Duncan）曾在 1976 年的地位获得理论中提出，与自致因素相比，先赋因素在资源获取方面具有相对优势，同时说明了代际传递的重要性。[②] 此外，由于先赋因素具有可量化的优势，故本书将先赋因素确定为主要研究对象。在影响个体收入的先赋因素中，人力资本、社会资本、财富资本和自然禀赋发挥着重要的作用，同时也是导致收入差距的重要影响因素。

人力资本理论提出，发达国家经济增长的内在动力是人力资本，它对居民收入具有重要影响，长期以来，国内外学者大多以人力资本为切入点对收入差距进行研究，探析人力资本对居民家庭收入的影响。人力资本既是个体发展的基石，又是家庭幸福感增长的源泉。个体能力是创造财富的主体，国家政策、制度等是个体创造财富的加速器，辅助财富的增加与合理流向。父代对子代的教育投入，特别是在初等教育和中等教育的投资，在个人成长和发展中发挥着极其重要的作用，从而影响子代的收入。研究表明，加大对弱势群体子女教育的投入可以在很大程度上改变子代的收入状况；同时，父代的受教育程度即人力资本水平决定着子代受教育的程度，从而影响子代的收入，因此，人力资本是解释中国代际收入传递的重要因素。

社会资本是一种隐性资本，会对个人收入产生持久性和延续性的影响，这是其他因素所不能体现的。人类存在的社会性特征体现了个体的一切行动都离不开群体，而个人收入的获得更能体现社会性交往的益处。社会资本存在于社会关系网络中，且通过这种联系网络可以获得一定的回报，是个体所

---

① Roemer J E. Equality of Opportunity［M］. Cambridge：Cambridge University Press，1998.

② Blau P M，Duncan O D. The American Occupational Structure［M］. New York：Wiley，1967.

拥有的一种资本性财产（科尔曼，1999）。[①] 父代通过对子代社会资本的传递而影响子代的收入水平，父代的社会网络和政治资本在就业市场上发挥着重要作用。家庭通过以家人、亲戚以及朋友的强联系形成的社会关系网络能够扩大子女就业的渠道，进而影响子女的收入。父母的政治资本能够促进子女人力资本积累，扩大其在就业市场上寻找工作的概率，进而促进其收入水平的提高。因此，社会资本对收入的影响体现为父代利用各类社会网络关系、背景，帮助和影响子代选择职业、了解就业信息和提供就业机会等，它是影响子代收入的重要因素。

随着我国金融市场的不断完善以及近年来房地产市场的活跃发展，我国居民家庭收入结构已发生巨大变化，财产性收入在居民家庭收入中占比增大，家庭财富资本在代际传递中起着重要的作用，居民家庭财富资本的代际传递呈高速增长的态势。家庭财富资本类型与获得方式的不同会直接或者间接地影响子代收入，研究表明父代住房财富会拉动子代住房财富及收入水平的提高，[②] 家庭住房等固定资产是子代强有力的生活保障，子代可以通过租赁、抵押等方式，利用父代财富资本增加自身的直接收入。除去直接继承住房财富等固定资产之外，家庭通过金融产品投资、储蓄、债券、保险、股票、期货等获得的收益会增加家庭金融性资产等财富资本的积累，从而影响子代的收入水平。

自然禀赋也是收入差距代际传递的重要影响因素。随着研究的深入，学术界发现，父代身为子代的“净捐赠者”会降低代际收入流动性，造成居民收入的巨大差异。自然禀赋包括自然环境和先天禀赋。先天禀赋是个体所具有的特征，具体体现为个体获得的遗传基因特质以及获取遗传基因后，后天形成具有个体特性的自然属性和社会属性。自然环境对子代后天获得更高收入也具有一定的影响，父代为子代所提供的自然环境会直接影响子代收入，

① ［美］詹姆斯·科尔曼．社会理论的基础（上册）［M］．邓方，译．北京：社会科学文献出版社，1999．

② 黄静，崔光灿．住房财富视角下的代际资源传递效应研究——来自 CFPS 的经验证据［J］．中国软科学，2020（6）：65-76．

从而产生收入差距。父代所处的区域环境、家庭环境和个人遗传特征，都会通过代际传递的方式对子代产生影响，这种环境与特征是自然禀赋相关研究的关键着眼点，也是探讨收入差距的重要影响因素。

本书在对居民家庭收入差距代际传递机制进行研究的基础上，构建适合中国国情的影响居民家庭收入差距代际传递影响因素的指标体系，通过构建居民家庭收入差距代际传递统计测度模型，对我国居民家庭代际收入的流动性进行测度，并从人力资本、社会资本、财富资本和自然禀赋四个方面分析其对居民家庭代际收入的影响程度，为科学测度居民收入差距代际传递提供新视角，进而探究我国居民家庭收入差距代际传递的特性，为破解社会阶层固化难题、实现机会均等与公平、不断完善我国收入分配制度、缩小我国居民家庭收入差距提供理论支撑。

二、研究意义

改革开放40多年来，我国经济在快速稳定发展的同时也出现了一系列的问题，其中居民收入差距较大就是受到普遍关注的问题。鉴于此，本书从代际传递视角来研究造成居民家庭收入差距的机制及影响因素，全面、准确地衡量和把握我国居民家庭代际收入流动性的程度及其流动的方向，利用相关统计模型，测度人力资本、社会资本、财富资本、自然禀赋四个因素对居民家庭代际收入差距的影响程度，在此基础上提出切实有效的对策建议，因此，本书的研究具有重要的理论意义及现实意义。

（一）理论意义

本书在充分利用社会学、经济学、信息学等相关学科综合研究的基础上，从统计学角度根据收入差距代际传递机制的相关理论，遵循系统性、科学性和严谨性原则，兼顾指标的连续性与可比性，在注重提高指标的适用性和创新性的同时，设计出一套适合中国国情并且科学系统的居民收入差距代际传递影响因素指标体系。根据统计数据质量的基本要求，选择研究所需的代表指标，不仅包括数量指标，还包括属性指标，在分析时提出了解决属性指标的量化问题；运用参数与非参数统计测度方法对居民家庭代际收入流动性进行测度，运用高级计量模型、机器学习等方法构建收入代际传递模型，并对属性变量进行合理的处理与降维，减少数据使用所带来的测度偏差，为科学测度居民收入差距代际传递提供理论与技术支持。本书采用的研究方法和构建的统计模型，可以为政府统计部门与高校相关问题研究工作者提供理论参考和技术支持，为政府部门制定相应的收入分配政策、完善社会保障制度提供科学依据。

（二）现实意义

本书在居民家庭收入差距代际传递理论研究与模型构建的基础上，基于中国家庭追踪调查（CFPS）数据，采用参数与非参数统计方法测度了我国居民家庭的代际收入流动性，并分析不同群体间收入差距代际传递所存在的差异性，从人力资本、社会资本、财富资本与自然禀赋四个方面对居民收入差距代际传递影响因素进行实证分析。通过代际交叠模型、多层线性模型探究人力资本因素对居民家庭代际收入的影响；通过分位数回归模型、结构方程模型探究社会资本中各因素对子代收入的影响途径及大小；通过中介效应模型研究家庭财富资本在父代与子代传递过程中的中介作用；通过构建决策树嵌套分位数回归模型分析自然禀赋不同因素对收入代际传递的影响程度；运用 Fields 法、Shapley 值分解法分析居民收入差距代际传递影响因素的贡献程度。研究结论可为政府相关部门政策研究、制定及决策提供理论依据，并从理论上探究缩小收入差距对代际传递的贡献程度，进而加快收入分配制度改革创新，避免社会层级固化，实现劳动机会的公平，不断缩小收入差距，促进共同富裕。

第二节　核心概念的界定

一、收入差距

收入差距是指以高低收入水平差别或占有收入比重的不同而表示的差距，它是与收入均等相对应的概念。对收入差距问题的研究，实质是探究其背后的公平问题，公平问题不仅是经济学问题，还涉及社会学、人口学、心理学等多个学科。由于历史、社会、环境、家庭和制度等各方面的原因，在效率优先原则下，收入差距是客观存在的，而且是无法避免的。所以，对收入差距的研究旨在探讨其是否超过了某个临界值。倘若收入差距在某一合理的范围内，则既能带动社会经济的健康发展，又能维护社会公平；如果收入差距超出了既定范围，就可能会对经济社会发展造成危害。反映收入差距现状的统计度量指标主要有基尼系数、泰尔指数、恩格尔系数等，这些指标各有优缺点，可根据自己的研究需求，选择合适的指标测定收入差距。

二、代际传递

随着我国经济的不断发展，居民收入差距呈现出扩大化趋势，这种差距同时在代际表现出来。“代”具有自然属性，是对不同时期人的一种辈分划分，具有年龄特征，社会中不同年龄层次的一群人组成相应的一代人。同样，“代”具有社会属性，是人的社会性需求、生活处境、价值观、思维方式等方面的属性。这些方面的文化信息是构成“代”的核心内容。在社会学中，“代”是一种不同年龄文化差异的符号，表现在价值观、文化习俗、生活方式、资源禀赋等方面，代与代之间的继承性就是“代际传递”的体现。代际传递不仅体现在人力资本上，还体现在社会资本、财富资本以及自然禀赋等多方面。收入代际传递是指父辈收入是如何对子代产生影响，即如何向子代传递的，收入代际传递的研究有利于更深层次地探究父辈收入是如何对子代产生效应的。

三、代际收入流动性

“代内流动”和“代际流动”是一对意义相近的概念。代内流动指的是同一个体、家庭或者社会群体在时间维度上的流动，而代际流动指的是不同代的两个主体在经济社会地位上的对比。代际收入流动是指个人、家庭或者社会群体在两代人收入之间的变化，是研究收入不平等代际转移的一个重要概念，简言之，就是研究子代成年后的经济社会地位受父代影响的程度。当前，对代际收入流动性的测算，学术界从两个角度来进行：一部分学者基于传统视角，通过测算代际收入弹性研究代际收入流动性；另一部分学者基于代际收入流动方向的视角，通过测算子代与父代收入流动阶层变化的情况来测算代际收入流动性。因此，代际收入弹性实际上是测算代际收入流动性的工具，二者之间呈反相关关系，即代际收入弹性越大，代际收入流动性越小。代际收入流动方向的测定也是一种可以反映社会阶层固化程度的方法。如果父代的收入阶层对子代收入向上流动存在抑制作用，说明子代收入向上流动的空间较小，不利于社会公平发展。①

第三节　研究思路与研究内容

一、研究思路

首先，本书在梳理居民收入差距代际传递相关文献的基础上，从社会学、经济学角度分析影响居民家庭代际收入传递的因素及其特征，研究各因素间的逻辑关系并得出传递机制；其次，在遵循科学性、可比性等原则的基础上，设计一套能够充分反映影响居民收入差距代际传递的指标体系；再次，构建居民收入差距代际传递统计测度模型，运用多种统计方法，分析我国居民家庭代际的流动性各因素对居民代际收入的影响程度，进而探究我国居民家庭收入差距代际传递的特性；最后，根据研究结论提出改善居民收入差距代际传递的措施，破解社会阶层固化难题。本书的研究思路与框架如图 0-1 所示。

二、研究内容

本书在居民家庭收入差距代际传递机制等相关理论研究的基础上，构建居民家庭收入差距影响指标体系，通过居民家庭收入差距代际传递的统计测

① 邹薇，马占利．中国代际收入流动测度及致因［J］．云南财经大学学报，2018，34（2）：13-23.

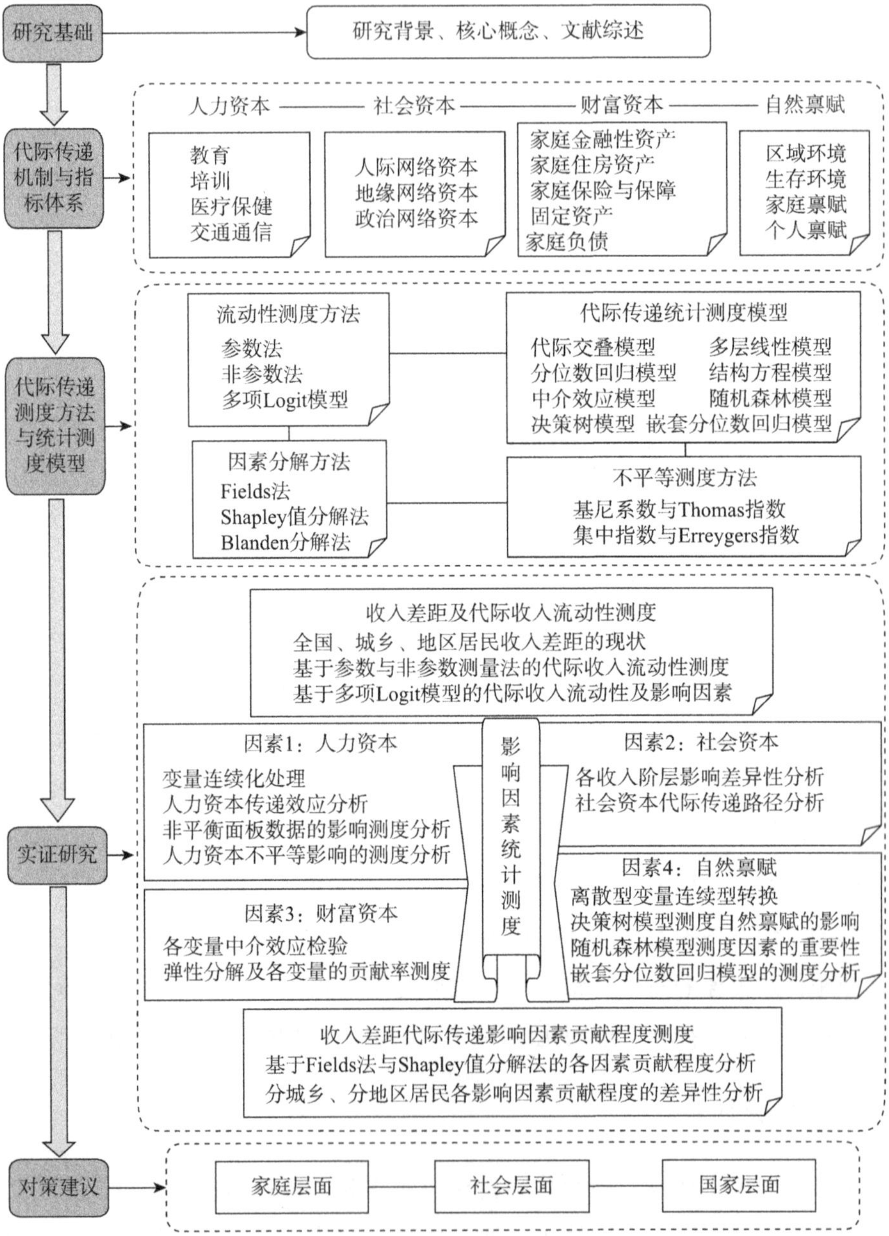

图 0-1　研究思路与内容框架

度模型，对我国居民家庭代际收入的流动性进行测度，并从人力资本、社会资本、财富资本和自然禀赋视角分析其对居民家庭代际收入的影响程度。本书研究的主要内容概括如下。

（一）居民收入差距代际传递的机制与指标体系构建

本书在遵循科学性、可比性、系统性、代表性以及可操作性五项基本原则的基础上，构建了一套科学系统适合中国国情、能够反映居民收入差距代际传递影响因素的指标体系。人力资本主要是指父代为子代进行的人力资本投资以及父代人力资本水平，包括教育、培训、医疗保健和交通通信；社会资本包括父代人际网络资本、地缘网络资本和政治网络资本，主要包括求职渠道、职业类型、政治面貌、单位性质等指标。本书将财富资本界定为居民家庭中的金融性资产与不动产，主要包括固定资产、家庭金融性资产、家庭住房资产、家庭保险与保障、家庭负债；自然禀赋主要包括自然环境和先天禀赋，环境因素对个体行为会产生同伴效应，从而导致收入的代际传递，主要从区域环境、生存环境、家庭禀赋、个人禀赋四个方面来界定具体指标。这部分内容为本书绪论、第一章、第二章。

（二）居民收入差距代际传递测度方法与统计模型构建

代际收入流动性测度方法包括传统代际收入弹性、代际收入秩关联系数、转移矩阵模型以及方向性秩流动性；代际传递模型包括分位数回归模型、多项 Logit 模型（MLM）、结构方程模型、中介效应模型、决策树模型、随机森林模型、代际交叠模型（OLG）、多层线性模型（HLM）；收入不平等测度方法包括基尼系数与 Thomas 指数、集中指数与 Erreygers 指数；影响因素贡献分解方法包括 Fields 法、Shapley 值分解法与 Blanden 分解法。这部分内容为本书第三章，主要完成统计测度方法与模型的研究，为实证研究奠定理论基础。

（三）居民收入差距以及代际收入流动性统计测度

运用基尼系数对居民收入差距从全国、城乡、地区三个层面进行动态趋势分析，采用参数与非参数测量法对居民代际收入流动性进行测度，通过简单最小二乘估计法与双样本两阶段最小二乘法使用 CHNS（1989—2015 年）

数据与 CHIP（1988—2013 年）数据得出更加稳健的弹性测量结果，避免出现使用短期收入所带来的估计偏差。为直观地体现不同收入阶层的代际流动性以及代际持续性，本书使用转移矩阵法与方向性秩流动性系数法探究不同群体代际收入流动性的方向和强度。这部分内容为本书第四章，为收入差距与代际收入流动性现状的研究。

（四）居民收入差距代际传递影响因素统计测度实证研究

以代际传递机制与指标体系为依据，以统计测度方法与统计模型为工具，采用动态调查数据对居民收入差距代际传递进行实证研究，分别探究人力资本、社会资本、财富资本以及自然禀赋四大因素对居民收入差距代际传递的影响。①人力资本。通过代际交叠模型探究父代人力资本对子代的直接传递效应和间接传递效应，运用多层线性模型中将个体、家庭与环境相结合的方法探究人力资本不平等因素对居民家庭代际收入的影响。②社会资本。通过分位数回归模型分析父代社会资本对子代不同年龄段收入的影响，通过结构方程模型探究社会资本中各因素对子代收入的影响途径及大小。③财富资本。通过中介效应模型研究家庭财富资本在父代与子代传递过程中的中介作用，并对城乡居民与不同地区居民的代际收入弹性进行分解。④自然禀赋。通过机器学习中随机森林模型、决策树模型，构建决策树嵌套分位数回归模型分析自然禀赋不同因素对收入代际传递的影响程度。这部分内容为本书实证研究的主体，分四章完成，为本书第五章至第八章。

（五）各因素在居民家庭收入差距代际传递中的贡献程度

运用 Fields 法、Shapley 值分解法，探究各因素在居民收入差距代际传递中的贡献程度。该部分按照子代出生年代进行分组，探讨不同年代群体下各因素对我国居民收入差距产生的影响，并在差异性分析中对城乡和地区进行分类，对我国居民家庭收入差距代际传递的特性进行分析。这部分内容为本书第九章，是对各因素贡献程度的综合分析。

（六）从家庭、社会和国家层面提出弱化代际传递的策略

结合各章研究结论，本书从家庭、社会、国家三个层面提出弱化代际传

递对居民家庭收入差距影响的策略，以此实现保障劳动者收入公平、防止社会阶层固化、缩小贫富差距的目标。这部分内容为本书第十章。

第四节 数据说明与研究方法

一、数据说明

本书收集了CFPS、中国家庭收入调查（CHIP）以及中国健康与营养调查（CHNS）三大数据库的调查问卷与相应的各调查年份的数据资料。其中，CFPS数据库包括个体、家庭及社会三个层次2008—2018年8次调查数据，CHIP数据库包括1988—2013年6次数据，CHNS数据库包括1989—2015年10次调查数据。对不同数据库数据进行甄别与清洗，剔除调查数据过少、调查对象单一、信息不匹配等年份，结合本研究需要，主要采用CFPS数据库中2010年、2012年、2014年、2018年相关数据，将CHIP、CHNS数据库用于辅助研究。

CFPS数据库是由北京大学中国社会科学调查中心（ISSS）发布的旨在追踪调查个体、家庭、社区三个层次的数据，涵盖社会、经济、人口、教育及健康等方面的信息，为学者们的各项研究及政府部门制定相关政策提供有力的数据支持。CHIP数据库包含城乡一体化常规住户信息，涵盖收入、消费、就业、生产等层面，根据数据库中的城市代码进行识别，可以获取城市层面的数据。CHNS数据库中涉及居民的收入、支出、健康、营养、财产等方面有价值的信息，为居民家庭成员健康等方面的研究提供强有力的数据支持。

本书对所使用数据库中的样本再次进行清洗，剔除数据缺失或无效信息样本后，将子代作为参照并分离出对应的父代数据，并根据相应的家庭和个体编号对子女样本进行配对，包括同一个家庭中有多个子代的样本，再次剔除关键信息不匹配的样本、剔除父代离职退休及大于65岁的样本和子代年龄小于16岁及仍在上学的样本，并对父代、子代总收入进行上下1%的缩尾处理。整合的配对样本以子代收入变量为因变量，父代收入和各个影响因素为自变量，城乡、年龄等为控制变量的配对样本。本书第五章对我国居民代际收入的弹性测度进行研究，将 CFPS、CHNS 和 CHIP 三个数据库的数据作为研究样本。使用 CFPS（2008—2018 年）数据分析我国居民代际收入弹性的变化趋势；同时，以 CHNS（1989—2015 年）数据为主样本、CHIP（1988—2013 年）数据为辅样本得出更加稳健的弹性测量结果。第五章至第九章以 CFPS 数据库的数据为样本，研究人力资本、社会资本、财富资本、自然禀赋对居民收入差距代际传递影响程度的测度。

二、研究方法

本书主要运用文献研究法、统计分析法、归纳与演绎法、定性分析法与定量分析法相结合以及比较分析法，具体方法如下。

（一）文献研究法

研读大量国内外关于居民收入差距的文献，尤其关于代际传递的相关理论及研究现状，通过大量的阅读和分析，最后进行梳理与总结，为后续研究奠定理论基础和重要支撑。本书对于相关传递机制的影响因素主要沿用前人的研究，旨在设计能够科学反映居民收入代际传递的指标体系，通过构建的统计模型测度居民收入差距代际传递程度。

（二）统计分析法

本书根据各章节不同的研究目的，对父代样本和子代样本进行匹配筛选和预处理最终得到相应的样本，并分城乡、分地区对家庭收入状况、健康状况、受教育程度、政治身份、家庭资产等变量进行描述性统计。在此基础上，采用多种计量经济模型对我国居民代际收入流动性和代际传递机制进行实证分析。

（三）归纳与演绎法

归纳分析是在对经济问题进行定性描述、定量分析以及建模和逻辑推理的基础上，最终归纳其特点和规律。本书对居民收入流动性以及影响因素的统计测度模型进行归纳，对每种方法的适应性与科学性进行分析，并将其优化进而对居民收入差距代际传递统计测度进行实证研究。

（四）定性分析法与定量分析法相结合

本书在研究基础与理论依据部分采用定性分析法，即在对国内外相关文献梳理的基础上，在居民家庭收入差距代际传递机制与指标体系的构建上采用定性分析法。在代际传递影响机制与指标体系构建的基础上，构建居民家庭收入差距代际传递统计模型，对代际收入流动性及其影响因素进行量化分析。

（五）比较分析法

本书通过比较城乡及地区之间的差异性，找到不同群体间代际收入流动性存在差异的原因，并有针对性地提出具体的政策建议。在研究居民收入差距代际传递的影响因素时，分别对全国总样本、城镇和农村子样本、东中西地区子样本进行了实证研究，以了解代际流动的差异性并提出有针对性的对策建议。

第一章　文献综述

收入分配问题一直是社会矛盾的焦点，也是长期影响世界各国经济持续稳定发展的因素。自 20 世纪 90 年代以来，经济全球化已成为世界发展的总趋势，在人类生产关系发生重大改变的同时，收入分配对不同国家内部和国家之间的关系产生了复杂的影响，因此，收入分配成为国际经济理论研究领域的一个热点话题。

第一节　国外研究综述

国外学者在 20 世纪 70 年代初就开始研究代际收入传递问题，并积累了大量的文献。国外学者对收入差距代际传递的研究主要集中于居民收入差距、代际收入流动性以及代际传递影响因素三个方面。

一、居民收入差距的研究

（一）收入差距与经济增长的关系

收入差距问题的研究是伴随着经济增长理论的发展而逐渐完善起来的。居民收入差距在经济发展的不同阶段有不同表现且二者之间存在“U”形关系。但关于收入分配是否对经济增长有影响的研究相对较少，且理论方面至今仍未达成共识。所以学术界在研究收入分配差距的过程中，已经把收入分配不平等因素对国民经济发展增长问题的影响当作一个重要切入点。针对二者间的关系，有两种截然不同的观点。一些学者认为收入分配差距会对经济发展产生正面影响，如史密斯等（Smith et al.，1954）、卡尔多（Kaldor，1957）均提出，收入分配差距能增加我国的储蓄率，从而推动国民经济增长。从当前的研究结论来看，资本积累是推动经济发展的因素之一，而保持适当的收入差距正是资本积累的前提。还有一些学者认为，经济发展会随着收入差距的拉大而降速，较大的收入差距会迫使政府采取财政政策和税收政策对其进行调节，而赋税的转移会使经济失去活力。其中，人力资本是当前经济发展第一驱动力，但只有当人均 GDP 处于较高水平时，人力资本效应才能得到发挥，而收入差距扩大会减弱人力资本效应。皮尔逊和塔贝利尼（Persson & Tabellini，1994）认为，收入差距的不断扩大将促使政府提高企业税率，影响企业投资和经济积累率，从而间接阻碍经济增长。佩罗蒂（Perotti，1994）、苏基亚相（Sukiassyan，2006）都做了这方面的研究，认为收入差距对经济增长是不利的。

（二）收入差距的影响因素

西方经济学理论认为，物质资本存量、人力资本存量等方面的差异是造成城乡居民收入差距的因素。城乡物质资本存量的差距会扩大城乡居民收入差距。具体表现为：在金融方面，格林伍德和约万诺维奇（Greenwood & Jovanovic，1990）认为，收入差距随着金融的发展呈先下降、后上升的趋势。在信贷市场方面，嘉乐和泽拉（Galor & Zeira，1993）通过研究发现，政府可以通过完善信贷市场来缩小城乡居民收入差距。在教育方面，埃切尔和加西亚-佩纳洛萨（Eicher & Garcia-Penalosa，2001）采用双向经济模型对收入分配不平等的演化过程进行分析发现，受教育者数量决定收入差距程度，经济增长率会随着人力资本积累的上升而下降。① 之后，德格雷戈里奥和李（De Gregorio & Lee，2002）基于 100 多个国家相对完整的面板数据进行研究，发现教育能在促进经济发展的同时缩小收入差距。此外，他们也证实了二者之

① Eicher T，Garcia-Penalosa C. Inequality and growth：The dual role of human capital in developing countries [J]. Journal of Development Economics，2001，66（1）：173-197.

间存在倒“U”形关系。

二、代际收入流动性的研究

“社会流动”这一概念最早由美国社会学家索罗金（Sorokin，1964）在《社会与文化流动》一书中提出，书中将社会流动分为“代际（横向）流动”和“代内（纵向）流动”两方面，并通过分析得出社会在流动活跃和不活跃的状态之间不断变化的结论。国外关于代际收入流动性的研究大致可以分为三大类：一是数据的选取；二是模型的构建；三是代际收入流动性的测度。

（一）数据的选取

在数据选取方面，美国社会学家布劳和邓肯（1967）在研究后致性因素和先赋性因素在职业地位获得中的作用时，采用父代的短期收入来测算代际流动性，低估了父代收入对子代收入的影响程度。在此之后，有学者试图用相关性来研究代际传递。对于过去的研究，美国经济学家梭伦（Solon，1992）提出了两个不足之处。第一个不足之处是采用父代的短期收入作为父代长期收入，存在数据充斥的问题；第二个不足之处是采用没有代表性且具有较高同质性的样本观测值，存在同质性问题。这两个方面的不足都使代际收入的相关系数显得比较小。梭伦用父代对数收入的多年平均数代替单年的收入，得出代际的收入弹性分别为0.44、0.41、0.53，说明美国的代际收入流动性仍处于较低水平，这反映出在美国不同阶层之间存在非常低的流动性。之后，德国经济学家齐默尔曼（Zimmerman，1992）以父代4年的平均收入作为自变量，基于回归得出0.54的代际收入弹性估计值，这个数字比梭伦所研究的结果要高。这一结论显示，美国父代所具有的收入优势或者收入劣势会转移给子代。梭伦与齐默尔曼的研究成果为收入临时性波动问题做出了很多有价值的探索，并且他们一致认为，采用较短时间的平均收入就会导致结果的估计值变小，如果工具变量没有进行合理的设置，就会导致结果预估值变大。此外，沃克林等（Wolkin et al.，1992）提出了要采用多种数据进行综合的工具变量估测方法，即双样本工具变量法。科伊尔和比约克伦德（Coyle & Bjorklund，1997）在对瑞典的研究中，数据只涉及儿子与父亲两个独立的样本，这就导致了父子配对的情况无法得到满足，所以他们采用两阶段的估计法对瑞典的研究样本开展实证分析。

（二）模型的构建

国外学者贝克尔和托马斯（Becker & Tomes，1979）在代际收入流动性的经济学理论模型中引入了家庭经济学和人力资本投资理论。在该理论模型中，父代收入和子代收入都被假设为持久性收入。贝尔曼和陶布曼（Behrman & Taubman，1985）利用代际收入流动性理论计算出美国居民的代际收入弹性系数，约为 0.2，由此认为美国有着较高的代际收入流动性。随后，梭伦（1992）改变了之前使用短期收入代替持久性收入的方法，将年龄的二次函数项代入实际收入的分解中，利用多年的平均收入数据进行最小二乘法回归，将年龄及年龄的平方项加入回归方程以控制 IGE 估计值产生的向下偏误，采用两阶段工具变量法将父代的教育水平视为永久收入的工具变量，得出美国的代际收入弹性为 0.4~0.5，高出以往的研究结果。[①] 此方法改善了之前使用短期持久性收入产生的计量偏误问题，提高了代际收入弹性估计的准确度。一些学者考虑到父代收入与子代收入的离散分布问题，为了进一步降低估计偏差，使用代际收入相关系数来丰富代际收入流动性的测度方法。代际收入相关系数与代际收入弹性的区别在于，两代人之间的收入位序分布能呈现出优于永久收入水平的线性关系。当父代收入与子代收入分布离散程度相当时，代际收入相关系数可以代替代际收入弹性。例如，阿特金森（Atkinson，1978）利用相关系数来测度代际收入流动性，研究样本为英格兰约克郡 307 对父子的收入，这一样本明显是不具代表性的小样本数据集，其计算结果为 0.17；而后期研究则大多采用大型代表性数据库，如 PSID，避免了样本的同质性。此外，海德尔和梭伦（Haider & Solon，2006）采用美国 1951—1991 年的健康与退休研究数据，对代际收入流动性研究方法进行修正，得出个人在 30~40 岁的收入最接近其一生收入的平均值，父代在 40 岁左右时的收入最接

① Solon G. Intergenerational income mobility in the Unite States [J]. The American Economic Review, 1992, 82 (3): 393-408.

近永久收入值，子代年龄最适宜取值的年龄段为 20~30 岁，在该年龄段下的测量结果更加精确。在预测方法应用方面，早期主要采用最小二乘估计建立的线性模型来预测代际收入弹性值，这一方法的前提条件是各个群体间的弹性系数必须相等，并由此得出社会平均弹性值。后来，为了更深入分析各个阶层的代际收入弹性，又采用了分位数回归、核密度等非线性回归方法。

（三）代际收入流动性的测度

国外早期学者在收入流动性测度模型研究方面奠定了坚实的基础。测度代际传递程度的方法分为两种，第一种是通过建立代际回归方程，用回归系数反映父代收入对子代收入的影响程度。代际收入弹性越高，说明父代收入对子代收入影响越大，居民代际收入流动性越低，此时不利于社会发展。另一种方法是构建收入转移矩阵，通过计算父代收入阶层与子代收入阶层的变化，来观察收入流动性的变化。普赖斯（Prais，1955）最早于 1955 年提出关于收入流动性的测度研究，并采用公理、定义和度量方法等开展了大量开创性工作。20 世纪 70 年代到 21 世纪初，代际收入流动性的研究有了质的进步。国外学者肖罗克斯等（Shorrocks et al.，1978）、菲尔兹等（Fields et al.，1996）进一步完善了收入流动性的测度研究工作，尤其在度量方法层面。早期研究使用单年收入来测量个体的永久收入，导致测量结果存在一定程度的偏下误差。为了降低这一误差，梭伦（1992）提出将父子的年龄作为调整变量加入基础回归公式中，得到基于年龄调整的修正数学模型，计算得出美国和英国的代际流动性应该在 0.4 以上，推翻了之前学者测量的代际流动性较强的结论。① 值得注意的是，穆里根（Mulligan，2012）采用美国 20 世纪 90 年代初 National Longitudinal Survey of Youth 数据，在排除其他变量的情况下，对代际收入的相关系数进行估算，研究显示，有 2/5 的收入相关性无法得到解释。随着代际流动性研究的深入，为了更直观地对国际收入差距进行比较，科拉克（Corak，2013）结合基尼系数与代际流动性制作盖茨比曲线来刻画国

① Solon G. Intergenerational income mobility in the United States [J]. American Economic Review, 1992 (3): 393-408.

际收入不平等程度，并得出瑞典、挪威的收入平等程度较高，而美国的收入平等程度则较低的结论。

三、代际传递影响因素的研究

根据以往学者的研究，代际收入流动性的影响因素主要包括人力资本、社会资本、财富资本和自然禀赋四个方面。首先，人力资本对代际收入流动性的影响最为重要。其次，社会资本对代际收入流动性的影响无可替代。再次，以金融资产、房屋资产、土地资产和经营资产为主的财富资本对代际收入流动性也会产生深远影响，父代通过金融投资、房产投资等积累财富的方式直接将财富资本传递给子代，从而提高子代收入。最后，自然禀赋中基因遗传对代际收入的流动性也产生了重要的作用，其通过影响子代能力特征进而影响子代收入。

（一）人力资本

人力资本是影响代际收入流动性的重要因素之一，最早的研究始于贝克尔（Becker，1964）从人力资本角度对居民代际收入传递的研究，认为父代的收入越高，子代从其父代获取的人力资本越充足，对子代以后获得经济收入的影响越显著。后来有很多关于代际收入传递的探索和研究都是围绕这个基础来开展的。在教育制度改革方面，佩卡里宁（Pekkarinen，2006）和费雷拉（Ferreira，2008）分别对芬兰和巴西教育改革前后的情况进行了研究，发现改革使代际收入弹性的降低幅度达到 20%，而对于教育程度较低的父代来说，他们孩子的收入与教育会得到很大程度的提高。从父代教育背景来看，金等（Jin et al.，2013）针对教育代际传递的研究结果显示，父母的教育背景会对子代教育产生影响，并且会影响女儿的大学入学竞争能力。

值得注意的是，父代贫困不利于提高子代收入，甚至还会缩减对子代的教育资本投入。比雅（Bia，2016）通过研究发现，贫困家庭的子代未来致贫风险比一般家庭风险高并且成年后收入较低。例如，针对改善子代生活的状况，贝尔曼等（Behrman et al.，2017）认为，提高父代受教育水平和年限的作用小于对子代人力资本投资。杜阿尔特和卡罗莱纳（Duarte & Carolina，

2018）进一步提出，中断中学教育极有可能导致贫困代际传递，如果一个国家在贫困家庭的个人教育上进行早期投资，那么，这些贫困家庭在后期将会获得更高的投资回报率，从而降低社会的代际传递性，而且代际收入弹性大小还会受到国家教育体制机制和政策等因素的影响。

（二）社会资本

法国社会科学家皮埃尔·布迪厄（Bourdieu，1997）最早将“社会资本”引入社会学的研究领域，并提出了“社会资本是社会关系网络总和”这一概念，并且认为社会资本是影响个人收入回报的关键因素。① 国外学者主要从社会学方面对社会资本进行研究，而且对社会资本的界定较为模糊，仅仅根据社会资本的某一表现形式进行实证研究，未将社会资本因素对代际收入传递的影响进行系统的建构。在国外样本数据的研究中，林等（Lin et al.，1991）在对来自纽约的400多名男性雇员样本的调查中发现，样本交往者地位不仅对其地位的获得具有影响，而且其父亲的地位对交往者地位存在正向影响，进而影响其收入。阿特金森（Atkinson，1983）认为，社会资本是代际收入传递的主要途径。此外，还有学者对影响代际收入的其他因素进行了研究。就家庭背景而言，彼得斯（Peters，1992）认为，家庭背景可以直接影响代际收入流动性。就社会网络关系而言，比安（Bian，1994）根据我国样本数据研究发现，影响个人收入的一大重要因素是亲戚、朋友间巨大而牢固的社会关系网络，对子代收入的影响达到7%。就政治面貌而言，刘（Liu，2003）认为个人政治身份与其自身收入之间呈正相关关系。安德伯格和安德森（Anderberg & Andersson，2007）经过数据对比发现，大部分收入较高的父代将居住范围限定在高收入者集中的社区，这是因为具有高收入的父代在社会关系中所接触和交往的往往也是以高收入个体为主的群体，这样的环境和背景会影响父代高收入群体在居住范围上的选择。不仅如此，父代的收入还会影响子代的收入。

① ［法］布迪厄．文化资本与社会炼金术［M］．包亚明，译．上海：上海人民出版社，1997．

（三）财富资本

国外关于财富资本的研究主要是家庭财富的代际流动性研究，恩格尔哈特（Engelhardt，2000）研究了美国家庭财富代际转移对流动性产生的影响；与不接受财富转移的家庭相比，接受财富转移的家庭需要支付更多的首付，并偏向购买更大的房屋。路易吉等（Luigi et al.，2002）针对意大利的研究发现，财富转移接受者也偏向于购买更大的房子。从财富资本代际传递来看，威廉（William，2006）采用 PSID 数据分析美国家庭财富的代际收入流动性时，发现父代财富和子代财富之间的代际弹性为 0.37。此外，当父代财富为最高等级时，子代财富进入最低两个等级的概率为 0.25；当父代财富为最低等级时，子代财富进入最高两个等级的概率为 0.20。雷诺兹（Reynolds，2013）的研究进一步发现，家庭房产价值的增加不仅可以增加美国青少年进入大学的概率，而且有助于他们比贫困家庭更易进入重点高校。从不平等角度来看，阿莱格雷等（Allegré et al.，2016）强调住房财富应放在焦点位置，但住房对代际不平等的动态影响尚未得到实证检验。[①] 在此基础上，罗文（Rowan，2017）通过对英国家庭的深入调查发现，英国住房财富具有明显的聚集性，并且住房财富差距越来越大。克里斯蒂安（Kristian，2019）基于瑞士家庭层面的面板数据研究表明，一个家庭由租房向购房转移的倾向提高，有 11%得益于财富转移，并且财富转移对住房拥有率的影响远比类似收入增长大。在抵押贷款条件收紧的政策（条件）下，没有父代资助的、经济条件困难的年轻群体将受到更大的不利影响。王淼等（Wang et al.，2021）发现，在我国房地产热的背景下，存在巨大的房地产增值空间，居民投资于房地产，能够使得居民减少信贷限制。因此，贫困家庭比富裕家庭更容易受到其他经济生活方面的种种信贷限制，而导致对子代人力资本投资水平远低于富裕家庭。

（四）自然禀赋

关于自然禀赋对代际收入传递的影响，国外学者梭伦（1999）认为，拥

① Allegré. Une approach original de logistique urbanite：Experimentation demeter bordeaux metropole [J]. Logistique and Management，2016，24（3/4）：164-170.

有共同基因的兄弟之间收入具有相关性，这表明基因是一个可以对个体收入产生影响的因素。[①] 鲍尔斯和金蒂斯（Bowles & Gintis，2002）指出，子代从父母那里继承了先天性禀赋后在认知能力上存在差别，并由此直接影响他们的收入水平。研究还发现，代际收入传递的 3/5 可用教育和先天禀赋进行阐释，这意味着自然禀赋对代际收入的影响可能是通过影响认知能力等个人状态来实现的。同时，杜劳夫（Durlauf，2002）的研究认为，个体的社区环境能对其行为产生“同伴效应”，使得个体从心理上期望和周围人产生同样的行为，这种心理反应对子代有着深远的影响，从而可能会影响子代的收入。此外，库里（Currie，2011）对个体禀赋进行研究，发现婴儿健康状况对收入不平等和他们一生中社会经济状况具有一定的影响，结果表明，出生体重受环境条件、母亲健康行为和孕期营养等多种因素的影响，出生体重和未来终身收入之间有很强的相关性。卡尔达克（Cardak，2013）利用美国 PSID 父子配对数据研究投资效应与禀赋效应的关系，发现大约 1/3 的代际收入弹性归因于父母的投资因素，其余 2/3 归因于子代的禀赋因素。由于统计模型的非线性结构，这种分割随父亲的收入而变化，在低收入水平，投资效应主导着禀赋效应，而在高收入水平，情况恰好相反。彼得里等（Petri et al.，2017）基于长期劳动力的实证研究得出了高个子的人获得工资相对较高的结论，OLS 模型显示，10 厘米的额外身高与 13%的收益相关联。这一结果表明，先天遗传因素确实对个体收入有影响。在此基础上，阿里和阿达尔等（Ari & Edvard et al.，2019）利用芬兰双胞胎 20 年的收入数据，发现男性一生劳动收入中几乎超过一半与遗传因素有关，共享环境对收入的贡献是微不足道的，这表明先天禀赋对于个体收入产生而言是一个相当重要的因素。从注意缺陷多动障碍（ADHD）与美国晚年劳动力市场结果之间的关系，以及这些关系是否受教育程度的影响来看，里特维尔德和帕特尔（Rietveld & Patel，2019）的研究发现，ADHD 的增加降低了就业、个人收入和家庭财富增加的可能性，并且实证结果表明，受教育程度在很大程度上终结了这些关系，这说明禀赋效应

① Solon G. Intergenerational mobitily in the labour market [J]. Handbook of Labour Econnomics, 1999 (3): 35-38.

可以通过健康因素来影响个体的收入。瑞安（Ryan，2019）和科斯塔斯（Costas，2020）从地理环境进行分析，前者估算英国铁路网络对代际职业流动性的因果影响，发现离火车站近一个标准差（大约5千米）长大的儿子从事不同职业的可能性比父亲高出6个百分点，向上移动的可能性比父亲高出5个百分点，大多数向上流动性是由当地劳动力机会的改善所驱动的；后者从地理信息角度研究代际收入流动的差异，发现空间差异在决定经济福利方面的作用在增强，不同地区的家庭特征差异很大。模拟结果表明，这些家庭特征的差异可以解释代际差异的很大一部分原因。

第二节 国内研究综述

近年来，国内关于代际收入传递研究的成果丰硕，虽然这些研究的侧重点各不相同，但研究内容主要集中于三个方面：第一类是居民收入差距的研究；第二类是代际收入流动性的研究；第三类是代际传递影响因素的研究。

一、居民收入差距的研究

国内收入差距的理论研究主要是关于收入差距的测量问题。测量居民收入差距的方法虽然有很多，比较成熟的方法有基于洛伦兹曲线的基尼系数和基于广义熵问题的泰尔指数，以及方差、标准差、变异系数、极差等。但是，由于每一种方法都有其优势和不足，学者们试图找到一种能够全面体现收入差距的更好的方法，在原有方法上加以改进和优化，特别是基尼系数的计算方法。

基尼系数是一种公认的能够体现总体相对收入差距的指标，但是由于基尼系数的计算是一个积分函数，而我国现有的统计制度一方面没有给出较多的分层数据，另一方面，由于我国现有的二元经济结构造成统计体系的分割性，至今没有全国统一的基尼系数，所以，学者们要根据现有的统计体系来寻找更好、更准确地反映全国统一的收入差距的基尼系数的算法，目前主要利用城乡分离调查的收入数据进行分层或加权，从而计算出混合的基尼系数。胡祖光（2004）修正了一般的人口等分法，认为最穷的人口是农村人口，最富的是城镇人口，将城乡人口混合计算，得出全国基尼系数；① 陈宗胜和周云波（2002）采用分层加权的计算公式来计算城乡混合基尼系数；② 洪兴建（2010）提出S基尼系数变化分解模型，对我国行业工资差异进行分析，研究表明，导致行业基尼系数的变化因素有三个，即工资水平变动、行业排名变化及职工在不同行业间的流动。③ 由于泰尔指数具有可分解的良好性质，因而可以通过城镇乡村泰尔指数来求出全国泰尔指数（林志伟，2007）。④ 高翯等（2017）基于吉林省长春市各县人均GDP数据，分析了1978—2015年全球和地方空间差异的变化趋势，初步探讨了其全局和局部空间自相关的问题，具体包括差异的特性、趋势和空间变化原因。⑤

二、代际收入流动性的研究

从学科角度来讲，国内学者对代际收入流动性的相关研究主要集中在社会学和经济学两个学科。

（一）中国社会学方面的相关研究成果

我国社会学界对社会分层与社会流动的研究始于20世纪80年代末。以林南（1989）对天津的社会流动性调查为开端，出现了一系列利用调研数据进行社会流动性分析的相关研究。⑥ 李春玲（1997）运用中国社会科学院社

① 胡祖光．基尼系数理论最佳值及其简易计算公式研究［J］．经济研究，2004（9）：60-69.

② 陈宗胜，周云波．城镇居民收入差别及制约其变动的某些因素：就天津市城镇居民家户特征的影响进行的一些讨论［J］．经济学（季刊），2002（2）：563-574.

③ 洪兴建．基于S基尼系数的中国行业工资差距分析［J］．统计研究，2010，27（5）：18-24.

④ 林志伟．经济增长、金融发展与城镇居民收入不平等［J］．山西财经大学学报，2007（1）：56-60.

⑤ 高翯，王士君，谭亮．东北振兴以来吉林省区域经济差异的时空演变研究［J］．地理科学，2017，37（11）：1712-1719.

⑥ ［美］林南．社会资源与社会流动：一种地位获得的理论［M］．南开大学社会学系，编．昆明：云南人民出版社，1989.

会学系青少年研究组的问卷调查数据，通过计算流动表和相关系数对当时的中国社会流动性进行了细致的数据分析。[①] 基本结论为，当时我国城镇家庭背景对个人职业的作用非常小，中国的社会流动性相对较高。进入21世纪以来，对我国社会流动的社会学研究也不断取得新的进展。这首先体现在不同学者运用各种数据对社会流动性的测量，学者严善平（2000）、王春光（2003）、陈芳（2008）以及李晚莲（2010）分别使用日本社会分层和社会流动调查数据、[②] 社会科学院社会学研究所"当代中国社会结构"课题组调研数据、[③] 南京样本调查数据[④]以及中国综合社会调查（CGSS）数据[⑤]等，得出随着我国经济的发展，社会流动性在改革初期可能正在减弱的结论。

此外，还有部分学者尝试从更系统的角度对我国社会流动现象的特殊性进行了研究。吴晓刚（2007）通过理论和数据分析指出，户籍制度拉低了我国社会的流动性水平，认为只有农村受过高等教育的人才有可能成为城镇居民，这就导致已有的只覆盖城镇居民的社会流动性测量对我国整个社会的社会流动性估计值过高。[⑥]

（二）经济学领域的现有相关研究

我国从代际传递角度对收入差距的研究起步较晚，基本都是在国外学者的测度模型基础上展开的实证研究，为我国阻断代际贫困政策的制定提供了依据。衡量代际流动性的模型主要有双对数收入回归模型、流动矩阵法、分位数回归等。王海港（2005）最早运用OLS回归法测算出我国20世纪80—90年代居民家庭代际收入弹性为0.38～0.42。[⑦] 类似地，韩军辉（2009，2010a，2010b）运用自助多水平统计模型、工具变量和分位数回归等多种方

① 李春玲．中国城镇社会流动［M］．北京：社会科学文献出版社，1997.

② 严善平．大城市社会流动的实态与机制——来自天津市居民问卷调查的实证分析［J］．中国社会科学，2000（3）：104-114，205.

③ 王春光．中国职业流动中的社会不平等问题研究［J］．中国人口科学，2003（2）：31-40.

④ 陈芳．社会转型期职业流动的性别分化——以江苏省为例［J］．南方人口，2008（3）：59-64.

⑤ 李晚莲．社会变迁与职业代际流动差异：社会分层的视角［J］．求索，2010（6）：62-64.

⑥ 吴晓刚．中国的户籍制度与代际职业流动［J］．社会学研究，2007（6）：38-65，242-243.

⑦ 王海港．中国居民收入分配的代际流动［J］．经济科学，2005（2）：18-25.

法对 CHNS 数据中的代际收入弹性进行分析，得出的总体弹性值分别为 0.362 和 0.446。同时，分位数回归的结果显示，随着收入水平的提高，代际收入弹性表现出先升后降的倒“U”形。[①②③] 方鸣与应瑞瑶（2010）通过 TS2SLS 计算得出代际收入弹性为 0.57，城镇（0.584）略高于农村（0.546）。[④] 李芳芝和张焕明（2019）使用祖父、父代、子代的多代配对数据，将父代收入变量作为控制变量来研究祖代对子代收入影响，发现弹性系数下降明显，即祖代对子代收入有一定影响，但远低于父代所产生的影响。[⑤] 徐晓红与曹宁（2018）通过流动矩阵和 Shorrocks 指数发现，在流动方向上，就职于国有部门的父代，其子代收入向上流动的概率和流动质量更高。[⑥] 陈琳（2011）、袁志刚和李娜（2012）采用多年收入数据测算出我国代际收入弹性，约为 0.6，在国际上处于较高的弹性水平，即社会具有较低流动性。[⑦⑧] 随后，汪燕敏和金静（2013）指出，这个阶段的研究者估计代际收入传递主流的方法是通过变量误差模型不断地改进。[⑨] 从世代视角看，陈杰和周宁（2017）提出父代收入对“80 后”子代的影响程度明显低于“60 后”和“70 后”的子代。[⑩] 关于代际收入流动性，学者们对间接的收入弹性测度和直接的收入转换矩阵

---

① 韩军辉．自助多水平统计模型在代际收入流动研究中的应用［J］．兰州学刊，2009（9）：68-70.

② 韩军辉．机会不等与收入不均：城乡家庭收入的代际流动［J］．华南农业大学学报（社会科学版），2010，9（3）：72-78，142.

③ 韩军辉．基于面板数据的代际收入流动研究［J］．中南财经政法大学学报，2010（4）：21-25.

④ 方鸣，应瑞瑶．中国城乡居民的代际收入流动及分解［J］．中国人口·资源与环境，2010，20（5）：123-128.

⑤ 李芳芝，张焕明．中国城乡居民多代际收入流动研究［J］．统计与信息论坛，2019，34（12）：50-57.

⑥ 徐晓红，曹宁．部门分割视角下的收入差距代际传递变动趋势［J］．贵州财经大学学报，2018（3）：93-101.

⑦ 陈琳．中国代际收入流动性的实证研究：经济机制与公共政策［D］．上海：复旦大学，2011.

⑧ 袁志刚，李娜．中国农村劳动力转移对城乡收入差距影响的研究述评［J］．云南财经大学学报，2012（4）：71-79.

⑨ 汪燕敏，金静．我国教育对代际收入流动的影响——基于代际数据的观察［J］．管理现代化，2013（3）：123-125.

⑩ 陈杰，周宁．中国农村居民收入差距与代际传递效应［J］．湖南农业大学学报（社会科学版），2017，18（5）：1-10.

均进行了大量多角度的研究。此外，城乡差异是我国发展失衡的一大影响因素，在收入差距的代际传递中也有体现。秦雪征（2014）、刘志国和范亚静（2014）利用代际收入转移矩阵对我国城乡居民代际收入流动性进行了测度，发现城镇比农村代际收入流动更为活跃。①② 在此基础上，陈怡等（2020）的研究发现，中国的总体收入流动性从 20 世纪 90 年代开始呈倒“U”形特征且波动明显。③ 从城乡差异的角度来看，城镇收入流动性比农村下降更快。邓大松等（2020）使用 Kakwani 指数法和收入转换矩阵法对收入流动性进行测度，父代与子代之间经济地位的位移和排序效应会影响子代的收入。④

三、代际传递影响因素的研究

（一）人力资本

关于人力资本的研究，谢勇（2006）通过严格的模型假定发现，在人力资本具有较高收益率且支出相对过高时，父代间初始收入差距大会影响子代人力资本水平的形成，进而使得子代延续上一代的收入。在这种严格的假定下，该研究认为，人力资本投资是决定个人收入的主要因素甚至是唯一因素，可见其非常重要。⑤ 张东辉、司志宾（2007）从代际资本转移的角度提出，父代对子代的人力资本投资是影响子代收入差距的关键因素，且在教育资源较为稀缺的情况下，准入考试的制度安排对教育资源的分配可以在一定程度上避免代际资本转移的“马太效应”。⑥ 汪燕敏和金静（2012）综合多种资料来研究人力资本的代际传递以及教育在代际传递过程中的贡献程度，发现人

① 秦雪征．代际流动性及其传导机制研究进展［J］．经济学动态，2014（9）：115-124.

② 刘志国，范亚静．教育与居民代际收入流动性的关系研究［J］．统计与决策，2014（22）：101-105.

③ 陈怡，谈碧云，李海玲．中国收入流动性的变动及影响因素研究——基于 CHNS 数据的分析［J］．金融教育研究，2020，33（2）：25-32.

④ 邓大松，杨晶，孙飞．收入流动、社会资本与农村居民收入不平等——来自中国家庭追踪调查（CFPS）的证据［J］．武汉大学学报（哲学社会科学版），2020，73（3）：103-114.

⑤ 谢勇．人力资本与收入不平等的代际间传递［J］．上海财经大学学报，2006（2）：49-56.

⑥ 张东辉，司志宾．人力资本投资、就业双轨制与个体收入差距——收入差距问题代际间资本转移视角的一种解释［J］．福建论坛（人文社会科学版），2007（10）：14-19.

力资本方面代际传递的主要方式是教育。[①] 在此观点的基础上，周兴、王芳（2014）进一步提出，在子代早期的职业生涯中，教育在促进代际收入向上流动中发挥的作用很小，但是随着子代职业生涯的发展，教育对代际收入流动的促进作用越来越强。[②]

从城乡的教育代际流动性的视角，孙永强和颜燕（2015）提出，农村居民对教育传播的贡献率远小于职业传播，而城市居民对教育传播的贡献率则相反。[③] 杨娟等（2015）提出，义务教育是影响代际收入流动的最重要因素。虽然贫困家庭儿童与富裕家庭儿童早期的能力相近，但儿童早期教育投入较少会导致儿童高等教育参与率低，收入差距拉大。[④] 而义务教育有助于缓解收入不平等，会提高收入的代际流动性。李勇辉、李小琴（2016）的研究发现，无论是对非流动人口还是流动人口，人力资本投资都能促进代际收入流动，防止阶层固化。[⑤] 李任玉等（2017）的研究发现，我国城镇农村的代际收入流动性均呈倒“U”形的变化趋势。[⑥] 此外，牟欣欣（2018）等提出了代际收入传递机制的分段分析方法，将人力资本框架下代际收入传递路径以子代是否流入劳动力市场为界，分为两个阶段加以分析，[⑦] 进一步丰富了代际收入传递的理论机制。

（二）社会资本

国内关于社会资本的研究起步较晚，边燕杰（2004）的研究发现，个体经济地位几乎决定了各自的社会地位，为了稳固自己的家庭社会地位，父代

---

① 汪燕敏，金静．代际收入流动、教育与儿童护理［J］．中国青年研究，2012（8）：77-82.

② 周兴，王芳．城乡居民家庭代际收入流动的比较研究［J］．人口学刊，2014，36（2）：64-73.

③ 孙永强，颜燕．我国教育代际传递的城乡差异研究——基于中国家庭追踪调查（CFPS）的实证分析［J］．北京师范大学学报（社会科学版），2015（6）：59-67.

④ 杨娟，赖德胜，邱牧远．如何通过教育缓解收入不平等？［J］．经济研究，2015，50（9）：86-99.

⑤ 李勇辉，李小琴．人力资本投资、劳动力迁移与代际收入流动性［J］．云南财经大学学报，2016，32（5）：39-50.

⑥ 李任玉，陈悉榕，甘犁．代际流动性趋势及其分解：增长、排序与离散效应［J］．经济研究，2017，52（9）：165-181.

⑦ 牟欣欣．中国公共教育支出对代际收入流动性的影响研究［D］．沈阳：辽宁大学，2018.

会尽可能把自己拥有的所有社会资本传递给子代。[①] 王会娟（2016）通过研究发现，我国的代际收入弹性在国际范围内处于中上等位置，社会收入流动性相对较弱，社会阶层固化严重；并提出父母收入在影响子代收入时，更多的是在社会资本、父母性格等方面发挥作用。[②]

社会资本的内在传递机制主要表现在三个方面：第一，父代政治资本对子代后期职业和收入具有很大的影响。胡咏梅和李佳丽（2014）的研究发现，把同样来自较高等级大学的“官二代”大学毕业生与“非官二代”的大学毕业生刚参加工作后的工资进行对比，前者比后者的工资要高出 12.65 个百分点，这从一定程度上证明了父母的身份对子代刚参加工作时的工资收入具有一定的影响。[③] 第二，父代的职业因素对代际收入流动性具有一定的影响。方静（2016）提出，就业因素代表的是父代的社会资本。[④] 从城乡角度来看，杨新铭和邓曲恒（2016）的研究发现，虽然城镇居民代际收入流动性并不高，但存在明显的性别差异并且工作传递在代际收入传递中的作用非常明显，父代的收入影响了子代行业及职业的种类，从而影响子代的收入。[⑤] 陈丽华等（2019）从短距离迁移的农民工角度指出，农民工的社会资本主要由地缘和血缘关系构成，子代接触的大多是与父代相近的职业，代际职业传承度比较高，进而影响子代的就业和收入。[⑥] 第三，社会网络和家庭因素对代际收入流动性具有一定的影响。何石军和黄桂田（2013）提出，父代社会关系网络更容易影响子代，并且广泛的社会关系网络对子代收入具有正向作用，但是父代对

---

① 边燕杰．城市居民社会资本的来源及作用：网络观点与调查发现［J］．中国社会科学，2004（3）：136-146，208.

② 王会娟．代际影响视角下的子代收入差距研究［D］．天津：天津财经大学，2016.

③ 胡咏梅，李佳丽．父母的政治资本对大学毕业生收入有影响吗［J］．教育与经济，2014（1）：22-30，52.

④ 方静．我国贫富差距代际传承问题及对策研究［D］．大连：东北财经大学，2016.

⑤ 杨新铭，邓曲恒．城镇居民代际收入传递现象及其形成机制——基于 2008 年天津家庭调查数据的实证分析［J］．财贸经济，2016（11）：47-61.

⑥ 陈丽华，张卫国，于连超．农民工代际收入流动性的迁移效应研究［J］．农村经济，2019（12）：114-121.

子代中女儿的影响较低。[①] 从城乡的角度来看，何金财和王文春（2016）通过分析发现，社会网络对家庭财产差距的贡献率达到22%，并且城镇家庭高于农村家庭。[②] 从不同的收入水平的角度，孙涛（2016）的研究发现，农村父代的职业类型会直接影响子代收入。[③] 杨灿和王辉（2020）通过研究发现，近年来，社会资本视角是中国居民财富差距研究的重要突破点。[④] 陈丽华（2020）指出，我国农村社会是关系社会，社会资本发挥着显著的生产效应、收入效应和财富效应。[⑤]

（三）财富资本

我国在财富资本方面的研究起步较晚而且研究数量相对不足。基于家庭财富视角，李涛（2020）发现，家庭财富的积累能有效缓解家庭的流动性约束，如拥有较多的住房产权能增加家庭在各方面的储蓄和投资。[⑥] 基于财富资本代际传递视角，陈琳和袁志刚（2012）采用CHIP数据，对我国1988—2005年居民代际收入传递的内在机制进行实证研究，结果表明，财富资本在居民代际收入传递中起主要作用。[⑦] 基于财富资本所发挥的重要作用，吴卫星（2015）采用微观调查数据对中国居民家庭进行研究，研究发现，拥有财富资本越多的家庭，其所获得的财产性收入也越高，并且财富资本对拥有丰富财富的家庭财产性收入的促进作用越有利，拥有更多财富的家庭更能轻易地从资本市场上盈利。从金融性资产对居民代际收入传递的作用来看，刘建和等

---

① 何石军，黄桂田．中国社会的代际收入流动性趋势：2000—2009［J］．金融研究，2013（2）：19-32.

② 何金财，王文春．关系与中国家庭财产差距——基于回归的夏普里值分解分析［J］．中国农村经济，2016（5）：29-42.

③ 孙涛．农村不同收入群体收入差距代际传递及其变动［D］．合肥：安徽大学，2016.

④ 杨灿，王辉．社会网络与家庭财产差距——基于中国家庭追踪调查（CFPS）面板数据［J］．经济与管理研究，2020，41（4）：88-101.

⑤ 陈丽华．社会资本对农村居民代际收入流动性的影响效应与机制研究［D］．重庆：西南大学，2020.

⑥ 李涛．健康、收入与民族地区居民幸福感——基于（CGSS）2015数据的实证分析［J］．广西财经学院学报，2020，33（5）：107-120.

⑦ 陈琳，袁志刚．中国代际收入流动性的趋势与内在传递机制［J］．世界经济，2012（6）：115-131.

（2016）采用 CHIPS、CGSS 及 CHNS 等调查数据，研究发现居民代际收入传递大体上表现出先降低、后升高的态势；基于家庭金融资产和贷款规模的代际收入传导研究发现，在控制了子代的性别、年龄、政治认同和教育背景变量后，家庭金融资产和贷款规模对子代的代际收入传递仍有显著的正向影响，即父代有较高的家庭金融资产和贷款，子代可以获得更高的收入。[①]

（四）自然禀赋

自然禀赋是个体所处的环境及行为状态等先天优势等决定因素构成的条件，自然禀赋不同于人力资本、社会资本和财富资本，它是一种相对抽象的概念。刘向哲等（2007）指出，在生物学研究中，先天禀赋是指包含父母的遗传基因信息，兼具孕期母体内外环境所赋予的胎传信息。[②] 人体的心理特征与先天禀赋有着紧密的联系，智力、性格、人格、气质、行为等是子代所具有的先天禀赋特性。因此，从生物学的角度出发对自然禀赋进行探究，也就是对父母通过基因遗传来影响子代以及子代收入进行探究。

我国学者对自然禀赋影响代际收入流动性的研究较少。何珊珊（2018）基于家庭禀赋和代际收入流动的正相关关系，认为农民工群体代际收入流动较低的原因是其较低的家庭禀赋。[③] 家庭禀赋论的提出为自然禀赋提供了一个更大的视角，建立起自然禀赋与其他资本因素之间的关联。肖望喜等（2020）采用有序 Logistic 模型，认为农村居民风险认知程度受自身禀赋状况的影响；农村居民及其子代受教育程度等人力资本禀赋、地理环境禀赋、实物资本禀赋状况均对农户自然风险感知状况影响显著。[④] 由此可知，自然禀赋相关因素确实会对个体的生产观念等产生影响，继而影响个体的收入水平。由此可知，我国关于自然禀赋对代际收入传递影响机制的研究较为欠缺。

---

① 刘建和，邢慧敏，黄林峰．我国居民金融性资产代际收入传递影响因素研究［J］．商业研究，2016（9）：54-63.

② 刘向哲，郭蕾，王新志，等．论禀赋的先天实质和后天表现［J］．北京中医药大学学报，2007（9）：587-589.

③ 何珊珊．农民工的家庭禀赋与代际收入流动的关系分析［J］．湖北农业科学，2018，57（19）：117-120.

④ 肖望喜，陶建平，张彩霞．农户禀赋、风险可控制感与农户自然风险认知［J］．统计与决策，2020，36（1）：76-80.

在自然禀赋影响因素的研究方面，多数学者只基于个人禀赋、土地禀赋等较少几个指标来研究。龚明远等（2019）对土地禀赋的研究发现，土地禀赋的提高将会降低土地配置效率，导致城乡收入差距扩大。[①] 孙猛和许世存（2018）在研究个人禀赋对流动人口的代际收入影响后指出，个体禀赋因素和地区经济因素共同影响流动人口的收入水平，地区差异占流动人口整体收入差距的10%以上，性别和户籍差异是流动人口个人禀赋中导致代际收入差距的重要因素。[②] 李金叶和郝雄磊（2019）采用CGSS数据，将机器学习模型应用到代际传递现象的研究中，首次使用回归树模型群对机会不平等进行测度，建立了子代收入与环境变量之间非线性模型，发现户口类型、性别、居住地是影响20世纪50—80年代人群的主要变量。[③]

关于各因素在代际传递中对收入差距的影响、到底能起到多大的作用、是正向还是负向作用，则需要通过分解来对各因素的贡献度进行判定。常用的分解方法有Blanden分解法、Shapley值分解法、Oaxaca分解法等。亓寿伟（2016）基于Blanden分解法将教育对代际收入的影响程度进行分解，结果表明，在该样本下教育对农村代际收入传递的解释程度达到20%，且城镇要高于农村10个百分点。[④] 高艳云和王曦璟（2017）采用Oaxaca分解法进行研究，发现20年来中国代际收入流动性并没有大幅提高，并且通过对子代收入差距影响因素的分解发现，子代靠自身努力产生的效应不及父代给予的条件所产生的效应，并且子代的努力效应呈现减弱趋势。[⑤] 王婷和李科宏（2018）基于Shapley值分解法的研究发现，家庭教育背景的相对贡献度为52%~64%，

① 龚明远，周京奎，张朕．要素禀赋、配置结构与城乡收入差距［J］．农业技术经济，2019（6）：57-69.

② 孙猛，许世存．流动人口就业收入的禀赋效应与地区效应分析［J］．人口学刊，2018，40（6）：52-61.

③ 李金叶，郝雄磊．机会不平等的测度：回归树模型的应用与比较［J］．统计与信息论坛，2019，34（10）：3-13.

④ 亓寿伟．中国代际收入传递趋势及教育在传递中的作用［J］．统计研究，2016，33（5）：77-86.

⑤ 高艳云，王曦璟．中国代际收入流动特点及变迁——基于收入分布分解的视角［J］．财经科学，2017（1）：83-92.

子代户口是否本地是其重要的影响因素。①

第三节　文献述评

本书梳理了国内外相关文献，发现代际收入传递的研究主要从经济学、社会学两方面展开，较少有从统计学的角度设计出代际收入传递影响因素的评价指标体系，现有研究所使用的指标多是根据数据的可得性以及论文研究的需要而引入的，在测度方法中基本采用能够量化的指标。

在探究代际传递机制的影响因素时，大多数有关人力资本的研究仅限于教育方面，较少将教育、健康、培训等同时放入人力资本的测算体系中，同时，学者们常常将人力资本看成同质的，往往忽略了区域环境因素对人力资本的影响；在进行量化分析时，大部分学者常常使用传统模型进行单层次数据分析，往往忽略了个体特征与环境背景因素的共同作用及从属于不同社会环境的异质性所带来的误差。在社会资本研究方面，大多数学者利用单一的测量维度来探索父代社会资本对子代收入的影响，然而这些只是根据社会资本的某一表现形式进行的实证研究，未将社会资本因素对代际收入传递的影响进行系统的建构。在财富资本研究方面，财富资本对居民收入差距代际传递的作用研究尚不全面，并且现有文献基本都是直接将影响因素代入传递机制模型中，以此研究财富资本对居民代际收入传递的影响。在自然禀赋研究方面，一是自然禀赋的概念较为模糊，自然禀赋对代际收入传递影响的指标体系尚不完善，大多数学者仅从几个指标直接入手研究；二是模型方法较为单一，大多数学者使用的是传统计量模型。

本书梳理了居民家庭收入差距、代际收入流动性以及代际传递的影响因素的相关理论，考虑到统计数据质量的特点，在分析时需要解决属性指标的

① 王婷，李科宏，家庭背景对城镇居民收入差距的影响与贡献——基于代际流动模型的 Shapley 值分解法［J］. 云南财经大学学报，2018，34（8）：40-53.

量化问题，本书主要从统计学的角度，根据收入差距代际传递机制的相关理论，设计了代际收入传递影响因素指标体系；根据统计数据质量的基本要求，选择研究所需的代表性指标；运用计量经济分析方法及多元统计等分析方法构建代际收入传递模型，为科学测度居民收入差距代际传递提供理论指导和技术支持。通过构建居民收入差距代际传递测度模型，减少因数据使用而带来的测度偏差。

具体看来，在人力资本研究中，以 Theodore W. Schultz 提出的人力资本的理论为切入点，将多层线性模型引入人力资本代际传递研究中，探究个人、家庭、区域三个层面的人力资本对居民家庭代际收入的影响；在研究社会资本时，本书摒弃了单一维度，从职业类型、单位性质、政治面貌和人际关系等多角度进行综合研究，以期寻找阻断社会资本代际传递的路径，缩小居民之间的收入差距，促进社会公平；在财富资本研究中，本书首先对家庭财富资本各因素进行中介效应检验，然后将其作为中间变量引入两阶段 Blanden 分解模型，从城乡、地区两个方面对比分析家庭财富资本对我国居民收入差距的贡献；在研究自然禀赋时，本书从这两方面入手：一方面，对自然禀赋进行概念界定，为进一步的指标体系构建奠定基础；另一方面，将多种模型嵌套使用，从具体到抽象实现自然禀赋对收入差距代际传递影响程度的不同层次研究。本书构建了居民收入差距代际传递统计测度模型，并运用相关调查数据进行实证分析，为政府部门制定相应政策、降低收入差距代际传递的程度、弱化代际收入阶层固化、实现机会均等提供依据，对逐步完善我国收入分配制度具有一定的理论意义与现实意义。

第四节　本章小结

在梳理文献时，本书主要从居民收入差距、代际收入流动性、代际传递影响因素三个方面进行分析。由于国内外学者研究的侧重点不同，因此，本书又分别从国内、国外两个方面进行阐述。

具体来看，在研究居民收入差距时，国外学者主要从收入差距与经济增长的关系及收入差距的影响因素两个方面进行研究。国内收入差距的理论研究主要是关于收入差距的测量问题。在研究代际收入流动性时，国外的研究大概可以分为三大类：数据的选取、模型的构建以及代际收入流动性的测度。国内对代际收入流动性的研究主要集中在社会学和经济学领域。从社会学的角度来看，主要体现在不同学者运用各种数据对社会流动性的测量。从经济学的角度来看，在国外学者奠定的测度模型基础上展开了大量的实证研究，为我国阻断代际贫困提供了政策支持。在研究代际传递影响因素时，国内外学者均是从人力资本、社会资本、财富资本和自然禀赋四个方面展开研究的。

第二章　居民家庭收入差距代际传递：机制与指标体系

本章通过对已有文献进行梳理与分析，对国内外学者关于居民家庭收入差距代际传递的影响路径进行总结，通过人力资本、社会资本、财富资本和自然禀赋这四个影响因素推导其内在影响机理，探究不同影响因素的代表性指标，在遵循科学性、可比性、系统性、代表性、可操作性等基本原则的基础上构建影响因素指标体系，为后文进行实证分析提供事实依据，奠定理论基础。

第一节　居民家庭收入差距代际传递机制

一、人力资本代际传递机制

（一）人力资本的界定

20世纪50年代末，美国学术界逐渐创立了人力资本理论。美国经济学家舒尔茨（Schultz，1962）指出，虽然传统的经济理论认为物质资本与劳动数量同等增加才能促进经济增长，但在当时的经济问题中，需要加入“人力资本”概念，即资本不仅包括物质资本，还应包括人力资本，两者是一种相对的关系。[①] 个体所拥有的知识、技能及健康等均是人力资本的组成部分，而且人力资本的积累对经济增长的促进作用远比其他因素对经济增长的作用大得多。舒尔茨的人力资本理论体系内容系统全面，不但对人力资本进行了归纳、定义和合理分类，而且对人力资本的地位和重要性作了重要的阐释。

20 世纪 60 年代，人力资本理论开始在西方国家广泛传播，不仅开辟了资产阶级经济理论的新领域，而且为西方教育经济学奠定了理论基础。古典经济学家威廉·配第（William Petty）认为，人力资本和物质资本在劳动产品价值形成过程中起同等作用。他在研究人力资本与经济增长、个人收入的关系时指出，人的劳动投入是质与量的结合，包括所有居民通过劳动所形成的熟练度和判断力，以及通过后天努力所获得的其他能力，而后者也是人力资本重要的组成部分。同时他还认为，个人在获得其他能力时会花费一定的费用，因此也可以看作自身形成的资本。贝克尔（Becker，1986）从微观层面进一步强化了人力资本理论，认为人力资本投资就是通过增加教育、技能培训及医疗保险等方面的投资来影响未来收入的活动。贝克尔基于舒尔茨的研究，将人力资本理论与收入分配理论有效结合，从微观层面对经济个体行为特征进行分析，填补了以往研究的不足。我国学者在借鉴西方学者已有理论的基础上，对人力资本理论进行了有益的探索和研究。李建民（1999）一方面从群体层面对人力资本进行定义，将其定义为个人在一个国家或地区获得的总体知识、健康等能够显示出较高回报率的因素；另一方面，从个体层面进行定义，将其定义为个体后天所获得的知识及技能等因素。李建民对人力资本的界定本质上与贝克尔、舒尔茨是相似的，但对人力资本关注的角度则有所不同。

目前，国内外学术界对人力资本概念的理解一般有两种：一种是从人力资本投资角度进行定义，将人力资本视为对个体进行投资而产生的多种能力的集中体现，个体通过教育培训投资和劳动力投资等层面对自身的各种能力进行培养；另一种是从人力资本功能角度进行定义，将人力资本视为个体通

① Schultz T W. Reflections on investment in man [J]. Journal of Poliical Economy，1962，70（5）：1-8.

过后天努力或其他途径获得的一种依附于个体身上能够增加未来收益的无形资本，包括个体所拥有的知识、技能及健康体魄等。正是从不同角度来界定，人力资本理论才得以丰富和完善。

（二）人力资本对居民家庭收入代际传递的影响机制

本书认为，人力资本传递机制有两种传递途径，一种是直接通过父代收入对子代进行人力资本投资来影响子代的收入，另一种是通过父代自身收入水平对子代收入产生直接影响。人力资本传递的因素主要包括教育、培训、医疗保健与交通通信。

父代人力资本水平会影响其对子代人力资本的投资程度，对子代人力资本水平的形成产生持续作用。首先，父代受教育水平的高低对子代接受教育具有重要影响，具有高学历的父代通常能对子代教育发挥积极作用，并在子代受教育过程中为其提供一系列的帮助和支持，使其更好地完成学业。其次，在这一过程中，父代对子代的人力资本投资程度取决于父代人力资本水平的高低。在日常生活和学习中，家庭对子代的培训支出也会影响子代的收入水平，父代的专业知识对子代有着不自觉的熏陶和影响，对子代未来职业规划和选择有着一定的导向作用。再次，父代健康状况直接影响父代的劳动力水平以及从事各类工作的能力，与此同时，子代健康状况会对其劳动力水平产生影响，进而影响子代自身收入。最后，交通通信费用支出的多少反映了人们与外界进行交往活动的频率，人们为了达到自身资源的最佳配置或者为了能够获得更大的利益而进行迁移，家庭可以通过不断选择更优质的环境来改善现状，从而影响子代收入。

父代积累的人力资本对子代具有间接影响。通常来讲，父代人力资本水平越高，其收入也就越高，若父代拥有更加雄厚的资本，则其投资于子代人力资本的可能性更大。高收入父代能够为子代带来更加丰富的教育资源、更好的受教育平台以及学习环境，对子代提升综合竞争力具有显著作用。父代的高收入会带给子代更多的学习机会以及人生选择，子代能够接受更为先进的教育理念且有更多的机会进行职业规划。人力资本代际传递机制见图 2-1。

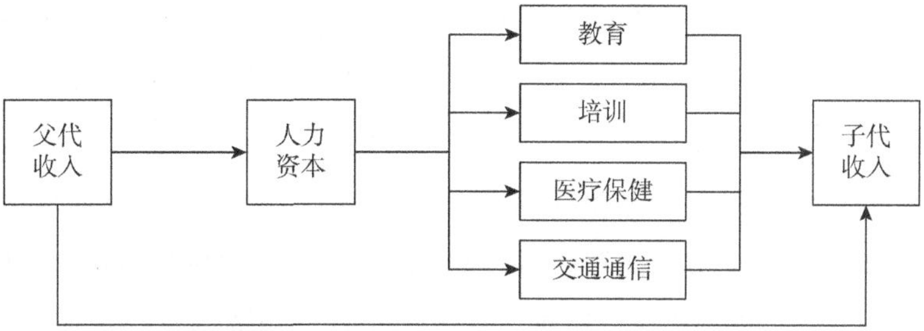

图 2-1 人力资本对居民家庭收入差距代际传递的影响机制

二、社会资本代际传递机制

（一）社会资本的界定

“社会资本”是由社会经济学中“资本”这一概念演变而来的。马克思在《资本论》中指出，“社会总资本”概念可以理解为无数个“个人资本”的集合。①

随着资本相关研究范围的逐渐扩大，许多学者先后提出了基于多种角度的“社会资本”概念来补充经济学未能清楚解释的问题。洛瑞·格林（Glenn，1976）在《种族收入差别的动态理论》中最早提出了“社会资本”概念，指出新古典经济学理论在探究收入差距方面没有对社会资本的重要性进行阐述。洛瑞（Loury）以社会阶层固化为关键点，从经济活动影响角度解释除人力资本之外的非物质资本——社会资本。但是，对社会资本真正独立的研究是从20世纪80年代才开始的。沃尔考克（Woolcock，1998）很早之前就已初步提出了“社会资本”这一概念。奥斯特罗姆（Ostrom，1999）认为，海妮凡（Hanifan）是第一位用社会关系解释社会资本的学者，并且进一步阐述了社会资本在社会中的具体作用。其后，众多学者提出了更多契合其研究领域的“社会资本”定义。最早从现代意义提出“社会资本”概念的学者是洛瑞，他认为，社会资本是促进个体获取技能或其他价值的资产，它存

① ［德］马克思．资本论（第一卷）［M］．北京：人民出版社，1975.

在于个人社会关系网中。[①] 科尔曼（Coleman，1988）基于社会资本的固有功能性给出定义：社会资本由社会组织构成，它使得个体能够易如反掌地达成目标，反之，则需要付出一定的努力。自 20 世纪 70 年代起，国内外学者分别对社会资本给出了十几种具有学科代表性的定义，其中我国学者林南（2005）根据社会资本目的性对社会资本理论做出了更为系统的解释，他结合我国社会结构的具体状况以及实地调查数据，对社会资本进行具体定义。他认为，这种价值资源可以通过情感倾诉等表达性或求职等工具性的行动获取回报，即认为获得这种价值资源的媒介是表达性或工具性的行为，以此构建个体行动者之间的互动和社会网络。

（二）社会资本对居民家庭收入代际传递的影响机制

社会资本代际传递指的是父代社会资本水平直接或间接传递给子代并影响子代社会资本形成的过程。通过社会资本代际流动，子代可以获得与父代水平相当的社会资本，也可以直接继承父代社会资本的社会网络并加以利用。由于人际社会资本积累量存在差异，因此，若父代的社会资本存量丰富，则其子代的社会资本存量也会较为丰富。社会资本对居民代际收入传递的影响机制大致表现在父代的人际网络资本、地缘网络资本与政治网络资本三个方面。

1. 人际网络资本的影响机制

在代际传递方面，社会资本主要是指父代利用自身的关系网络来影响子代的就业。1950—1980 年子女顶替制度曾对促进就业发挥了积极作用，到目前为止，我国居民家庭中这种人际关系与取得工作之间的联系也尤为明显，父母利用自身人际关系网络可以影响子代的职业选择，进而影响子代收入，这种影响就称为代际传递中的人际网络资本。由此得出，父代社会资本与子代收入的关联性在其影响子代获得工作的途径中得到体现。

2. 地缘网络资本的影响机制

个人出生地的差异影响社会资本的强度，体现在农村个体的资源占有率，

---

① 苗红娜．社会资本研究：分类与测量［J］．重庆大学学报（社会科学版），2015，21（6）：123-131.

特别是在入学考试和求职等方面明显低于城镇个体。父代积累的地缘因素不但影响父代自身社会资本的形成，还会综合地影响子代社会资本的获取，从而间接影响子代收入，使城乡收入差距产生代际传递现象。

3. 政治网络资本的影响机制

陆学艺（2005）在分析“是否为干部子代身份”这一因素对子代就业问题的影响时，得出“14岁时父亲的身份是干部”的子代在首次寻找工作时成功的概率是其他人的2.65倍。[①] 这从一定程度上证明了父代的政治身份对子代收入具有显著影响，父代的政治身份有助于子代的工作选择或工作获取，从而成为影响子代收入的重要因素。[②]

综上所述，本书将社会资本对居民收入差距代际传递的影响机制描绘如图2-2所示。

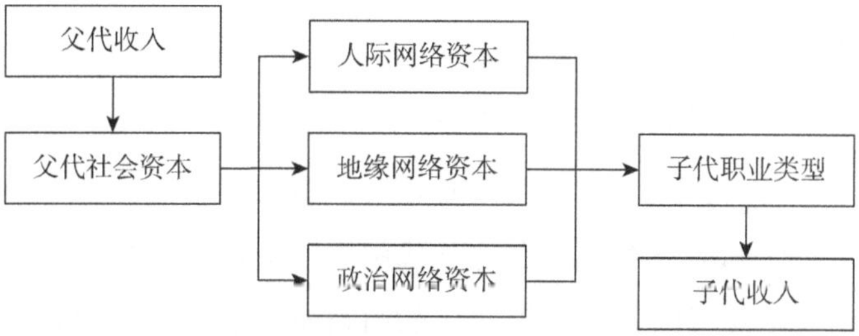

图2-2 社会资本对居民家庭收入差距代际传递的影响机制

三、财富资本代际传递机制

（一）财富资本的界定

亚当·斯密在《国富论》中指出，个人利用部分资产获得额外收入的前提是该部分资产能够维持本身的生存，故将个人资产划分为两部分：预期产

① 陆学艺．协调好社会阶层关系 构建和谐社会［J］．中国党政干部论坛，2005（4）：1-10.

② 胡咏梅，李佳丽．父母的政治资本对大学毕业生收入有影响吗［J］．教育与经济，2014（1）：22-30，52.

生收入部分和当前消耗部分。[①] 财富资本可以分成流动资本和固定资本两部分。流动资本可用于产出或采购商品，进而出售商品以获取利润；若停滞流动，则无法为投资者带来利益。固定资产是指非货币性资产，包含房屋、建筑物以及与生产经营活动有关的设备等，也可指购买后不再进入市场流动的物品，或直接为资本投资者带来盈利的物品。

在现有研究中，大多数研究者会选取对家庭比较重要的资产来衡量家庭财富资本。通过文献资料可以看出，目前对财富资本的大多数研究将可量化的、具有价值的资产作为家庭财富资本的代表。李涛、陈斌开（2014）将家庭财富分为固定资产和金融资产，前者主要指住房资产以及其他实物资产，后者主要指现金、银行存款、其他货币资金等具有衍生金融工具特质的资产。[②] 刘建和与胡跃峰（2014）基于2008年、2010年CFPS和2012年CHFS数据从金融性资产、房产、借出款与负债四个层面来探究家庭财富资本对我国居民代际收入流动性的贡献。[③]

（二）财富资本对居民家庭收入代际传递的影响机制

财富是一种资本，因此，父代所拥有的财富无形中对后代生活形成了强有力的保障。父代财富资本的存在为子代解决了后顾之忧，为子代打下了坚实的物质基础。子女可以通过继承父代的财富资本直接增加自身的收入，近年来，我国城镇化进程加快，房产价值不断上升，子女短时间内获取财富的有效途径是继承父代的房屋资产。陈琳和袁志刚（2012）基于2005年的数据发现，人力资本和社会资本对代际收入传递的解释度均低于房产价值，说明财富资本在代际传递中具有重要作用。[④] 我国增加居民收入的主要渠道分为两类：①居民财产性收入来源的主要渠道不仅包括金融产品投资，还包括其他

---

① ［英］亚当·斯密．国富论［M］．唐日松，等，译．北京：华夏出版社，2012.

② 李涛，陈斌开．家庭固定资产、财富效应与居民消费：来自中国城镇家庭的经验证据［J］．经济研究，2014，49（3）：62-75.

③ 刘建和，胡跃峰．基于家庭金融性资产与借贷规模的居民代际收入传递研究［J］．理论探讨，2014（3）：5-8.

④ 陈琳，袁志刚．中国代际收入流动性的趋势与内在传递机制［J］．世界经济，2012（6）：115-131.

衍生金融工具特质的资产收益等。②居民财产性收入来源还包括实业投资及租赁服务。其最终目的是转化成可进行交易的流动性金融资产，因此可以进行抵押或出售来实现资产收益。家庭财富资本的差异会影响子代的收入，造成子代收入差距，从而产生子女收入差距的代际传递。在我国，随着城镇化进程的加速以及生产要素不断向城市集聚，城市房产不断增值，而且催生了租金收益，城市居民获得财富资本的机会远多于农村地区，进而财富资本的积累也会多于农村地区。

家庭财富资本对居民收入差距的代际传递影响机制如图 2-3 所示。

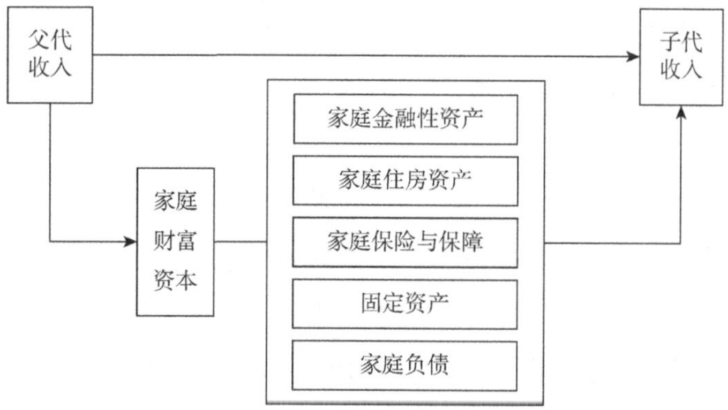

图 2-3　家庭财富资本对居民家庭收入差距代际传递的影响机制

四、自然禀赋代际传递机制

（一）自然禀赋的界定

学术界对自然禀赋的界定尚不完善，其中最具争议的就是对“禀赋”的界定。魏万青（2012）提出，禀赋是一种可观测特征。宋山梅（2014）认为，个人禀赋包括个体与生俱来的能力，如智力、性格等，还包括通过自己努力所获得的能力，如教育程度、技能培训、从业经历等。马继迁（2016）也认为家庭禀赋是一种资源和能力，并将家庭经济资本、家庭文化资本、家庭社会资本纳入家庭禀赋。自然禀赋是一种特征而非资本，就含义而言，何珊珊（2018）认为，家庭禀赋与家庭背景相近，即个体在日常生活和社会工作中可以借助家庭的各种资源实现自身目标。社会学家布迪厄提出的资本概念比经济学中的更为广泛，他认为，资本必须具备生成性、排他性、获利性三种特性。自然禀赋是居民家庭所处环境特征或家庭和个人具备的一种特征，并不具有资本的生成性、排他性和获利性。

本书基于国内外学者的研究，对自然禀赋进行界定：自然禀赋是一种父代自动传递给子代的特征，与市场作用无关，但与环境因素有关。本书将自然禀赋分为自然环境和先天禀赋两部分，自然环境又可分为区域环境和生存环境，先天禀赋可以分为家庭禀赋和个人禀赋。其中，自然环境是指居民家庭的生活环境特征，先天禀赋是家庭和个人具有的某些特征，包括遗传因素以及子代获取遗传基因后结合自身发展形成的社会属性和自然属性。在自然禀赋概念内，自然相关指标和禀赋相关指标的区别在于指标是宏观性还是微观性的。

（二）自然禀赋对居民收入代际传递的影响机制

本书中，自然禀赋主要包括自然环境和先天禀赋。自然禀赋是一个抽象的概念，指个体所处的环境及生活状态。先天禀赋是个体所具有的特征，是个体获得父母某种遗传基因的特质，是子代获取遗传基因后在成长过程中形成的具有个体特性的自然属性和社会属性。个体自然环境和先天禀赋对于子代后天获得更高收入具有一定的影响，父代为子代提供的自然环境属性会直接影响子代收入，从而使子代之间产生收入差距。

自然禀赋对居民收入差距代际传递的影响机制如图 2-4 所示。

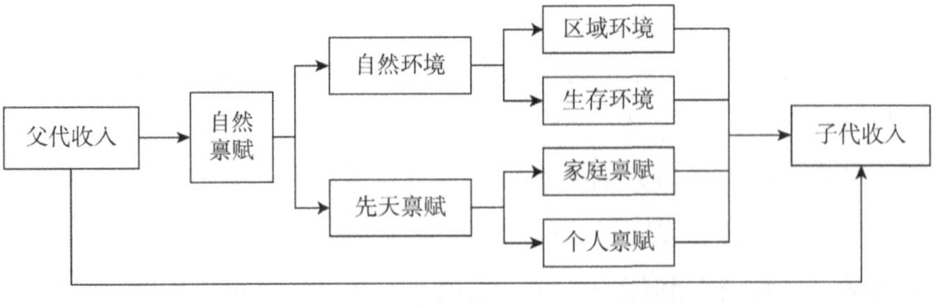

图 2-4　自然禀赋对居民家庭收入差距代际传递的影响机制

如图 2-4 所示，父代为子代提供独特的先天禀赋，个体的心理特征与先天禀赋息息相关，可以通过智力、性格、人格、气质、行为等体现出来，不同的先天禀赋会导致子代发展水平的差异，从而影响子代收入；父代的自然禀赋还可以通过子代生长的自然环境影响子代的发展，父代的自然禀赋如果较差，那么子代生长的自然环境较差的概率将会增大，继而影响子代的收入状况。

第二节　居民家庭收入差距代际传递指标体系构建原则

居民收入分配问题集中体现在居民收入水平和居民收入差距两个方面。我国居民对收入差距过大这一问题的关注度始终较高，而收入分配的公平性与政策调节机制密不可分，因此，居民收入差距这一问题成为收入分配领域的研究重点。为了系统地分析居民收入差距代际传递的影响因素，需要建立一个详细的指标体系，指标体系的科学性、合理性直接关系着对代际传递影响因素分析的准确性，因此，应遵循以下几个原则设计指标体系。

一、科学性原则

从严格意义上说，居民收入差距衡量需要一套综合性的指标体系，单一指标无法精准测度。要想对居民收入差距进行准确的分析，必须多角度、深层次地选取一系列指标与之匹配。因此，必须明确指标体系中每个指标的含义，以使指标体系全面反映影响因素的内涵。本书所选择的各项指标能够表达收入差距代际传递的内在机制，能够准确反映居民收入差距代际传递的影响因素，能够确保指标设计在名称、含义和内容等方面没有歧义，这样才可以科学、全面、准确地探讨影响机制。

二、可比性原则

在设计指标体系时，一方面，要尽可能采用与居民收入差距代际传递具有共性特征的可比性指标；另一方面，要确保测评指标体系中每个调查对象的含义、统计口径以及统计范围均明确保持一致，从而保证能够进行对比分析。收入差距考察范围的调整和衡量指标的更新反映了收入差距指标的动态变化，但调查对象与指标应该具有稳定性，所以，衡量收入差距的指标应具有一致性、连续性、稳定性以及可比性的特征。

三、系统性原则

系统性原则也称整体性原则，系统性原则要求指标体系的设计能够综合反映影响收入差距代际传递的总体状况。收入差距代际传递的影响因素是各种因素的有机组合，体系比较复杂，因而相应的指标体系要能够高度概括和全面涵盖所研究的问题，影响因素要从各个层面都能得到体现和重视。对居民收入差距的衡量以定量指标为主，定性指标为辅。在居民收入差距代际传递的影响因素中，不仅包括经济层面的因素，还有社会、文化、习惯等因素，要全面系统地反映影响居民收入差距的因素，就应该加入更多的属性指标。本书在研究社会资本对居民收入差距代际传递影响的统计测度中，用职业类型、政治面貌及人际关系等系统地分析社会资本对子代收入的影响。

四、代表性原则

影响收入差距代际传递的因素很多，包括人力资本、社会资本、财富资本和自然禀赋等多方面的内容，在研究不同影响因素时不可能面面俱到，应选择具有代表性的指标，保证该指标能够代表影响收入差距代际传递的程度，同时，该指标要能够很好地区分不同个体的差异性特征。① 比如，本书在自然禀赋中选择居民所处区域中的城乡、地区以及地貌特征作为区域环境的代表性指标，选择居民饮水、使用燃料以及所处环境的道路状况作为生存环境的代表性指标，等等。

---

① 曹亚丽，刘润芳，李频．居民家庭收入差距代际传递影响因素研究：基于中国家庭追踪调查（CFPS）的实证分析［J］．环渤海经济瞭望，2021（2）：152-154.

五、可操作性原则

在建立居民家庭代际传递影响因素的指标体系时，在保证其具有代表性的前提下，应尽量选择具有可操作性和公开性的指标，以便实证研究的开展，并且能够通过统计数据进行推算。例如，本书在建立人力资本的指标体系时，教育方面的指标选择受教育年限，健康状况选择公开调查数据中的健康状况自评值等。

第三节　居民家庭收入差距代际传递指标体系构建

本书对居民家庭收入差距代际传递指标体系的研究不但遵循指标体系的构建原则，而且对相应指标的选取进行反复斟酌，从人力资本、社会资本、财富资本、自然禀赋四个方面构建全方位的指标体系。

一、人力资本指标体系

人力资本投资主要以教育、培训、医疗保健和交通通信来衡量。教育从教育投入、受教育年限、教育环境三个方面来体现，培训包括培训类型、培训次数和培训支出。教育环境由自然环境、社会环境和精神环境组成，它是一个以教育为中心的生态系统，为个体发展提供了良好环境。培训是除了接受正常教育以外的其他学习，培训类型的选择以及培训次数、培训支出反映了个体接受非正常教育的频率和选择培训的用途，同时也体现了个体想要在哪方面充实和提升自己的技能。父代提升技能对自身收入产生一定的影响，进而导致子代间产生收入差距。

医疗保健是家庭在医疗和健康等方面进行的投资，以此恢复或改善人的健康水平，医疗保健主要从医疗保健支出、健康状况、参保类型等方面来衡量。健康状况直接影响父代正常从事各项劳动的能力，从而影响父代自身的收入水平以及对子代人力资本的投资。① 参保情况和医疗保险类型的选择都是父代为了在后期获取更大的人力资本而做出的投资，这些都为以后的生活提供强有力的保障。

交通通信是指在迁移过程中由于地域差异或产业间存在经济状况、环境状况、教育状况等差异而产生的人们为改变现状在人口流动中进行的一定成本的支付。交通通信主要从邮电通信费、交通费以及交通通信工具费三方面来衡量。交通通信在影响人口迁移中起着重要的作用，人口迁移是为了获取更多的生存机会和就业机会。

根据以上所述，构建人力资本影响收入差距代际传递的指标体系如表 2-1 所示。

表 2-1　人力资本影响收入差距代际传递的指标体系

<table>
<tr><th>一级指标</th><th>二级指标</th><th>三级指标</th><th>指标内容</th></tr>
<tr><td rowspan="12">人力资本影响收入差距代际传递的指标体系</td><td rowspan="3">教育</td><td>受教育年限</td><td>根据教育不同阶段进行受教育年限的计算</td></tr>
<tr><td>教育投入</td><td>家庭在教育方面的支出</td></tr>
<tr><td>教育环境</td><td>教育的自然环境、社会环境和精神环境</td></tr>
<tr><td rowspan="3">培训</td><td>培训次数</td><td>个人参与学习、工作培训的次数</td></tr>
<tr><td>培训类型</td><td>理念培训、心态培训、能力培训、个人技能四个方面</td></tr>
<tr><td>培训支出</td><td>家庭在培训方面的支出</td></tr>
<tr><td rowspan="3">医疗保健</td><td>医疗保健支出</td><td>家庭在医疗保健方面的支出</td></tr>
<tr><td>健康状况</td><td>非常健康、很健康、比较健康、不健康</td></tr>
<tr><td>参保类型</td><td>公费医疗、城镇居民医疗保险、新农合等类型</td></tr>
<tr><td rowspan="3">交通通信</td><td>交通费</td><td>家庭在交通方面的支出</td></tr>
<tr><td>邮电通信费</td><td>家庭在通信方面的支出</td></tr>
<tr><td>交通通信工具费</td><td>配件修理费</td></tr>
</table>

二、社会资本指标体系

社会资本是嵌入社会网络中的一切可利用的资源，本书以社会网络为切

① 罗曼利．中国城镇居民收入差距代际传递分析——基于职业流动的视角［J］．时代金融，2018（11）：247-249.

入点，建立并完善社会资本指标体系。社会网络的构建基于社会成员之间的相互帮助和长期的交流互动。[①] 社会网络是在个人有目的的行动中形成的社会联系。遵循“横向”交往原则，本书将相同地位和权利的行为者划分为一类；社会网络仍存在小部分“垂直”分布结构，处于网络边缘的个体通过中介作用将不平等的个体参与者整合到不对称的层次结构中。社会网络赋予个体某种身份和地位，由此构成个体的社会资本。社会资本主要表现在以下三个方面：人际网络资本、地缘网络资本和政治网络资本。

（一）人际网络资本

在我国的传统观念中，人际关系对人们非常重要，除了亲友之间的自然关系，社会化人际关系也可以弥补劳动力市场机制不完善对应聘者造成的多样化职业选择的限制。吴彩容等（2012）的研究表明，我国社会资本中农村剩余劳动力受人际关系的影响较为突出。[②] 人际关系网络的正向作用体现在求职者的信息获取和工作状态等方面。个体通过亲戚、朋友、同乡、同事等各类人群提供的人际关系，得到使用其他类型资本的机会。在具体研究中，人际关系的实证指标可以通过选取个体的求职渠道来获得，故本书衡量人际网络资本的代表性指标主要为求职渠道和职业类型。

（二）地缘网络资本

社会资本在社区中得到滋养，身处于社区中的成员在经过长期的交流互动后，创建了基于社区普遍认知和利益的社交规则和社交网络。在社区中，个体不论是身处个人区域还是公共区域，都应遵守成文或不成文的规范。科尔曼认为，社区中的社会资本对青壮年个体的社会资本积累是有利的。社区和村庄是我国公民公共生活的最小单位，故本书中衡量地缘网络资本的指标主要是城乡分类变量。

（三）政治网络资本

政治网络资本是社会资本中较为特殊的资本，它和各种社会优质资源具

---

① 兰丽辉．基于向量模型的加权社会网络发布隐私保护方法研究［D］．镇江：江苏大学，2015.

② 吴彩容，吴声怡．欠发达地区农村劳动力自我雇佣行为影响因素分析：以福建沙县为例［J］．2012（1）：86-90.

有较强的关联性，其形成有着深厚的历史、社会、政策、环境、家庭和个人原因，对子代的教育、成长环境、职业选择和个人发展具有显著影响。所以本书将政治网络资本指标分解为政治面貌和单位性质两个指标。

根据以上所述，社会资本影响居民家庭收入差距代际传递的指标体系如表 2-2 所示。

表 2-2　社会资本影响收入差距代际传递的指标体系

一级指标	二级指标	三级指标	指标内容
社会资本影响收入差距代际传递的指标体系	人际网络资本	求职渠道	家人联系
			亲戚介绍
			朋友或熟人介绍
			接班
		职业类型	高级管理人员及负责人（国家机关、党群组织、企事业单位负责人）
			专业技术人员
			办事员（办事员和有关人员）
			商业及服务业人员
			工人（生产、运输设备操作人员及有关人员）
			领取工资的农业工人（农、林、牧、渔、水利业生产人员）
			其他人员（其他无法分类人员）
	地缘网络资本	城乡分类	城市
			农村
	政治网络资本	政治面貌	共产党员
			民主党派成员
			群众
		单位性质	党政机关团体
			事业单位
			国有及控股企业
			集体企业
			中外合资或外资独资企业
			个体户
			私营企业
			其他

三、财富资本指标体系

财富资本是指家庭中金融性资产、不动产、借出款和负债，财富资本的积累不仅可以提高居民自身的生活质量，而且可以造福后代。财富资本累积到一定程度后，会为子代提供较高的资本投入，从而影响子代收入。本书结合文献和数据资料，将长期使用的耐用品和古玩字画归纳入固定资产中。由于经济发展和社会进步，人们的保险与保障意识不断增强，家庭对保险与保障的投入也不断加大，父代对保险与保障的投资可以为子代带来收益。家庭住房资产历来都是人们密切关注的财富资本，故而本书将家庭保险与保障、家庭住房资产单独作为家庭财富资本，将家庭财富资本划分为五部分：家庭金融性资产、家庭住房资产、家庭保险与保障、固定资产、家庭负债。

家庭金融性资产是指家庭所持有金融产品的价值及其所获得的收益总和，表现为银行存款（活期存款、定期存款）、投资与理财产品（股票、基金、债券、衍生品、银行理财产品、其他理财产品）、其他金融资产［现金、家庭借出款（是指家庭借出去尚未偿还的资本，包括亲友借款额和民间借贷机构借款额，这两方面的资产会在未来增加家庭财富，相当于是资产的一种未来收益）、黄金等］。家庭住房资产是指家庭房产价值和土地所得。家庭房产价值是指家庭住房的市值以及所有房屋出租所得款和房屋拆迁补偿款等；土地所得包括出租土地和土地征收所得补偿款，因此，自有住房、出租房、拆迁补偿等房屋以及土地租金、土地分红、土地征收等土地都属于家庭住房资产。社会保障包括社会养老保险、新型农村合作医疗保险、政府补助等；家庭保险包括人寿保险、健康保险、车辆保险、财产险等；家庭保险和社会保障都属于家庭保险与保障。固定资产是指主要用于农业、工商业等方面的固定资产，车辆、耐用品及游艇、古董古玩、稀有字画等投资资产。家庭负债是指家庭各类贷款，包括住房贷款、购车贷款、教育贷款、信用卡贷款以及亲友或民间贷款等。①

① 刘润芳，郝一格，邵鑫鑫．家庭资产对居民代际收入传递的影响：基于 CFPS 的经验数据分析［J］．西北人口，2021，42（4）：82-92．

根据以上所述，财富资本影响居民家庭收入差距代际传递的指标体系如表 2-3 所示。

表 2-3　财富资本影响收入差距代际传递的指标体系

一级指标	二级指标	三级指标	指标内容
财富资本影响收入差距代际传递的指标体系	家庭金融性资产	银行存款	活期存款、定期存款
		投资与理财产品	股票、基金、债券、衍生品、银行理财产品、其他理财产品
		其他金融资产	现金、家庭借出款、黄金等
	家庭住房资产	房屋	自有住房、出租房、拆迁补偿等
		土地	土地租金、土地分红、土地征收等
	家庭保险与保障	社会保障	社会养老保险（含城乡养老保险）、新型农村合作医疗保险、政府补助等
		家庭保险	人寿保险、健康保险、车辆保险、财产险等
	固定资产	生产经营性资产	用于农业、工商业等方面的固定资产
		车辆	轿车、客车、货车、农用车等
		耐用品	电视机、洗衣机、冰箱、空调等
		其他固定资产	游艇、私人飞机、古董古玩、珍稀动植物、珍贵邮票、稀有字画等
	家庭负债	银行贷款	用于经营、教育、房贷、车贷、贷记卡（信用卡）、金融产品等的金融机构借款
		民间借贷	用于经营、教育、房贷、车贷、现金、借记卡（储蓄卡）、金融产品等的非金融机构借款
		其他负债	除银行贷款、民间借贷外向亲戚朋友借款等

四、自然禀赋指标体系

本书基于自然禀赋与代际传递概念，考虑到子代自然禀赋的继承性，构建出基于自然禀赋代际传递的指标体系。根据自然和禀赋的属性，将自然禀赋划分为区域环境、生存环境、家庭禀赋、个人禀赋四个一级指标。

（一）区域环境

区域环境是居民家庭所处区域环境，为宏观指标。根据我国实际情况，区域可以分为城乡和地区。我国在经济发展中存在城乡不平衡和地区不平衡现象，这种不平衡势必通过代际传递导致子代收入产生差距。居民家庭所处环境的地形、地貌等也对收入差距的代际传递有一定影响。与丘陵、高原、山地、盆地地貌的环境相比，平原地貌环境无论在气候方面还是经济发展方面都有更大优势。父代的区域环境决定子代的区域环境，体现出很强的继承性，区域的流动困难性较高，对子代收入的提高形成较大的阻碍。因此，本书将居民所处区域中的城乡、地区以及地貌特征作为区域环境的代表性指标。

（二）生存环境

生存环境可用来进一步衡量居民家庭的生活状况，若居民家庭所在地的经济发展水平较高，周边环境较为优越，不仅正向影响子代就业、求学的途径，而且对子代提高收入起到促进作用。居民家庭用水、燃料、出行的便利性也可视为居民家庭生存环境的重要指标，这些生存环境指标使得子代的收入差距明显。考虑到指标的可操作性，本书选择居民饮水、使用燃料以及所处环境的道路状况作为生存环境的代表性指标。

（三）家庭禀赋

家庭禀赋是直接影响子代的微观指标，包括经济地位、家庭规模、父代认知。家庭经济地位是家庭处于社会的一个相对位置，从教育、就业等多方面影响子代的个人发展，从而影响子代的收入差距。家庭规模是指家庭的人口数。在多子代家庭和独生子代家庭，父代的资源分配模式不同，导致传递给子代的资源不同，也导致收入差距的产生。父代为子代的投入与规划和父代认知水平的高低有关，子代在父代营造的家庭环境中成长，父代认知水平一方面可以通过基因遗传给子代，另一方面可以直接体现在子代的培养、教育培训及择业过程中。

（四）个人禀赋

个人禀赋是子代的个人特征，包括性别和子代认知水平。男性与女性在家庭资源代际传递过程中有所差异，从而影响子代收入差距的传递。同时，子代的性别也对其收入产生较大影响。子代一方面继承父代的认知水平，同时受到家庭环境的熏陶，对社会产生不同程度的认知；另一方面，子代在成长学习过程中形成深层次认知，较高水平的认知有利于子代获得更高的收入。

自然禀赋影响居民家庭收入差距代际传递的指标体系如表2-4所示。

表2-4 自然禀赋影响收入差距代际传递的指标体系

一级指标	二级指标	三级指标	指标内容
自然禀赋影响收入差距代际传递的指标体系	区域环境	城乡	城镇、乡村
		地区	东、中、西三个地区
		地貌	平原、丘陵、高原、山地、盆地
	生存环境	饮水	做饭用水的便利性
		燃料	做饭燃料的便利性
		道路	出行的便利性
	家庭禀赋	经济地位	低、中低、中高、高四个收入阶层
		家庭规模	家庭人口数
		父代认知	父代认知水平
	个人禀赋	性别	男、女
		子代认知	子代认知水平

第四节 本章小结

本章分别从人力资本、社会资本、财富资本以及自然禀赋四个方面对居民收入差距代际传递机制进行研究，在遵循科学性、可比性、系统性、代表性、可操作性五个基本原则的基础上构建代际传递影响因素指标体系，具体如下：

第一，父代对子代进行的人力资本投资以及父代自身的人力资本水平，包括教育、健康、培训以及交通通信四个方面对子代收入产生直接或间接的影响，人力资本指标体系的选取主要是从教育、培训、医疗保健、交通通信四个方面来体现。

第二，父代分别从人际网络资本、地缘网络资本、政治网络资本三个方面对子代社会资本产生影响，进而对子代收入产生影响，实现收入差距传递。社会资本指标体系主要包括社会网络、政治资本、职业特性以及区域特征等方面。

第三，父代对子代财富资本的影响主要体现在家庭金融性资产、家庭住房资产、家庭保险与保障、固定资产及家庭负债五个方面，直接或间接地影响子代收入，从而产生收入差距代际传递。财富资本指标体系主要包括银行存款、投资与理财产品、房屋、土地、社会保障、家庭保险、生产经营性资产、车辆、耐用品等方面。

第四，自然禀赋主要包括自然环境和先天禀赋。环境因素会对个体行为产生“同伴效应”，从而导致居民收入差距。个体自然环境和先天禀赋对子代后天获得更高收入具有一定的影响，父代为子代提供的自然环境也会直接影响子代收入，从而在子代间产生收入差距。自然禀赋指标体系主要包括区域环境、生存环境、家庭禀赋、个人禀赋四个方面。

第三章　居民家庭收入差距代际传递：测度方法与统计模型

本章在居民家庭收入差距代际传递相关理论研究的基础上，基于代际收入流动性测度、代际传递统计测度、收入不平等测度以及居民收入差距影响因素贡献程度测度，构建居民收入差距代际传递测度方法与统计模型，为后续实证研究奠定基础。

第一节　居民代际收入流动性测度方法与模型

一、传统代际收入弹性模型

代际收入弹性系数的基础计算公式是由经济学家贝克尔和汤姆斯（1986）构建的。他们认为，父代的人力资本投资是影响子代收入的主要变量，并假设一个家庭中只有一个父代和一个子代。父代的收入（y_i^f）被分成两部分，分别是用于自身的各种消费（S_i^f）和用于对子代的各种人力资本投资消费（E_i^f），即

$$y_i^f = S_i^f + E_i^f \tag{3.1}$$

子代将父代的投资转化为自身收入：

$$y_i^c = (1+r)E_i^f + I_i^c \tag{3.2}$$

其中，r 为子代的人力资本回报率，E_i^f代表父代对子代进行的投资，I_i^c 为

影响子代收入的其他因素。I_i^c 可以被分解为

$$I_i^c = e_i^c + \omega_i^c \tag{3.3}$$

其中，ω_i^c 为子代的市场运气（Market Luck）；e_i^c 为子代的个人赚钱禀赋（Endowment），主要包括家庭带来的基因优势、个人的社会关系网络和个人做出的努力等。子代禀赋受父代禀赋的影响，二者呈一阶线性关系：

$$e_i^c = \lambda e_i^f + \gamma_i^c \tag{3.4}$$

式（3.4）中，e_i^f 为父代禀赋，λ 为父代的禀赋对子代的遗传程度（$0 \leqslant \lambda < 1$），γ_i^c 为与方差无关的变量。

为了使父代的投资效用最大化（$\max U_i^f$），父代的收入可以用以下模型表示：

$$\max U_i^f = (1+\alpha)\log S_i^f + \alpha \log y_i^c \tag{3.5}$$

通过对式（3.4）进行递推，可得到

$$E_i^f = \frac{\alpha y_i^f - (1-\alpha) I_i^c}{(1+r)} \tag{3.6}$$

将式（3.4）代入式（3.2），可得到：

$$y_i^c = \beta y_i^f + \alpha I_i^c \tag{3.7}$$

其中，$\beta = (1+r)\alpha$，β 被称为代际收入弹性（Intergenerational Income Elasticity，IGE）。将式（3.3）和式（3.4）代入式（3.7）可得

$$y_i^c = \beta y_i^f + \alpha(\lambda e_i^f + \gamma_i^c + \mu_i^c) \tag{3.8}$$

将式（3.8）展开后，即可得到 Golton-Becker-Solon 方程：

$$y_i^c = \beta y_i^f + \alpha\lambda e_i^f + \alpha\gamma_i^c + \alpha\mu_i^c \tag{3.9}$$

二、代际收入弹性双对数模型

（一）普通最小二乘法

OLS 估计法是估计代际收入弹性值的基础模型，基本公式为

$$\ln y_i^c = \alpha_0 + \beta \ln y_i^f + \mu_i \tag{3.10}$$

其中，y_i^c 表示子代持久性收入，y_i^f表示父代持久性收入，μ_i 为随机误差

项。β 表示代际收入弹性系数，β 越大，说明子代的收入受父代收入的影响越大，代际收入依赖性越强，流动性越低。① 该方法会造成一些难以避免的误差，如内生性问题、暂时性冲击、样本选择性偏误和生命周期偏误，导致估计得到的代际收入弹性与实际值相差较大。因此，目前很少有学者将该方法直接用于代际收入弹性估算。

（二）加入年龄调整模型

代际收入弹性的相关测算一般以单年收入作为永久收入的替代。但由于单年收入与永久收入之间往往存在较大偏差，因此，可能使 IGE 估计值产生向下的偏误（Solon，1999）。为解决这一问题，索隆提出用个体年龄及其平方项对其年收入水平进行调整，调整后的方程为

$$\ln y_k^c = \beta_0 + \delta \ln y_k^f + \beta_1^c age_k^c + \beta_2^c (age_k^c)^2 + \beta_1^f age_k^f + \beta_2^f (age_k^f)^2 + \varepsilon_k \quad (3.11)$$

式（3.11）中，y_k^c、y_k^f分别为子代、父代在 k 年的收入，age_k^c、age_k^f 分别为子代、父代在 k 年的年龄，ε_k 为随机扰动项。

（三）双样本工具变量法

在基础模型中除了加入年龄调整，还可以采用工具变量法（Ⅳ）对代际收入弹性的向下偏误进行修正，由此得出代际收入弹性的上限值。但工具变量法无法避免内生性问题，在高估代际收入弹性的同时存在同住样本选择偏误，即如果匹配样本的父代和子代来自同一家庭，就会对代际收入弹性造成向上估计偏误，并表现出成年子代与父母同住比例越高则代际收入弹性高估越严重的现象。为处理同住样本选择偏误，学术界提出了误差相对较小的双样本工具变量法（TSIV），借助工具变量方法把两独立样本的信息“合成”为父子的数据配对，并分两阶段对父代永久收入以及代际收入弹性进行估计。具体理论如下：

父代的永久收入可以通过式（3.12）进行估计：

$$y_i^f = \lambda Z_i^f + \varepsilon_i^f \quad (3.12)$$

其中，Z_i^f 是样本 I 第 i 个家庭的特征变量，如果在样本 J 中可以得到 Z_i^f

---

① 陈杰．代际收入流动性、传递机制与收入不平等［D］．南京：南京农业大学，2015.

和 y_i^c 的值，但无法取得 y_{it}^f 的值，此时，可以借助源于同一总体的样本 J 计算出 λ 的估计值 $\hat{\lambda}$，即

$$y_{j,t}^f = \lambda Z_j^f + \varepsilon_j^f + \varepsilon_{j,t}^f \tag{3.13}$$

借助式（3.13）计算出样本 I 的父代收入，并通过式（3.13）测算代际收入弹性：

$$y_i^c = \beta_0 + \beta\hat{\lambda} Z_i^f + \varepsilon_i \tag{3.14}$$

两样本工具变量法基本消除了同住样本选择偏误，按照此方法匹配的父子是两个独立样本，分别处在各自的收入生命周期，并增大了父子配对的样本量。但利用两样本工具变量法测算的代际收入弹性依旧具有向上偏误，而且偏误介于 OLS 估计量和Ⅳ估计量之间。为减小此类误差，在此采用双样本两阶段最小二乘法。

（四）双样本两阶段最小二乘法

双样本两阶段最小二乘法（TS2SLS）的估计偏误介于普通最小二乘法和工具变量法之间，针对普通最小二乘法遇到的数据缺陷问题进行优化，并解决了工具变量法中工具变量选择困难的问题，此外，该方法的拟合度也非常高。具体理论如下：

由于无法得到父代的永久收入，因此不能直接使用式（3.10）来估计代际收入弹性。假设 E_i^f 表示主样本中第 i 个家庭父代的特征变量，则主样本中父代永久收入可以表示为

$$y_i^f = \eta E_i^f + \mu_i \tag{3.15}$$

其中，μ_i 为随机误差项，η 为父代收入与父代特征变量之间的系数，可以通过辅样本数据估计得出。将主样本中的 Z_i^f 值代入式（3.15），得到主样本中父代的收入，称为“潜在父母收入”。将主样本中的子代收入 Y_i^c 和“潜在父母收入”代入式（3.10），得到 β 的估计值，即为代际收入弹性。[①]

从以上理论模型可以看出，使用 TS2SLS 法具有三个优势：第一，对代际

① 郭建军，王磊，苏应生．样本选择性偏误、TS2SLS 估计与我国代际收入流动性水平［J］．统计研究，2017，34（8）：120-128.

收入弹性进行估计时，没有直接将当期收入作为父代收入纳入模型，而是使用估计的父代永久收入，从而避免了内生性偏误以及暂时性冲击。第二，该方法使用了两个样本，实际上最终得到的匹配的父代和子代样本并不是来自同一个家庭，从而避免了样本选择性偏误问题。第三，该方法会增大主样本中父代与子代匹配的样本容量，从而使模型的拟合度更高，估计值更可靠。

根据 TS2SLS 法，本书在第一阶段拟合父代收入，模型设定为

$$\ln y_i^f=\varphi+\lambda E_i^f+\mu_i \tag{3.16}$$

其中，y_i^f表示辅样本中的父代收入，E_i^f表示辅样本中第 i 个家庭的父代特征变量，如父代年龄、父代年龄的平方、父代受教育年限、父代职业类型等。除此之外，还可以加入城乡、区域以及出生年代等影响父代收入的变量。

第二阶段代际收入弹性模型设定为

$$\ln y_i^c=\alpha_0+\beta\ln y_i^f+\gamma E_i^f+\zeta E_i^c+\varepsilon_i \tag{3.17}$$

式（3.17）中，$\ln y_i^c$ 表示主样本中子代收入的对数值，E_i^c 表示辅样本中第 i 个家庭的子代特征变量，如子代年龄、子代年龄的平方等。首先，将辅样本中相关数据代入第一阶段父代收入模型中，得到父代收入方程的系数；然后，将主样本中的父代特征变量值代入已知系数的父代收入方程中，从而得到“潜在父母收入”；最后，将主样本中子代的收入和“潜在父母收入”代入第二阶段代际收入弹性估计模型中，从而得到 TS2SLS 法的代际收入弹性值 β。

TS2SLS 法与工具变量法非常相似，其区别仅仅在于 TS2SLS 法使用了双样本，从而优化了工具变量法的样本选择性问题，与普通最小二乘法相比，它又能够优化普通最小二乘法存在的内生性问题和暂时性冲击问题。虽然该方法估计的代际收入弹性值依然存在向上的偏误，但相对来说，该方法的估计结果更加接近真实值。

三、代际收入秩关联系数模型

由于实际数据可能会存在测量误差，导致代际收入弹性出现偏误。达尔和德雷勒（Dahl & DeLeire，2008）认为，父代收入、子代收入在同龄人中的

位序能呈现出优于其永久收入水平的线性关系。基于此，可以使用代际收入秩关联系数对父代收入位序与子代收入位序之间关系进行分析：

$$rank_i^c=\rho_0+\rho_1 rank_i^f+\eta E_i+\varepsilon_i \tag{3.18}$$

其中，$rank_i^c$ 和 $rank_i^f$ 分别表示第 i 个家庭中子代和父代在其同龄人中的收入位序，ρ_1 表示代际秩关联系数，E_i 为控制变量，ε_i 表示模型的误差项。虽然代际收入秩关联系数可以较好地解决无法得到永久收入的问题，但也面临新的挑战：在使用代际秩关联系数进行分析时，父代、子代的收入位序一经算出，就无法根据其后期可能发生的收入变化进行修正。在个人收入出现代内向上、向下流动时，代际收入秩关联系数就无法直观地体现出这种变化。

四、转移概率矩阵

转移概率矩阵，又叫跃迁矩阵，用转移矩阵法分析代际收入时，可以建立如下矩阵：

$$P^*=\begin{bmatrix} p_{11} & p_{12} & \cdots & p_{1m} \\ p_{21} & p_{22} & \cdots & p_{2m} \\ \cdots & \cdots & \ddots & \cdots \\ p_{m1} & p_{m2} & \cdots & p_{mm} \end{bmatrix} \tag{3.19}$$

式（3.19）中，P^* 代表收入转移矩阵，m 表示将所有父代收入和子代收入按收入高低排序，并划分为 m 个等级。矩阵中每一行表示父代收入的不同水平，每一列表示子代收入的不同水平，比如 p_{1m} 表示当父代收入等级为 1 时子代收入等级为 m 的概率，而 p_{m1} 表示当父代收入等级为 m 时子代收入等级为 1 的概率，p_{mm} 表示当父代收入等级为 m 时子代收入水平为 m 的概率。通常，转移概率矩阵的每一个元素均为非负数，且每行元素的和为 1。将转移矩阵法引入条件代际传递模型，用来测度代际收入流动性的双随机矩阵定义如下：

$$p(f,c)=[p_{j,k}(f,c)]\in R^{m\times m} \tag{3.20}$$

式（3.20）中，f 表示父代，c 表示子代，j 表示父代收入的阶层，k 为子代收入的阶层，$p_{j,k}$（f，c）是父子两代收入阶层相互转移的概率，m 则为父子两代收入等级的数量，该数量值可以根据具体研究进行自由调整。

假设收入生成机制 f 和 c 均存在有限的一阶矩，父代和子代分别按照要求划分为相同的 n 个等级，其中，父代的不同等级用 a 表示，子代的不同等级用 b 表示，[①] 而且它们具有一定的等级关系：$a_0<a_1<a_2<\cdots<a_{m-1}<a_m$，且 $b_0<b_1<b_2<\cdots<b_{m-1}<b_m$，那么，代际收入转移矩阵 p（f，c）＝［$p_{j,k}$（f，c）］中的元素 $p_{j,k}$（f，c）表示父代在第 j 组的情况下，子代在第 k 组的条件概率：

$$P_{jk}=\frac{P(a_{j-1}<x<a_j \text{ 且 } b_{k-1}<x<b_k)}{P(a_{j-1}<x<a_j)} \tag{3.21}$$

由式（3.21）得到的矩阵就是双随机矩阵，它是由式（3.20）计算得出的概率 P_{jk} 构成的。该矩阵主对角线的元素表示父子两代均处在某一收入阶层的概率。

将父代和子代收入均分为 5 组，其中，父代用 F 表示，子代用 C 表示，F 和 C 分别表示等分为 5 组的列向量，F 和 C 中的数据均表示每组的人数，具体的表现形式如下：

$F=[f_1, f_2, f_3, f_4, f_5]$，其中，$f_j(j=1, 2, 3, 4, 5)$ 表示父代的第 j 组；$C=[c_1, c_2, c_3, c_4, c_5]$，其中，$c_k(k=1, 2, 3, 4, 5)$ 表示子代的第 k 组。

父代的收入位置通过代际收入转移矩阵成为子代的收入位置数据，具体的 F 到 C 的代际收入转移的矩阵形式为式（3.22），其展开式（3.23）为

$$F'P=C' \tag{3.22}$$

$$[f_1,f_2,f_3,f_4,f_5]\begin{pmatrix} P_{11} & P_{12} & P_{13} & P_{14} & P_{15} \\ P_{21} & P_{22} & P_{23} & P_{24} & P_{25} \\ P_{31} & P_{32} & P_{33} & P_{34} & P_{35} \\ P_{41} & P_{42} & P_{43} & P_{44} & P_{45} \\ P_{51} & P_{53} & P_{53} & P_{54} & P_{55} \end{pmatrix}=[c_1,c_2,c_3,c_4,c_5] \tag{3.23}$$

① 赵丹．中国代际收入不平等传递研究［D］．太原：山西财经大学，2017.

$$c_k = \sum_{j=1}^{5} f_j p_{jk} \tag{3.24}$$

式（3.24）表示子代的第 k 组，由父代 5 个不同的组与该组转移到子代 k 组的转移概率对应相乘求和得到，p_{jk} 表示父代在第 j 组、子代转移到第 k 组的概率。基于转移概率矩阵的代际收入流动性测度指标如下。

（一）惯性率

惯性率可以用计算转移概率矩阵主对角线的元素（表示父子两代均处在某一收入阶层的概率）算术平均数来衡量代际收入流动性。G 值越大，代际收入流动性越弱；G 值越小，代际收入流动性则越强。计算公式为

$$G = \frac{1}{m} \sum_{j=1}^{m} P_{jj} \tag{3.25}$$

（二）亚惯性率

惯性率在测度主对角线概率时可能出现计算值较低的缺陷，亚惯性率是为了计算收入等级不发生改变或者收入等级仅发生小幅变动的父子在整体中所占的比例，可以在一定程度上克服惯性率的计算缺点，反映代际流动性较弱时的情况。① 亚惯性率的计算公式为

$$\hat{G} = \frac{1}{m} \sum_{j=1}^{n} \sum_{k=j-1}^{k=j+1} p_{jk} \tag{3.26}$$

但是，惯性率和亚惯性率有一个共同的缺点，即只能对对角线附近的元素进行考察，而不能体现其他部分元素的代表作用。

（三）加权平均移动率

加权平均移动率的计算可以解决上述问题，以移动的幅度为权重对移动概率进行加权平均，其中，$|j-k|$所表示的同一行各元素距离本行主对角线元素阶距的绝对值就是它的移动幅度。具体计算公式为

$$Q = \frac{1}{m} \sum_{j=1}^{m} \sum_{k=1}^{m} |j-k| p_{jk} \tag{3.27}$$

---

① 赵丹．中国代际收入不平等传递研究［D］．太原：山西财经大学，2017.

其中，离对角线越远，权重越大，即 Q 值增大，则意味着父代到子代的流动性增强。

（四）卡方指数

本书在构造代际收入流动的卡方值时，将原假设设定为收入代际的完全流动，那么在此假设基础上，代际收入转移矩阵中各元素的概率均为 $1/m$，即父代在某个等级时子代向其他等级流动的概率相等，均为 $1/n$。其具体计算公式为

$$\chi^2 = \sum_{j=1}^{m}\sum_{k=1}^{m}\frac{(p_{jk} - 1/m)^2}{1/m} \tag{3.28}$$

若将该矩阵作为参照组进行比较，那么在充分流动的假设下，卡方指数取值应为 0。而在非充分流动时，卡方值越小，代际收入流动性就越强。

（五）向上（下）流动概率

向上（下）流动概率从另一视角测度了代际收入的流动性，即代际收入发生流动时，向高收入阶层流动的子代概率大，还是向低收入阶层流动的子代概率大。具体计算公式为

$$P = \frac{M_u}{M_l} \tag{3.29}$$

其中，M_u 和 M_l 分别表示为：$M_u = \sum_{j=1}^{m-1}\sum_{k=j+1}^{k=m} p_{jk}$，$M_l = \sum_{j=2}^{m}\sum_{k=1}^{k=j-1} p_{jk}$

若 P 值大于 1，则说明当前我国居民家庭的代际收入流动状况能够让大多数人的经济地位得到提高。转移概率矩阵法因其独特的优势被众多学者使用，如今已经非常常见。然而该方法还存在一定的不足，即难以测量代际收入流动的强度，而且不适用于不同群体之间的比较，故而本书进一步介绍另一种非参数方法，即方向性秩流动性系数法。

五、方向性秩流动性系数法

方向性秩流动性系数法与转移概率矩阵模型有很多相似点，它不仅可以像转移概率矩阵法一样展示不同收入阶层代际收入流动的大小，而且能够研究不同群体不同收入阶层代际收入流动性的方向和强度。

在研究代际收入的方向性秩流动性系数时，要将父代收入按照从小到大排序，假如分为100等份。为简化分析，本书分别研究前50份（即父代中低收入家庭）代际收入向上流动的情况和后50份（即父代中高收入家庭）代际收入向下流动的情况。父代中低收入家庭的代际收入向上流动情况的计算公式为

$$v_{up}[\tau,(s_1,s_2)]=P[F_1(Y_1)-F_0(Y_0)\geqslant\tau|s_1\leqslant F_0(Y_0)\leqslant s_2] \quad (3.30)$$

式中，$v_{up}[\tau,(s_1,s_2)]$为条件向上方向秩流动系数，表示将父代收入进行排序以后，当父代收入位于s_1和s_2分位数时（满足$0\leqslant s_1<s_2\leqslant 1$），子代收入分位数不小于父代$\tau$个分位数的概率。$F_1(Y_1)$表示子代收入的累积分布函数，$F_0(Y_0)$表示父代收入的累积分布函数。[①] 同理，在研究父代中高收入家庭的代际收入向下流动情况时，具体的计算公式为

$$v_{down}[\tau,(s_1,s_2)]=P[F_0(Y_0)-F_1(Y_1)\geqslant\tau|s_1\leqslant F_0(Y_0)\leqslant s_2] \quad (3.31)$$

式中，$v_{down}[\tau,(s_1,s_2)]$为条件向下方向秩流动系数，表示将父代收入进行排序以后，当父代收入位于s_1和s_2分位数时（满足$0\leqslant s_1<s_2\leqslant 1$），父代收入分位数不小于子代$\tau$个分位数的概率。

由于不同群体之间存在很大的差异性，因此，研究不同群体之间的方向秩流动性非常重要。在条件向上（下）方向秩流动系数的计算公式中加入分类变量X（例如城镇、农村等），那么，城乡（$urban=1$表示城镇，$urban=0$表示农村）条件向上方向秩流动性系数可以表示为

$$v_{up}[urban;\tau,(s_1,s_2)]=P[F_1(Y_1)-F_0(Y_0)\geqslant\tau|s_1\leqslant F_0(Y_0)\leqslant s_2;X=urban] \quad (3.32)$$

同理，城乡条件向下方向秩流动性系数为

$$v_{down}[urban;\tau,(s_1,s_2)]=P[F_0(Y_0)-F_1(Y_1)\geqslant\tau|s_1\leqslant F_0(Y_0)\leqslant s_2;X=urban] \quad (3.33)$$

秩流动性系数的差值可反映出在一定条件下城镇与农村代际收入流动的差异性，公式如下：

$$diff_{up1}=v_{up}[urban=1;\tau,(s_1,s_2)]-v_{up}[urban=0;\tau,(s_1,s_2)] \quad (3.34)$$

① 陈宁陆．中国城乡居民代际收入流动性及传递机制研究［D］．杭州：浙江大学，2018.

同理，可得到向下秩流动性的差值。用同样的方法，对不同区域代际收入方向秩流动的差异性进行研究。需要注意的是，在计算不同群体的方向性秩流动性系数时，所使用的排名依然是全国父代和子代收入的排名，而不是各个群体的父代和子代收入的排名。

六、代际收入流动性测量方法与模型的汇总比较

代际收入流动性最直接的测量方法分为绝对流动性测量和相对流动性测量。前者包含代际收入弹性和代际收入秩关联系数，绝对流动性测量方法的特点是可以直观地反映代际收入弹性的取值,[①] 便于对不同样本以及各个年份间进行比较联系，但是无法直观地体现不同收入阶层的代际流动性以及代际持续性，因此在研究分析中，一般使用绝对方法和相对方法结合的方式对代际收入流动性进行测量。相对流动性测量的常见方法为代际转移矩阵法，要先确定父代的社会阶层，然后分析子代未来的社会地位阶层或者收入阶层会超过其父代的概率。

有关代际收入弹性的测量，采用的估计方法主要是普通最小二乘法，后来发展为修正估计误差的方法，如工具变量法、双样本工具变量法以及TS2SLS法，使得估计结果更加准确、详细。其中，TS2SLS法的测度性质更为优良，可以解决工具变量法中工具变量选择困难的问题（徐晓红，2015）。达尔和德雷勒（Dahl & DeLeire，2008）提出，父代和子代收入在同龄人中的位序能更好地呈现其永久收入水平的线性关系，故而代际收入流动性还可以使用代际收入秩关联系数进行测量，但该方法无法直观地体现个体的代际向上或向下流动程度。此外，转移概率矩阵法因其独特的优势被众多学者使用，但该方法还存在一定的不足，主要表现在其特殊的矩阵表现形式上，在实证研究中只能看到代际收入的大致流动情况，难以测量代际收入流动的强度。本书结合代际收入弹性误差产生的原因，总结了代际收入流动性测量的常见方法及其优缺点，如表3-1所示。

---

① 施正政．中国代际收入流动性与传递机制［D］．广州：暨南大学，2016.

表 3-1　代际收入流动性测量方法与模型的汇总比较

		方法与模型	优点	缺点	经典文献
参数	代际收入弹性（IGE）	最小二乘估计（OLS）	简单	低估代际收入弹性	王海港（2005）
		工具变量法（IV）	可以修正估计的向下偏误并且可以得出代际收入弹性的上限值	无法避免内生性问题，在高估代际收入弹性的同时存在同住样本选择偏误	陈琳（2015）
		双样本工具变量法（TSIV）	能在一定程度上降低同住样本选择偏误并增大父子配对样本量	使得代际收入弹性估计值出现向上偏误，偏误介于最小二乘法估计量和工具变量法的估计值之间	徐晓红（2015）
		双样本两阶段最小二乘法（TS2SLS）	合并两个独立的样本，克服现有数据的限制，避免出现使用短期收入平均测量带来的偏差；TS2SLS 估计量更渐进有效，而且样本抽样方式更稳健	依然存在向上的偏误，但相对来说，该方法的估计结果更加接近真实值	郭建军（2017）、李芳芝（2019）
	代际收入秩关联系数（IRA）	代际收入秩关联系数模型	可以呈现出较好的线性关系；可以在一定程度上克服持久性收入误差的问题	无法直观地体现个体的代际向上或向下流动	王伟同（2019）、杨沫（2020）
非参数	转移矩阵（TM）	转移矩阵模型	可以比较不同收入阶层的代际流动性和代际持续性	难以测量代际收入流动的强度，并且不适用于不同群体之间的比较	方鸣（2010）、徐舒（2015）
	方向性秩流动性系数	方向性秩流动性系数法	展示不同收入阶层代际收入流动的大小的同时，还能够研究不同群体不同收入阶层代际收入流动性的方向和强度	在计算不同群体的方向性秩流动性时，获得的父代和子代收入的排名存在误差	周兴（2013）

注：根据历年文献自行整理。

第二节 居民家庭收入差距代际传递统计测度模型

一、传统回归模型

居民家庭收入差距传递模型的构建需要确定导致收入差距产生的因素。根据本书研究目的，即探讨父代收入差距对子代收入造成的影响，因此将子代收入的影响因素分为父代因素以及子代因素，具体表现形式为

$$y_i^c = X_i^f + X_i^c \tag{3.35}$$

其中，y_i^c 为第 i 个家庭的子代收入；X_i^f 代表第 i 个家庭的父代影响因素，包括父代年龄、父代受教育程度等控制变量；X_i^c 代表第 i 个家庭的子代特征因素，包括子代年龄、性别、单位性质等控制变量。

通过对子代、父代特征变量的选取与比较，可以确定何种因素差异导致子代收入差距。此外，子代收入特征因素可以分为子代主观努力因素以及非主观努力因素，其表现形式为

$$X_i^c = I_i^c + L_i^c \tag{3.36}$$

其中，I_i^c 为子代主观努力因素，包含子代受教育程度、子代职业类型等控制变量；L_i^c 为子代非主观努力因素，包含子代年龄、性别等不会受到父代收入影响的因素。与此同时，在考虑不同样本以及不同时期的情况下，可以建立面板回归模型如下：

$$\ln y_{i,t}^c = \beta_0 + \beta_1 \ln y_{i,t}^f + \lambda_1 \mathrm{X}_{i,t}^f + \lambda_2 X_{i,t}^c + \varepsilon_{i,t} \tag{3.37}$$

其中，下标包含两个维度，样本维度 $i(i=1, \cdots, n)$ 表示 n 个家庭观测样本，时间维度 $t(t=1, \cdots, k)$ 表示研究的时间范围。$\ln y_{i,t}^c$、$\ln y_{i,t}^f$ 分别表示 t 年第 i 个家庭的子代收入及父代收入的对数。但在现实生活中，不同收入阶层的代际收入流动性可能会呈现截然不同的结果，因此，本书引入分位数回归模型对不同收入阶层的代际传递影响程度进行分析。

二、分位数回归模型

肯克和巴赛特（Koenker & Bassett，1978）提出了分位数回归法（Quantie Regression）。在现实生活中，由于不同收入阶层的代际收入流动性可能会呈现不同的结果，传统最小二乘法只能估计代际收入传递的均值，而分位数回归法能够从整个分布的角度对参数进行估计，减小因偏态分布引起的偏差，从而获得参数的整体分布信息。

分位数回归模型是通过对研究对象进行多个分位点的确定，进而测定每个特定分位点下解释变量对被解释变量的边际影响。① 对一个连续随机变量 y，如果 y 小于等于 q_τ 的概率是 τ，则 q_τ 是 y 的第 τ 分位数。由此可得式（3.38）和式（3.39）：

$$F(y)=prob(Y\leqslant y) \tag{3.38}$$

$$q_\tau=inf\{y:F(y)\geqslant\tau\}\ (0<\tau<1) \tag{3.39}$$

如果用解释变量向量组 X' 线性表达式表示被解释变量 y_i，则分位数回归模型如下：

$$y_i=\alpha_\tau+X'\beta_\tau+\varepsilon_{\tau,i} \tag{3.40}$$

其中，y_i 为第 i 个子代收入，X' 表示解释变量向量组，α_τ 表示截距项，β_τ 是子代收入 τ 分位数下的系数向量。给定解释变量 x 时，在第 τ 条件分位点上被解释变量 y_i 的条件分位数回归函数为 $Q_\tau(y_i/x_i)=x_i\beta_\tau+\alpha_\tau$，其样本估计值为 $x_i\beta_\tau+\alpha_\tau$，则其拟合值与被解释变量 y_i 之差的绝对值关系式为

$$\underset{\alpha,\beta}{\operatorname{argmin}}\Big(\sum_{y_i>x_i}\tau\,|y_i-X'_i\beta-\alpha|+\sum_{y_i<x_i}(1-\tau)\,|y_i-X'_i\beta-\alpha|\Big) \tag{3.41}$$

如果令权重如式（3.42）所示，则可等价为式（3.43）：

$$\rho_\tau\mu=\begin{cases}\tau\mu & \mu\geqslant 0\\ \\ (1-\tau)\mu & \mu<0\end{cases} \tag{3.42}$$

① 袁晓惠，司贺，王纯杰．面板数据分位数回归模型的诱导光滑估计［J］．统计与决策，2018，34（11）：70-72.

$$\underset{\alpha,\beta}{\operatorname{argmin}}\left\{\sum_{i=1}^{n}\rho_{\tau}(y_i - X_i'\beta - \alpha)\right\} \tag{3.43}$$

其中，估计中所取的各分位点用 τ 表示，各分位点斜率系数的估计值用 β_τ 表示，各分位点截距项的估计值用 α_τ 表示。

三、多项 Logit 模型

Logit 模型（MLM）主要用于研究被解释变量 Y_i 为虚拟变量时，解释变量 X_i 与被解释变量 Y_i 取某一个值的概率之间存在的关系，因而常被用作研究某一事物的影响因素。本书参考一些学者的研究方法，[①] 使用多项 Logit 模型探讨不同群体代际收入流动性差异的影响因素，模型设定如下：

设定 Y_i 表示第 i 个家庭子代收入流动的方向，若子代的收入阶层大于父代，则认为子代收入向上流动，记为 $Y_i=1$；反之则认为子代收入向下流动，记为 $Y_i=-1$；若子代的收入阶层与父代的收入阶层相同，则认为代际收入不流动，记为 $Y_i=0$，那么，代际收入流动 $Y_i=j$ 的概率为

$$P(Y_i = j) = \frac{\exp(\beta_j X_i)}{\sum_{j=-1}^{1}\exp(\beta_j X_i)}(i = 1,2,\cdots,n;\ j = -1,0,1) \tag{3.44}$$

式中，X_i 表示解释变量，即代际收入流动性的影响因素变量，β_j 为一组常数向量。

如果设定代际收入不流动（即 $Y_i=0$）为参照变量，那么，代际收入向上或向下流动与代际收入不流动之间的对数概率比就可以表示为

$$\ln\left[\frac{P(Y_i=j)}{P(Y_i=0)}\right]=\beta_j X_i(i=1,2,\cdots,n;\ j=-1,1) \tag{3.45}$$

式（3.45）中，等式左边的对数概率比即为 Logit 模型的被解释变量代际收入流动，它表示子代收入向上或向下流动与子代收入不流动的对数概率比。在式（3.46）中，将等式右边设为多项解释变量，用来解释变量具体设定为

① 周兴，王芳．城乡居民家庭代际收入流动的比较研究［J］．人口学刊，2014，36（2）：64-73.

子代受教育程度、子代职业评分等级、父代年龄、父代出生时的户籍类型以及父代的收入阶层，模型为

$$mobility_i=\ln\left[\frac{P(Y_i=j)}{P(Y_i=0)}\right]=\alpha+\beta\cdot edu_i^c+\delta\cdot occup_i^c+ \tag{3.46}$$

$$\kappa\cdot age_i^f+\theta\cdot urban_i^f+\omega\cdot rank_i^f+\varepsilon_i$$

其中，$mobility_i$ 表示代际收入流动，edu_i^c 和 $occup_i^c$ 分别表示子代受教育程度和职业评分等级，age_i^f、$urban_i^f$ 和 $rank_i^f$ 分别表示父代年龄、出生户籍和父代收入阶层。

四、结构方程模型

结构方程模型（Structure Equation Model，SEM）是基于因子分析、回归分析和路径分析等传统统计方法的一种多元数据分析工具，也被称为协方差结构模型或因果模型。SEM 是用来检验观测变量与潜在变量之间假设关系及测量误差的一种统计技术，可以研究多个原因和多个结果间的关系，其研究的内容主要有两个方面，[①] 一是将潜变量转化为观测变量进行测量，二是研究不同变量之间的结构关系，并用结构模型来检验。[②] 结构方程模型的构建通常经过模型的设定、识别、评价和修正，具体构建过程如式（3.47）~式（3.49）所示：

$$y_i=\Lambda y_i\eta_i+\varepsilon_i \tag{3.47}$$

$$x_i=\Lambda x_i\xi_i+\delta_i \tag{3.48}$$

$$\zeta_i\eta_i=\beta_i\eta_i+\Gamma\xi_i+\zeta_i \tag{3.49}$$

其中，$i(i=1,\ \cdots,\ n)$ 表示第 i 个影响因素，测量方程是表示观测变量与潜变量之间关系的方程组，如式（3.46）和式（3.47）所示；结构方程是表示潜变量与潜变量之间关系的方程组，如式（3.48）所示。[③] 上述方程组

---

① 郑吉友，李兆友．基于结构方程模型的农村居家养老服务供给水平分析［J］．西北人口，2017，38（5）：65-72.

② 范悍彪．顾客对超市满意度的结构方程模型分析［J］．合作经济与科技，2011（3）：36-37.

③ 姜明辉，陈昊洁，袁天琪．基于 SEM 模型的个人住房抵押贷款违约影响因素实证研究［J］．中国软科学，2012（1）：170-175.

中，y_i 为内生指标，x_i 为外源指标，Λy 表示内生指标 y_i 与内生潜变量 η_i 之间的关系，Λx 表示外源指标 x_i 与外源潜变量 ξ_i 之间的关系。ε_i 是内生指标的测量误差，δ_i 是外源指标的测量误差，η_i 为内生潜变量，β_i 表示内生潜变量间的关系，Γ 表示外源潜变量对内生潜变量的影响，ζ_i 为残差项，表示 η_i 在结构方程中未被解释的部分。由以上联立方程组，再加上模型的设定，通过一种迭代求解过程，就可以算出结构方程模型中的各个参数。

五、中介效应模型

中介效应是指在解释变量 X_i 对被解释变量 Y_i 的影响过程中，解释变量 X_i 借助中间变量 M_i 对被解释变量 Y_i 具有影响作用。[①②] 如果中间变量 M_i 起着中介桥梁的作用，说明具有中介效应，反之则说明没有中介效应。在中介效应研究中，涉及的解释变量 X_i 可能会有多个，中间变量 M_i 也可能会有多个，在进行研究时可结合实际情况进行重复操作，将复杂的模型拆分为多个简单模型，最终完成中介效应检验。研究思路如下：

$$Y_i = cX_i + e_{1i} \tag{3.50}$$

$$M_i = aX_i + e_{2i} \tag{3.51}$$

$$Y_i = c'X_i + bM_i + e_{3i} \tag{3.52}$$

式（3.50）中，$i(i=1, \cdots, n)$ 表示第 i 个影响因素，系数 c 为解释变量 X 对被解释变量 Y_i 的总效应；式（3.51）中，系数 a 为解释变量 X_i 对中介变量 M_i 的效应；[③] 式（3.52）的系数 b 是在控制了解释变量 X_i 的影响后，中介变量 M_i 对被解释变量 Y_i 的效应；系数 c 是在控制了中介变量 M_i 的影响后，解释变量 X_i 对被解释变量 Y_i 的直接效应；$e_{1i} \sim e_{3i}$ 是回归残差。

中介效应具体分成两类，一类是部分中介效应，另一类是完全中介效

① 温忠麟，刘红云，侯杰泰．调节效应和中介效应分析［M］．北京：教育科学出版社，2012.

② 周俊．问卷数据分析——破解 SPSS 的六类分析思路［M］．北京：电子工业出版社，2017.

③ 刘敏，朱亚鹏，辜良烈．双边政治关系与中国企业跨国并购成功率：基于联合国大会投票数据的研究［J］．南方经济，2020（7）：18-38.

应。① 部分中介效应是指在解释变量 X_i 对解释变量 Y_i 的影响过程中，有些是借助中间变量 M_i 实现的，有些是解释变量 X_i 直接对被解释变量 Y_i 产生影响关系。② 完全中介效应是指在解释变量 X_i 对被解释变量 Y_i 的影响过程中，解释变量 X_i 完全借助中间变量 M_i 影响被解释变量 Y_i。

六、决策树模型

决策树（Decision Tree）模型是一种机器学习技术，用于对数据内在规律的探究和对新数据对象的预测。决策树算法具有出色的数据分析能力和直观易懂的结果展示特点，因此被称为应用广泛的分类回归算法。决策树模型分为分类预测模型和回归预测模型。分类树（Classification Tree）用于因变量（输出变量）为离散型变量的建模，回归树（Regression Tree）用于因变量为连续型变量的建模。

（一）CART 算法

算法是机器学习技术的核心技术，分类树和回归树最常用的算法为 CART（Classification and Regression Trees）算法。CART 算法所用的决策树称为二叉树，即每次母节点一分为二，分裂为两个子节点，直至到达终节点。当特征变量的取值大于 2 时，则根据一定的分裂法则进行分裂。这意味着当特征变量有 3 个取值时，其中 1 个取值分裂为一个子节点，另外 2 个取值分裂为同一个子节点。在 CART 算法的基础上，又有学者提出 ID3（Iterative Dichotomiser 3）算法，后演变为 C4.5 与 C5.0 算法（C 表示 Classifier）。本书仅使用 CART 算法，因此不在此赘述其他算法。

本质上，二叉树将“特征空间”进行“递归分割”，每次沿着某个特征变量轴平行的方向进行切割，切成矩形或超矩形。因此，决策树是一种通过分割特征空间进行分类的分类器。

---

① 王雷，王圣君．外部社会资本、吸收能力与新产品绩效的关系：基于中国长三角地区企业样本的实证分析［J］．技术经济，2015，34（12）：15-23.

② 马岩，王道理，陈洪桃．雇主品牌、情感承诺与员工忠诚度关系的实证研究［J］．现代商业，2019（30）：12-15.

假设只有两个特征变量 x_1 和 x_2，$t_j(j=1, \cdots, 4)$ 表示特征变量的取值。以区域环境树为例，子代收入为输出变量，城乡和地区为两个特征变量，城乡的取值为城镇和乡村，地区的取值为东部地区、中部地区、西部地区，则递归分裂的一种可能结果如图 3-1 所示。

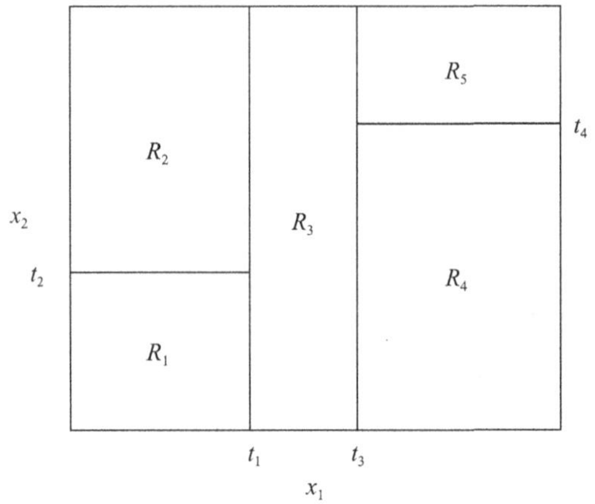

图 3-1　决策树对特征空间的递归分裂

首先，根据是否满足 $x_1 \leqslant t_1$ 进行分裂，然后根据是否满足 $x_2 \leqslant t_2$ 进行分割，得到终节点 R_1 和 R_2。其次，根据是否满足 $x_1 \leqslant t_3$ 进行分裂，得到终节点 R_3。最后，根据是否满足 $x_2 \leqslant t_4$ 进行分割，得到终节点 R_4 和 R_5。t_1 和 t_3 是特征变量 x_1 的两个分隔值，t_2 和 t_4 是特征变量 x_2 的两个分隔值，R_m（$m=1, \cdots, 5$）是经过递归分裂的子空间，相应的决策树见图 3-2。

根据分裂准则，假设城乡变量先进行分裂，$x_1 \leqslant t_1$ 即城乡变量是否为城镇，左边表示城镇，右边表示乡村。$x_2 \leqslant t_2$ 即地区变量，假设左边为东部地区，右边为中部地区和西部地区，则 R_1 特征空间表示区域环境禀赋既是城镇又是东部地区的子代收入，R_2 特征空间表示既是农村又是中部或西部地区的子代收入。R_3、R_4、R_5 特征空间同理，每个特征空间都是两个特征变量（城乡和地区）进行递归分裂的子空间。对于三维及以上的特征空间，无法使用图 3-1 的方法来展示递归分裂，但可以用图 3-2 的树状结构来表示（图 3-1 和图 3-2 的两种表示方法等价），这是由于决策树每次只能使用一个变量进行分裂。

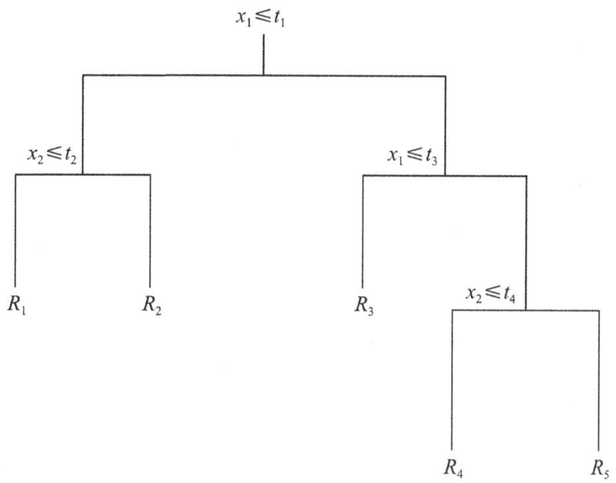

图 3-2　两个特征变量的决策树

同时，决策树可以理解为一种“分段常值函数”。这意味着以决策树估计的函数不是连续函数。在理论上，可以考虑任意形状的分区，实际上划分为超矩形区域便于计算也便于解释，即每次分叉在形式上都是某变量小于某临界值的形式（$x_i \leq t_j$）。在划分超矩形区域时，由于矩形的维度太高，同时估计在计算上不可行。为此，决策树采取一种自上而下、每次仅分裂一个变量的算法，这种算法每次仅选择一个最优变量，而未通盘考虑全局的最优分区。

（二）分裂准则

对于 CART 算法的二叉树，在每个节点进行分裂时，需要确定分裂变量以及该变量的对应临界值。对于分类树，在节点分裂之后，两个子节点内部“纯度”最高，换言之，分裂之后数据的“不纯度”应该下降最多。常用的分裂准则有基尼系数法和信息熵法，选定准则之后，在进行节点分裂时，针对每个特征变量，首先寻找最优临界值，并计算以该变量为分裂变量可带来的节点不纯度函数的下降幅度，选择可使节点不纯度下降最多的变量作为分类变量。对于回归树，其因变量为连续变量，将最小化残差平方和作为节点分裂准则，在进行节点分裂时，希望分裂后的残差平方和下降最多，即两个子节点的残差平方和的总和最小。残差平方和下降量也称异质性，变量的异质性越高，则越优先将其作为分裂变量进行分裂。

（三）决策树修枝

按照分裂法则，决策树可以充分生长。如果不停地进行分裂，则每个叶节点只有一个观测值，此时训练误差为0，导致过度拟合，泛化预测能力下降。因此，需要选择合适的决策树规模，停止节点分裂。简言之，就是先允许决策树充分生长，再按照某一法则进行“修枝”，以得到一个合适的“子树”。

对于分类树，使用成本复杂性修枝，即在成本（损失函数）与复杂性（决策树规模）之间进行最优的权衡。对于回归树，也使用惩罚项进行修枝，即最小化目标函数：

$$\min_{T} \underbrace{\sum_{m=1}^{|T|} \sum_{x_i \in R_m} (y_i - \hat{y}_{R_m})^2}_{\text{cost}} + \lambda \cdot \underbrace{|T|}_{complexity} \tag{3.53}$$

其中，R_m 为第 m 个终节点，而 $\hat{y}_{R_m}$ 为该终节点的预测值（此终节点的样本均值）。$\sum_{x_i \in R_m} (y_i - \hat{y}_{R_m})^2$ 为第 m 个终节点的残差平方和，然后对所有终节点 $m=1, \cdots, |T|$ 进行加总，即为成本损失函数 $R(T)$。

七、随机森林模型

随机森林模型（Random Forest）是一种组合模型。[①] 随机森林模型的核心思想是用随机方式建立一片森林，利用森林中包含的众多决策树形成一个组合模型。随机森林模型的内嵌模型是决策树，其特色在于随机。训练样本是对原始样本的重抽样自举，训练样本具有随机性；在每棵决策树建立过程中，成为当前最佳分组变量的自变量（输入变量）是自变量全体的一个随机候选变量子集中的“竞争获胜者”，具有随机性。[②]

（一）装袋法

在学习器中，有些模型的预测效果不佳，一般被称为“弱学习器”（Weak Learner），于是有人提出以某种方式组合，构成一个预测效果优良的强学习

① 周学忠，彭朝晖，曾杨．基于随机森林模型的上市公司财务失败预警研究［J］．湖南文理学院学报（自然科学版），2017，29（2）：17-20.

② 黄薇．基于不同特征选择的上市公司财务危机预警实证研究［D］．广州：暨南大学，2020.

器，这个过程被称为集成学习（Ensemble Learning）。集成学习的弱学习器也被称为“基学习器”（Base Learner），决策树是最常见的基学习器。给定数据和算法，基本可以确定监督学习的估计结果。布赖曼（Breiman，1984）提出，装袋法（Bootstrap Aggregation，Bagging）是集成学习的一种，它常使用自助法来搅动数据。具体步骤如下：

首先，对训练数据进行有放回抽样的再抽样，得到 B 个自助样本，① 比如，$B=500$。其中，第 b 个自助样本可写为式（3.54）。

$$\{x_i^{*b}, y_i^{*b}\}_{i=1}^{n}, b=1, \cdots, B \tag{3.54}$$

其中，上标 * 表示这是自助样本，每个自助样本的样本容量均为 n（保持 n 不变）。

其次，根据自助样本估计 B 棵不同的决策树，不进行修枝，记其预测结果为

$$\{\hat{f}^{*b}(x)\}, b=1, \cdots, B \tag{3.55}$$

最后，对于分类树，将 B 棵决策树的预测结果进行多数投票，得票最多的类别胜出。对于回归树，将 B 棵决策树的预测结果进行平均：

$$\hat{f}_{bag}(x) = \frac{1}{B}\sum_{b=1}^{B}\hat{f}^{*b}(x) \tag{3.56}$$

（二）袋外误差

装袋法提供了估计测试误差的简便方法，可以不用测试集或交叉验证。由于要进行有放回抽样的再抽样，每棵树都有些观测值未使用，称为袋外观测值（Out-of-Bag Observation，简写为 OOB 观测值），可作为测试集。具体而言，将未用到观测值的决策树的预测结果进行平均，记为对第 i 个观测值的袋外预测值 $\hat{y}_{i,OOB}$，由此可得到所有观测值的袋外预测值；将袋外预测值与实际观测值对比，即可得到袋外误差。对于分类问题，袋外误差是袋外错误率；对于回归问题，袋外误差为 OOB 均方误差（OOB MSE），表示如下：

---

① 陈凯，温慧博．一种基于 K-means 聚类技术的快速选择性 Bagging Trees 集成算法研究［J］．统计与信息论坛，2008（9）：23-27.

$$MSE_{OOB} = \frac{1}{n}\sum_{i=1}^{n}(\hat{y}_{i,OOB} - y_i)^2 \tag{3.57}$$

（三）随机森林算法

由于每棵树都使用相同的特征变量，因此决策树之间的相关性很高。布赖曼（2001）提出随机森林算法，在装袋法的基础上，决策树在每个节点上进行分裂时，仅随机选取部分变量作为候选的分裂变量。对于回归树，一般建议选取 $m=p/3$ 个变量。这种做法被称为随机特征选择，目的是降低决策树之间的相关性。随机特征选择被称为列子抽样，因为在数据框的二维表结构中，每一列都对应一个特征变量。随机森林算法的预测方式和装袋法相同，对所有决策树的预测结果进行平均。

装袋法是随机森林算法的特例，当 $m=p$ 时，即为装袋法。装袋法在每个节点上，将所有特征变量作为候选分裂变量。由于所有特征变量都进行分裂，故偏差（Bias）较小，但不同决策树之间的相关性较强，导致方差（Variance）较大。相反，如果 m 很小，虽然决策树之间相关性很弱，可能会降低方差，但由于每次用于分裂的变量太少，偏差会较大。

随机森林算法最重要的调节参数是 m，m 涉及偏差和方差的平衡，可通过袋外误差或交叉验证来确定。对于随机森林算法来说，自助样本的数目不太重要，一般选择 500 或更多。由于随机森林算法根据树的预测结果取平均值，故增加样本数目并不会导致过拟合问题，当袋外误差或交叉验证误差不再随着样本数目增大而下降时，即可确定平均值。

（四）变量重要度

与单棵决策树相比，随机森林算法包含很多棵决策树，故无法像单棵决策树那样进行解释。在采用随机森林算法时，应度量其变量的重要性。由于在每次节点分裂时仅需要一个变量，故每个变量的贡献较容易度量，比如，可以去掉某个分裂变量，然后度量 OOB 均方误差的上升值（也叫袋外误差上升百分比）。基于每个变量，对随机森林的每棵决策树进行平均，即对该变量重要性的度量。可度量该变量所导致的分裂准则函数的下降幅度，即残差平方和的下降幅度，也叫异质性。变量重要度主要有两种测量方式，包括变量的袋外误差上升度和误差平方和（异质性）。

八、代际交叠模型

（一）父代最大化自身效用模型

贝克尔和汤姆斯（1979）提出了经典三周期重叠生成模型（OLG）。在此模型中，所有人都经历了三个生命阶段：第一阶段为幼年时期。在这一时期，个体不消费，依靠父代生活，需要接受父代的教育投资。第二阶段为成年时期。在这一时期，个体获得收入并投资于子代的教育。第三阶段为老年时期。在这一时期，个体在退休后依靠存款和子代的转账支付生活。假设个体在幼年时期积累了人力资本，他在成年时参加工作、获得收入，同时决定消费、老年储蓄和子代投资，待到成年后完成退休，消耗以前的储蓄。贝克尔和汤姆斯在一个利他主义框架下，建立了父代基于自身消费和子代投资考虑最大化自身效用的模型，如下：

$$\max_{c_t^f, s_t^f, e_t^f, c_{t+1}^f} EU_t^f = \ln c_t^f + \beta \ln c_{t+1}^f + \beta\alpha E_t \ln y_{t+1}^f \tag{3.58}$$

$$s.t. \quad c_t^f + s_t^f + e_t^f \leqslant y_t^f$$

$$c_{t+1}^f \leqslant (1+R_t) s_t^f$$

$$y_{t+1}^c = (h_{t+1}^c)^\gamma,\ 0<\gamma<1$$

其中，上标 f 表示父代，上标 c 表示子代，在 t 时间内个人挣得的收入为 y_t^f，而且当前个人消费为 c_t^f，老年储蓄为 s_t^f，对后代的人力资本投资为 e_t^f。当子代步入人生的第二阶段，即在 $t+1$ 时期内，父代会从自身的期望收入中得到效用收入 y_{t+1}^f。α 是利他主义的参数，β 是折扣因素，γ 是人力资本收入的边际收益递减率，并且在 $t+1$ 期内，在第二阶段工作着的父代准备退休，并将自身储蓄（$1+R_t$）s_t^f 用于自身消费 c_{t+1}^f。式（3.58）中的前两个条件共同限制了父代的支出预算，即父代在第二阶段的所有调度都不得超过自身收入上限。最后一个条件则假定，个人的收入 y_t 由其人力资本积累 h_t 所得，其中，$0<\gamma<1$，是为了确保人力资本受到收入的边际收益递减的影响。同时，假设子代的人力资本存量 h_{t+1}^c 取决于其先天能力 A_t^c 以及其父代的投资能力 e_t^f，其中，

$0<\sigma<1$，是为了确保人力资本受到收入的边际收益递减的影响，即

$$h_{t+1}^{c}=A_{t}^{c}(e_{t}^{f})^{1-\sigma},0<\sigma<1 \tag{3.59}$$

（二）人力资本间接传递效应模型

Qin 等（2016）将人力资本的直接和间接传递机制纳入此模型，为父代对子代人力资本的最优投资提供了一种新的解决方法，并计算了代际收入的隐含弹性。[①] Qin 等假设个体的天赋是随机确定的，但由于父代可能不知道其子代的先天能力，因此可以假设父代根据自身先天能力对子代能力 $\ln A_{t}^{c}$ 形成期望，并据此做出投资决策：

$$\ln A_{t}^{c}=\ln\overline{A}+\varepsilon_{t} \tag{3.60}$$

其中，$\ln\overline{A}$ 是 $\ln A_{t}^{c}$ 的平均值，$\varepsilon_{t}\sim N(0,\ \nu^{2})$。在此基础上，得出稳定的增长均衡状态下的父代的最优人力资本投资方式：

$$e_{t}^{f}=y_{t}^{f}\frac{\alpha\beta\gamma(1-\sigma)}{1+\beta+\alpha\beta\gamma(1-\sigma)} \tag{3.61}$$

式（3.61）表示父代的最优人力资本投资 e_{t}^{f} 受父代的收入 y_{t}^{f}、利他主义参数 α、贴现因素 β 和收入确定性函数中的参数 γ 的正影响，但受人力资本积累函数中的参数 σ 的负影响，将式（3.58）中的第三个条件、式（3.59）、式（3.60）代入式（3.61）中，得到代际收入传递函数如下：

$$\ln y_{t+1}^{c}=\gamma\ln\overline{A}+\gamma(1-\sigma)\ln y_{t}^{f}+\gamma(1-\sigma)\ln\frac{\alpha\beta\gamma(1-\sigma)}{1+\beta+\alpha\beta\gamma(1-\sigma)}+\gamma\varepsilon_{t} \tag{3.62}$$

按照代际收入回归遵循传统的形式对式（3.62）加以变型（Jantti et al., 2006），可以得到人力资本间接传递效应模型如下：

$$\ln y_{t+1}^{c}=\phi_{0}+\phi_{1}\ln y_{t}^{f}+\nu_{t} \tag{3.63}$$

其中，ϕ_{0}、ϕ_{1} 以及 ν_{t} 表示为

$$\phi_{0}=\gamma\ln\overline{A}+\gamma(1-\sigma)\ln\frac{\alpha\beta\gamma(1-\sigma)}{1+\beta+\alpha\beta\gamma(1-\sigma)}$$

$$\phi_{1}=\gamma(1-\sigma)$$

$$\nu_{t}=\gamma\varepsilon_{t}$$

① Qin X, Wang T, Zhuang C C. Intergenerational transfer of human capital and its impact on income mobility: Evidence from China [J]. China Economic Review, 2016, 38 (5): 306-321.

其中，ϕ_1 表示代际收入弹性，它是由人力资本投资对收入的边际回报率和父代的人力资本投资有效回报率所决定的。当这两种回报增加时，父代对子代的人力资本投资机会就会增加，从而导致弹性 ϕ_1 增加。

（三）人力资本直接传递效应模型

上述模型只考虑了人力资本通过父子投资间接传递的情况，在此基础上，可以引入直接传输影响变量，并讨论其对收入流动性的影响。模型的扩展是由最近的几项研究推动的，这些研究描述了人力资本独立于投资渠道在几代人之间的直接转移。个体资本可以通过遗传的影响和非遗传的影响直接传播。例如，赫兹等（Hertz et al., 2007）对 42 个国家教育程度的代际持续进行估计，发现在过去 50 年中，父代教育与子代教育之间的代际相关性仍然惊人地高，稳定在 0.4~0.6。希瓦利埃等（Chevalier et al. , 2003）通过对代际教育流动性的多国研究报告了类似的结果，并发现代际收入流动性与重返教育之间存在积极的关系。基于这些发现，人力资本积累函数可以修改为

$$h_{t+1}^{c}=A_{t}^{c}(h_{t}^{f})^{\sigma}(e_{t}^{f})^{1-\sigma},\ 0<\sigma<1 \tag{3.64}$$

其中，h_t^f 表示父代的直接人力资本传递，而 Qin（2016）认为忽视人力资本的直接转移将导致对代际收入弹性的低估和对代际收入流动性的高估，因此得到直接传递模型如下：

$$\begin{aligned}\ln y_{t+1}^{c}=&\gamma\ln\bar{A}+\gamma\sigma h_{t}^{f}+\gamma(1-\sigma)\ln y_{t}^{f}+\\&\gamma(1-\sigma)\ln\frac{\alpha\beta\gamma(1-\sigma)}{1+\beta+\alpha\beta\gamma(1-\sigma)}+\gamma\varepsilon_{t}\end{aligned} \tag{3.65}$$

亦可以简化为

$$\ln y_{t+1}^{c}=\varphi_0+\varphi_1\ln y_{t}^{f}+\nu_t \tag{3.66}$$

其中，φ_0、φ_1 以及 ν_t 表示为

$$\varphi_0=\gamma\ln A+\gamma(1-\sigma)\ln\frac{\alpha\beta\gamma(1-\sigma)}{1+\beta+\alpha\beta\gamma(1-\sigma)}$$

$$\varphi_1=\sigma+\gamma(1-\sigma)$$

$$\nu_t=\gamma\varepsilon_t$$

式（3.65）的第二个条件认为，代际收入弹性不仅由两种边际回报决定，

而且由这两种机制的相对贡献，即人力资本的直接转移和间接投资决定。

九、多层线性模型

多层线性模型（HLM）最早出现在社会学及行为研究领域，个体一直处在社会环境中，往往受到个体自身特征及社会环境的共同作用，且社会环境也会受到个体影响，因此造就了研究数据的结构性分层。一般而言，最低层次的研究数据称为微观层次数据，其他层次的研究数据称为宏观层次数据，宏观层次一般由不同组别构成。以往的研究按结构对分层数据进行分类，然后用传统的回归方法进行单一层次的研究，因而忽略了个体特征。

多层线性模型的具体方法是通过不同的统计回归模型把不同阶层的数据整合起来，其中，第一层的回归系数可以在第二层以随机变量来处理，在此基础上，在第二层引入相关解释变量对整体进行分析。在居民家庭代际收入的传统研究中，主要考虑家庭及个体因素，而忽略了影响因素的空间分布差异，如本书第五章所提到的家庭属于微观层次，省、市属于宏观层次。多层线性模型适合具有多层数据结构的研究，可以同时考虑家庭及区域间差异，且利用多层线性模型在代际收入领域进行实证研究，目前我国还缺少这样的研究。因此，本书采用基于传统代际收入模型的多层线性方法，旨在分析家庭—区域多尺度下的居民家庭代际收入差距传递的影响。

（一）零模型

零模型是多层线性模型的基础，利用方差分析，将总方差分为个体所导致的方差和区域间的方差，通过计算内部相关系数（ICC），探究子代收入是否会随着区域的不同而变化，是否需要用 HLM 进行分析。该模型中不加入任何解释变量，具体模型如下：

$$\text{Level1}: \ln y_i^c = \beta_0 + r \tag{3.67}$$

$$\text{Level2}: \beta_o = \gamma_{0,0} + u_0 \tag{3.68}$$

内部相关系数计算公式为

$$ICC = \frac{\sigma_B^2}{\sigma_B^2 + \sigma_W^2} \tag{3.69}$$

其中，$\ln y_i^c$ 为子代收入的对数，是第一层的被解释变量；β_0 为所有子代的平均收入（对数形式）；r 表示某个子代收入与地区子代平均收入之差，是子代个体层面的随机误差；$\gamma_{0,0}$ 为各区域子代收入的总体平均数；u_0 表示某个区域与总体区域子代收入平均数之差；σ_B^2 为组间方差，σ_W^2 为组内方差。

（二）随机效应回归模型

随机效应回归模型主要分析第一层解释变量对总被解释变量的影响，即父代收入及其他控制变量对子代收入的影响，以及第一层模型的斜率及截距是否存在第二层变异，具体模型为

$$\text{Level1}: \ln y_i^c = \beta_0 + \beta_1 \ln y_i^f + \varphi X_i + \varepsilon_i \tag{3.70}$$

$$\text{Level2}: \beta_0 = \gamma_{0,0} + u_0 \tag{3.71}$$

$$\beta_1 = \gamma_{1,0} + u_1 \tag{3.72}$$

其中，$\ln y_i^f$为父代收入的对数，β_1 为代际收入弹性，X_i 表示子代年龄、年龄平方及父代年龄、年龄平方等。

（三）完整模型

完整模型中既包含第一层变量又包含第二层变量，采用第一层模型的斜率及截距对第二层变量进行回归，主要探究第一层变量与第二层变量如何共同作用于被解释变量，即父代收入以及其他因素对子代收入的影响，同时可以反映出各层变量之间的调节作用，具体模型如下：

$$\text{Level1}: \ln y_i^c = \beta_0 + \beta_1 \ln y_i^f + \varphi X_i + \varepsilon_i \tag{3.73}$$

$$\text{Level2}: \beta_0 = \gamma_{0,0} + \gamma_{0,1} G + u_0 \tag{3.74}$$

$$\beta_1 = \gamma_{1,0} + \gamma_{1,1} G + u_1 \tag{3.75}$$

其中，G 为第二层中引入的影响因素变量。

第三节 不平等测度方法

一、基尼系数与 Thomas 指数

基尼系数是意大利经济学家科拉多·基尼（Gini，1912）提出的用于定量测算分配差异程度的重要指标。基尼系数的测算是研究基尼系数理论最基本的问题，国内外许多学者对基尼系数的计算方法做出了长期探索，提出了各种具体方法。

按照国际惯例，通常把0.4作为收入分配差距的“警戒线”，基尼系数大于0.4，表明收入分配差距会影响社会和谐稳定发展；基尼系数小于0.2，表示社会收入分配“高度平均”或“绝对平均”，会影响人们的劳动积极性，进而不利于社会发展。基尼系数给出了反映个体间收入差距程度的数量界限，可以较为客观地反映和监测个体间收入差距，预警和防止出现贫富两极分化，已得到世界各国的广泛认同和采用。基尼系数测算法有线性组合法、基尼平均差法、几何法、协方差法与矩阵法，每一种方法都有各自优点和适用范围。本书采用基尼系数计算公式[①]如下：

$$G = 1 - \frac{1}{n}\left(2\sum_{i=1}^{n-1}\omega_i + 1\right) \tag{3.76}$$

其中，n 表示全部人口平均分的组数，ω_i 表示从第1组到第 i 组人口总收入占全部人口总收入的比重。本书在此基础上采用五分法进行测算，即利用居民收入从高到低的五等分分组数据，再根据全国最高收入的和最低收入的20%人口的收入比重来测算基尼系数，具体方法是以五分法中最高收入组与最低收入组各自所占的收入比重之差来简易计算。[②]

① 王琴梅，赵阳阳，刘卫波．个人所得税调节居民收入分配功能的研究——以陕西城镇居民相关数据为样本［J］．西安财经学院学报，2012，25（4）：81-86.

② 胡祖光．基尼系数理论最佳值及其简易计算公式研究［J］．经济研究，2004（9）：60-69.

此外，基尼系数法可以测算相对意义上的变量不平等程度，收入基尼系数法与迪顿（Deaton，1997）提出的计算公式类似。计算得到的数值介于0~1，数值越接近于1，表示不平等程度越高。具体计算公式如下：

$$Deaton - G = \frac{1}{\mu N(N-1)} \sum_{i>j} \sum_{j} |x_i - x_j| \tag{3.77}$$

其中，μ 为研究变量的平均值，N 为观测样本量，x_i、x_j 为不同个体的研究对象。在此基础上，托马斯等（Thomas et al.，2002）基于数据组对上述公式进行了修正，计算公式为

$$Thomas - G = \left(\frac{1}{\mu}\right) \sum_{i=2}^{n} \sum_{j=1}^{i-1} p_i p_j |x_i - x_j| \tag{3.78}$$

$$\mu = \sum_{i=1}^{n} p_i x_i \tag{3.79}$$

其中，μ 为总体均值，n 为数据组数，p_i、p_j 为特定组人数占总人数的比例，该公式本质上与式（3.77）类似。

二、集中指数与 Erreygers 指数

目前学术界常用的不平等水平度量方法还有集中指数。瓦格斯塔夫等（Wagstaff et al.，1991）认为，较好的不平等水平度量方法不仅能够测度社会经济指标的不平等状况，还能够体现出不平等的社会经济特征，只有斜率指数和集中指数能够准确反映出社会经济不平等。而集中指数标化是指控制需要变量后所得到的由社会经济因素决定的不平等指数，即水平不平等指数，其范围与含义同集中指数一致。标化的本质是剔除混杂因素（需要变量）所造成的个体差异从而获得社会经济指标的横向平等程度。

集中指数打破了基尼系数不能取负数的限制，数值介于-1~1，其绝对值越大，说明不平等程度越大；当集中指数为0时，表示绝对公平。在图形上，若曲线与45度直线重合，则说明不存在不平等现象；曲线与45度线之间的面积越大，则说明不平等程度越大。其中，上偏表示亲富的不平等（CI为负值）。其计算公式为

$$C(h)=\frac{2}{n\mu_h}\sum_{i=1}^{n}h_iR_i-1 \tag{3.80}$$

$$\mu_h=\frac{1}{n}\sum_{i=1}^{n}h_i \tag{3.81}$$

其中，n 为总人数，μ_h 为所测量的社会经济指标的平均水平，h_i 为个体水平，R_i 为反映个体社会经济地位的次序。埃雷格斯（Erreygers，2006）认为，传统的集中指数很大程度上依赖于均值，这意味着若所测社会经济指标是定性变量，那么其数值会比较随意。因此，可以在传统集中指数的基础上得出推导式，即

$$E(h)=\frac{8}{n^2(b_h-a_h)}\sum_{i=1}^{n}\left(\frac{n+1}{2}-\lambda_i\right)h_i, 0\leqslant a_h<b_h<+\infty \tag{3.82}$$

其中，b_h、a_h 分别为变量的最大值和最小值，λ_i 为个体的收入排序，$[(n+1)/2-\lambda_i]$ 作为权重，这里表示个体收入排序相对于 $(n+1)/2$ 的偏离程度。

根据 Erreygers 集中指数的特点，该测度方法不能用于分类数据的测度，若测量指标数据为离散型，则需要对数据进行预处理，即近似连续化处理。根据研究需要以及预处理方式的科学性，本书采用 Ordered Probit 模型，求得离散数据拟合值使之近似变为连续型数据来解决非连续性问题。具体处理过程如下：

假设测量指标原始数据为离散型数据，取值范围为 1，2，…，m，则设 Ordered Probit 模型为

$$y_i=j, \mu_{j-1}<y_i^*<\mu_j, j=1,2,\cdots,m, -\infty<\mu_j\leqslant\mu_{j-1}<+\infty \tag{3.83}$$

因为 y_i 为有序分类变量，因此定义一个其背后的连续隐式变量 y_i^*，此变量符合最小二乘的条件，由社会经济等特征变量 X 决定：

$$y_i^*=x_i\beta+\varepsilon_i, \varepsilon_i\sim N(0,1) \tag{3.84}$$

且有

$$P_{ij}=P(y_i=j)=\Phi(\mu_j-x_i\beta)-\Phi(\mu_{j-1}-x_i\beta) \tag{3.85}$$

其中，$\Phi(\cdot)$ 为标准正态分布的累计密度函数。Ordered Probit 模型的对

数似然函数为

$$\log L = \sum_{i} \sum_{j} y_{ij} \log P_{ij} \tag{3.86}$$

通过最大似然估计法得到 β 和 μ_j 的估计值，此时可以得到个体该测量指标的预测值：

$$y_i^* = x_i\beta , y_i \in (-\infty , \infty) \tag{3.87}$$

同时，根据研究需要，将个体该指标预测值转换至［0，1］，通过式（3.88）得到个体的连续型 SAH 数值：

$$SAH' = \frac{y_i^* - \min(y_i^*)}{\max(y_i^*) - \min(y_i^*)} \tag{3.88}$$

第四节　居民家庭收入差距各影响因素贡献程度测度方法

一、Fields 法

Fields 法是以半对数形式的方程作为决定函数，在参数回归的基础上对主要研究问题进行因素分解，采用方差作为标准来度量各因素贡献程度的方法。Fields 法不仅能有效地改进回归方程估计系数单一解释变量对被解释变量的影响程度，而且能够使解释变量对研究问题的贡献程度以及对回归系数的经济含义进行更清晰、细致的分析和解释。① 本书采用明瑟方程的标准形式如下：

$$\ln y = \alpha + \sum_{k=1}^{K} \beta_k \cdot X_k + U \quad (k = 1,2,\cdots,K) \tag{3.89}$$

式（3.89）中，收入变量用 y 表示，X_k 是对收入产生影响的解释变量。β_k 是影响因素回归系数，不可观测变量是残差项 U。Fields 法的具体分解过程

---

① Solon G. Intergenerational income mobility in the United States ［J］. American Economic Review, 1992（3）：393-408.

如下：[①]

对式（3.89）两侧分别取协方差，可得

$$Var(\ln y) = Cov[\alpha + \sum_{k=1}^{K} \beta_k X_k + U, \ln y]$$
$$= \sum_{k=1}^{K} \beta_k Cov(X_k, \ln y) + Cov(U, \ln y) \tag{3.90}$$

进一步有

$$S_k \equiv \frac{Cov(\beta X_k, \ln y)}{Var(\ln y)} = \frac{\beta \cdot \sigma(X_k) \cdot cor[X_k, \ln y]}{\sigma(\ln y)} \tag{3.91}$$

$$S^u \equiv \frac{Cov(U, \ln y)}{Var(\ln y)} = 1 - \sum_{k=1}^{K} S_k = 1 - R^2 \tag{3.92}$$

其中，S_k 为 X_k 方差贡献率，又称 S 权重，在本书中它解释的是以方差衡量的各变量对变量取对数后的贡献程度。$\beta \cdot cor[X_k, \ln y]$ 符号决定了 S_k 的正负，$S_k>0$，表示变量 X_k 不利于缩小居民家庭收入差距；反之，$S_k<0$，表明该变量会对缩小居民家庭收入差距起到促进作用。残差项的方差贡献率用 S^u 表示，OLS 回归的拟合优度用 R^2 表示，Fields 法中的常数项对研究问题没有贡献率。

在应用中，更为常用的是与 S 权重相对应的 P 权重，表示在回归方程中解释变量对可解释因素的占比。解释变量在剔除残差项的影响后 P 权重贡献率为

$$P_k = \frac{S_k}{\sum_{k=1}^{K} S_k} = \frac{S_k}{R^2} \tag{3.93}$$

二、Shapley 值分解法

Shapley 值的概念源于博弈论。Shapley 值分解法是基于回归方程中各指标对被解释变量的贡献，其主要优点是在分解的结果中，只有各解释变量的贡

① 李莹，吕光明. 机会不平等在多大程度上引致了我国城镇收入不平等［J］. 统计研究，2016，33（8）：63-72.

献程度，没有残差。同时，Shapley 值分解法适用于任何模型的分解以及任何函数形式，具体思路为：对某一个变量 X_n 取均值，然后将平均值与其他变量一起代入代际弹性模型中，根据估计的各因素的指数，记作 I_{-n}。当自变量取平均值时，其他变量的取值可以是实际值或平均值，将各种方案下 X_n 贡献度的均值作为最终结果。①

第一阶段仅对变量 X_n 取均值，其他变量为实际值，回归拟合值的指数为 I_{-n}，原先包含变量 X_n 的回归拟合值的指数为 I，第一阶段计算的第 N 个要素的指数为

$$I_{1n}=\frac{1}{C_N^0}(I-_{I-n}) \tag{3.94}$$

第二阶段在第一阶段的基础上再任选一个变量 X_m，取其均值后代入回归方程。此时，方程中有两个变量 X_n 和 X_m 为平均值，回归拟合值的指数为 I_{-nm}。第一阶段包含变量 X_m 的回归拟合值的指数为 I_{-n}。第二阶段有 C_{N-1}^1 种方案，每种方案的概率均为 C_{N-1}^1，第二阶段计算的第 N 个要素的指数为

$$I_{2n}=\frac{1}{C_{N-1}^1}(I_{-m}-I_{-nm}) \tag{3.95}$$

第三阶段在第二阶段的基础上再任选一个变量 X_k，取其均值后代入回归方程。此时，方程中的三个变量 X_n、X_m 和 X_k 为平均值，回归拟合值的指数为 I_{-nmk}。第二阶段包含变量 X_{nm} 的回归拟合值的指数为 I_{-nm}。第三阶段有 C_{N-1}^2 种方案，每种方案的概率均为 C_{N-1}^2，第三阶段计算的第 N 个要素的指数为②

$$I_{3n}=\frac{1}{C_{N-1}^2}(I_{-nm}-I_{-nmk}) \tag{3.96}$$

依次下去，每一阶段都按照上述方法计算该阶段变量 X_n 的贡献度，最后

① 杨灿，王辉．社会网络与家庭财产差距：基于中国家庭追踪调查（CFPS）面板数据［J］．经济与管理研究，2020，41（4）：88-101.

② 冯雪琴，郝东明，车延．社会资本对居民家庭代际收入传递的影响：基于 CFPS2018 调查数据分析［J］．统计与管理，2021，36（11）：103-109.

将所有阶段贡献度再次求均值，得到变量 X_n 按照夏普利值方法计算的贡献：

$$I_n = \frac{1}{N}\sum_{l=1}^{N} I_{\ln} \tag{3.97}$$

三、Blanden 分解法

本书沿用布兰登（Blanden，2005）的两阶段模型，在此基础上，将父代收入对其子代收入作用大小的模型用式（3.98）表达：

$$\ln y_{i,t}^{c} = \alpha_t + \beta_t \ln y_{i,t}^{f} + \varepsilon_{i,t} \tag{3.98}$$

在式（3.98）中，$\ln y_{i,t}^{f}$ 和 $\ln y_{i,t}^{c}$ 分别表示的是第 i 个家庭的父代和子代在 t 年的收入对数值。由式（3.98）可以求出代际收入弹性值 β_t 的估计量，β_t 的取值范围介于 0~1，$1-\beta_t$ 表示的是代际收入流动性大小。β_t 值越大，表示父代收入对子代收入的影响就越大，代际间收入的流动性越差，社会公平性越低；反之，β_t 值越小，父代收入对子代收入的影响越小，代际间收入的流动性越好。

在式（3.98）的基础上考虑变量的中介效应后，具体模型设定如下：

$$G_{j,i,t} = \varphi_{j,t} + \rho_{j,t} \ln y_{i,t}^{f} + \mu_{j,i,t} \tag{3.99}$$

$$\ln y_{i,t}^{c} = \omega_t + \sum_{j=1}^{5} \theta_{j,t} G_{j,i,t} + \varepsilon_{i,t} \tag{3.100}$$

其中，$\ln y_{i,t}^{f}$ 和 $\ln y_{i,t}^{c}$ 分别表示的是第 i 个家庭的父代和子代在 t 年的收入对数值，$G_{j,i,t}$ 指的是中间变量。由于式（3.99）和式（3.100）指的是父代借助中间变量，最终由子代收入获得回报的过程，故本书把两个式子分别称为投资方程与回报方程，$\rho_{j,t}$ 和 $\theta_{j,t}$ 则分别为父代投资系数和子代回报系数，各个中间变量对代际传递的贡献均有赖于这两个系数值的大小。式（3.98）中，代际收入弹性值 β_t 参见陈琳等（2012），[①] 而代际收入弹性值 β_t 满足式（3.100），其中，m 表示中间变量的个数。

---

① 陈琳，袁志刚．中国代际收入流动性的趋势与内在传递机制［J］．世界经济，2012（6）：115-131.

$$\beta_t = \sum_{j=1}^{m} \rho_{j,t}\theta_{j,t} + \frac{Cov(v_{i,t}, y_{0i,t})}{Var(y_{0i,t})} \tag{3.101}$$

同时，为了量化分析中间变量对代际收入流动性的贡献程度 $\lambda_{j,t}$ 与总的解释力 λ_t，可通过以下方程计算求得

$$\frac{\lambda_{j,t} = (\rho_{j,t}\theta_{j,t})}{\beta_t} \tag{3.102}$$

$$\lambda_t = \sum_{j=1}^{5} \lambda_{j,t} \tag{3.103}$$

在此，本书将通过下边的推导过程①来研究中间变量对代际收入流动性的贡献程度和对代际收入流动性的总解释力。测度代际收入弹性值的基本回归方程如下所示：

$$\ln y_i^c = \alpha + \beta \ln y_i^f + \varepsilon_i \tag{3.104}$$

其中，$\ln y_i^f$ 和 $\ln y_i^c$ 分别代表的是父代和子代的收入对数，β 为代际收入弹性，在式（3.104）的基础上运用普通最小二乘法可以得到以下方程：

$$E(\ln y_i^c) = E(\alpha + \beta \ln y_i^f + \varepsilon_i) = \alpha + \beta E(\ln y_i^f) \tag{3.105}$$

用式（3.104）减去式（3.105）可得

$$\ln y_i^c - E(\ln y_i^c) = \beta(\ln y_i^f - E(\ln y_i^f)) + \varepsilon_i \tag{3.106}$$

接着，根据相关系数的定义，可以得到父代收入与其子代收入的相关系数，具体计算方程如下所示：

$$Corr(\ln y_i^c, \ln y_i^f) = \frac{E\{[\ln y_i^c - E(\ln y_i^c)][\ln y_i^f - E(\ln y_i^f)]\}}{\sqrt{E[\ln y_i^c - E(\ln y_i^c)]^2[\ln y_i^f - E(\ln y_i^f)]^2}} \tag{3.107}$$

将式（3.106）代入式（3.107）的分子，通过相关的运算可以得出如下方程：

$$\begin{aligned} & E\{[\ln y_i^c - E(\ln y_i^c)][\ln y_i^f - E(\ln y_i^f)]\} \\ &= E\{\beta[\ln y_i^c - E(\ln y_i^c)] + \varepsilon_i\}[\ln y_i^f - E(\ln y_i^f)] \\ &= \beta \mathrm{E}[\ln y_i^c - E(\ln y_i^c)]^2 \end{aligned} \tag{3.108}$$

① 此推导过程沿用陈琳（2012）在《中国代际收入流动性的趋势与内在传递机制》中的证明思路，将其引用到五类家庭财富变量的证明中。

所以有

$$Corr(\ln y_i^c,\ln y_i^f)=\beta\frac{\sqrt{E[\ln y_i^f-E(\ln y_i^f)]^2}}{\sqrt{E[\ln y_i^c-E(\ln y_i^c)]^2}} \tag{3.109}$$

其中，式（3.109）已经得出在符合最小二乘法的假设条件下自变量和因变量相关系数的一类计算方式，进而将式（3.101）和式（3.102）代入式（3.103）中并进行推导得出

$$\begin{aligned} v_{i,t} &= y_{1i,t} - w_t - \sum_{j=1}^{5}\theta_{j,t}G_{j,i,t} \\ &= \alpha_t + \beta_t y_{0i,t} + \varepsilon_{i,t} - w_t - \sum_{j=1}^{5}\theta_{j,t}(\varphi_{j,t} + \rho_{j,t}y_{0i,t} + \mu_{j,i,t}) \\ &= \left(\alpha_t - w_t - \sum_{j=1}^{5}\theta_{j,t}\ \mu_{j,i,t}\right) + \left(\beta_t - \sum_{j=1}^{5}\theta_{j,t}\rho_{j,t}\right)\ y_{0i,t} + \left(\varepsilon_{i,t} - \sum_{j=1}^{5}\theta_{j,t}\ \mu_{j,i,t}\right) \end{aligned} \tag{3.110}$$

将该式视为 $y_{0i,t}$ 对 $v_{i,t}$ 的回归方程，则依照式（3.109）的逻辑可得

$$Corr(v_{i,t},y_{0i,t}) = \left(\beta_t - \sum_{j=1}^{5}\theta_{j,t}\rho_{j,t}\right)\frac{\sqrt{E[y_{0i,t} - E(y_{0i,t})]^2}}{\sqrt{E[v_{i,t} - E(v_{i,t})]^2}} \tag{3.111}$$

故而可得

$$\begin{aligned} \beta_t - \sum_{j=1}^{5}\theta_{j,t}\rho_{j,t} &= Corr(v_{i,t},y_{0i,t})\ \frac{\sqrt{E[v_{i,t} - E(v_{i,t})]^2}}{\sqrt{E[y_{0i,t} - E(y_{0i,t})]^2}} \\ &= \frac{Cov(v_{i,t},y_{0i,t})}{Var(y_{0i,t})} \end{aligned} \tag{3.112}$$

所以有：

$$\beta_t=\sum_{j=1}^{5}\frac{\theta_{j,t}\rho_{j,t}+[Cov(v_{i,t}y_{0i,t})]}{Var(y_{0,t})} \tag{3.113}$$

第五节　本章小结

本章起着承上启下的作用，对居民代际收入流动性测度、居民收入差距

传递统计测度、不平等测度以及居民收入差距影响因素贡献程度分解的研究方法进行整理与分析。本章内容主要包括以下几个方面：

第一，介绍了居民代际收入流动性测度方法。一方面，从代际收入流动的理论模型入手，引出传统代际收入弹性模型，介绍了绝对流动性指标和相对流动性指标。另一方面，本章讨论了暂时性冲击、样本选择性偏误和生命周期偏误而导致的代际收入流动性测量偏误问题。此外，本章还对常见的代际流动性测量方法进行总结与整理。

第二，介绍了居民家庭收入差距传递统计测度模型。本章从传统回归模型入手，介绍了研究模型与方法，包括分位数回归法、多项 Logit 模型、结构方程模型、决策树模型、随机森林模型、代际交叠模型、多层线性模型。

第三，介绍了不平等的测度方法。对于收入差距问题的研究，本章介绍了基尼系数法，在对我国收入差距现状进行分析的同时，探索了其背后的公平问题。此外，本章基于代际转移视角，构建基于长期收入不平等视角的居民收入差距测度指标，主要包括基尼系数、Thomas 指数、集中指数以及 Erreygers 指数。

第四，介绍了居民家庭收入差距各影响因素的贡献程度测度的分解方法。在代际收入传递测度方法的基础上，本章系统地介绍了测度居民收入差距影响因素分解的 Fields 法、Shapley 值分解法以及 Blanden 分解法。

第四章　我国居民家庭收入差距与代际收入流动性测度分析

首先，本章利用基尼系数对收入差距现状进行分析；其次，基于居民家庭代际收入流动性测度方法，对我国居民家庭收入代际传递流动性分别采用参数与非参数的测度方法，从全国、城乡、地区的角度进行实证分析；采用参数测度方法中的传统弹性系数法、TS2SLS 法对我国居民家庭代际收入流动性进行测量，再通过其收入转移矩阵、方向性秩流动性系数等方法对我国居民家庭代际收入流动性从非参数角度进行测度，得出居民代际收入流动性的强度与方向；最后，基于多项 Logit 模型对居民家庭代际收入流动性及影响因素进行进一步分析，为居民收入差距代际传递实证研究奠定基础。

第一节　我国居民家庭收入差距现状

收入差距是指在一定经济社会条件下，按照同一种实物或货币单位来计量，反映居民收入水平及居民收入占社会总收入比重的差别。测量收入差距的方法大致可以分为两类，一类是对总体收入差距进行测度，例如基尼系数、恩格尔系数和变异系数等；另一类是对不同区域进行测度，这就需要在总体收入差距测度的基础上，对总体收入差距进行分解，得到不同地区的收入差距情况。这些度量方法各有优缺点，在实际研究中可根据不同的研究需求，选择合适的指标测定收入差距。为揭示居民收入基尼系数的动态变化特征，本书将通过2003—2019年基尼系数的变动水平来反映我国居民收入差距现状，并通过城乡以及地区的视角来分析其发展趋势与形成原因。

一、全国和城乡基尼系数

基于式（3.75），计算得到2003—2019年全国居民、城镇居民及农村居民收入基尼系数（见表4-1）。全国基尼系数在平均水平0.476上下波动，整体水平较高，在2008年达到最大值0.491，2015年降至最小值0.462。具体来看，2003—2008年我国居民基尼系数呈上升趋势，由2003年的0.479上升到2008年的0.491，上升幅度为2.5%；2009—2015年呈下降趋势，由2009年的0.490下降到2015年的0.462，下降幅度为5.7%；2016年以后呈缓慢上升趋势，增长幅度较小。2009年以后，世界经济处于应对国际金融危机的关键时期，中国在经历了金融危机带来的巨大风险和挑战的同时，保持了经济总体平稳较快增长，为世界经济复苏做出了重要贡献。作为衡量国内收入差距重要指标的基尼系数，从2008年的0.491峰值开始呈现不断下降趋势。

表4-1　居民收入差距统计指标（基尼系数）

年份	全国居民	城镇居民	农村居民
2003	0.479	0.304	0.351
2004	0.473	0.311	0.341
2005	0.485	0.316	0.347
2006	0.487	0.313	0.345
2007	0.484	0.309	0.345
2008	0.491	0.305	0.349
2009	0.490	0.311	0.356
2010	0.481	0.339	0.350
2011	0.477	0.339	0.410
2012	0.474	0.323	0.409
2013	0.473	0.337	0.366
2014	0.469	0.326	0.376
2015	0.462	0.318	0.375

续表

年份	全国居民	城镇居民	农村居民
2016	0.465	0.319	0.384
2017	0.467	0.321	0.390
2018	0.468	0.338	0.396
2019	0.465	0.339	0.379

注：①全国居民基尼系数来自历年《中国住户调查统计年鉴》。②2003—2010年的城镇居民基尼系数和农村居民基尼系数来自笔者2012年著作《人力资本的居民收入分配效应研究》。③由于2011年和2012年数据缺失，因此使用线性拟合计算得出；2013—2018年的城镇居民基尼系数和农村居民基尼系数来自历年《中国统计年鉴》，并由五分法计算得出，与2003—2010年城镇居民、农村居民基尼系数计算方法与口径一致，原始数据参见附录1~3。

分城乡来看，农村居民基尼系数整体高于城镇居民基尼系数，说明农村地区的经济发展水平差异比城镇大。其中，城镇居民收入基尼系数值基本处于0.300~0.350，最小值为2003年的0.304，峰值为2010年、2011年、2019年的0.339；2003—2008年，城镇基尼系数呈先上升、后下降的小幅度波动，在2005年基尼系数为0.316；2008—2010年有明显的上升趋势，由2008年的0.305上升到2010年的0.339，增长幅度为11.3%；2010—2013年，城镇基尼系数变化较小；2013—2015年有小幅度的下降趋势，由2013年的0.337下降到2015年的0.318，下降幅度为5.6%；2015年以后，基尼系数值平缓上升，至2019年上升为0.339。农村居民收入基尼系数与城镇居民收入基尼系数相比波动较大，系数为0.340~0.410，整体呈波动上升趋势，最小值是2004年的0.341，峰值为2011年的0.410。2003—2005年，农村基尼系数有小幅度的先下降、后上升的趋势；2005—2009年呈“U”形增长趋势，由2005年的0.347上升到2009年的0.356，增长幅度为2.5%；2010—2014年，农村基尼系数持续增长，由2010年的0.350上升到2014年的0.376，增长幅度为7.4%；2014—2015年呈小幅下降趋势；2015—2018年，农村基尼系数逐年递增，由2015年的0.375增长到2018年的0.396，增幅为5.6%；2019年基尼系数再次降至0.379。

通过城乡基尼系数的对比分析可以看出，不论是城镇地区还是农村地区，居民收入差距都呈现一种缓慢上升的变动趋势（见图4-1），这是由于2000

年以来农村大量劳动力往城市转移，农村人口工资差距逐步拉大，这一情况导致 2010 年以来农村基尼系数持续增长。

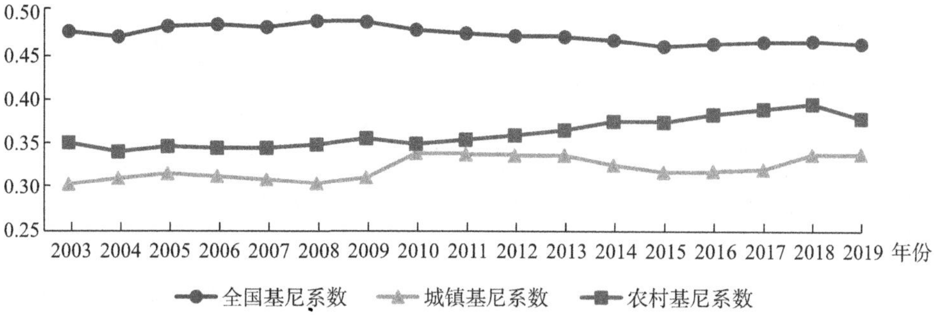

图 4-1　2003—2019 年全国和城乡基尼系数变动趋势

二、分地区基尼系数

为了更深入地探讨我国居民代际收入差距的问题，本书根据统计部门对我国区域的划分法，将全国 31 个省份划分为东部、中部和西部三大地区。具体分类见附录 4。

2005—2019 年东部、中部、西部地区居民收入基尼系数见表 4-2、图 4-2。

表 4-2　各地区居民收入差距统计指标（基尼系数）

年份	东部地区	中部地区	西部地区
2005	0.468	0.311	0.394
2006	0.467	0.305	0.393
2007	0.461	0.297	0.388
2008	0.458	0.293	0.384
2009	0.454	0.291	0.383
2010	0.447	0.286	0.378
2011	0.440	0.289	0.373
2012	0.434	0.291	0.371
2013	0.432	0.292	0.372
2014	0.430	0.294	0.371

续表

年份	东部地区	中部地区	西部地区
2015	0. 431	0. 293	0. 372
2016	0. 433	0. 294	0. 371
2017	0. 435	0. 293	0. 371
2018	0. 436	0. 293	0. 371
2019	0. 436	0. 293	0. 370

注：东部、中部和西部地区基尼系数测算数据来源于历年《中国统计年鉴》，由于 2003—2004 年的人均可支配收入数据缺失，因此选择 2005—2019 年的数据进行测算得出基尼系数，原始数据参见附录 5~7。

从三大区域来看，中部地区的基尼系数最小，说明中部地区各省份的经济发展水平差异最小。从表 4-2 中可以看出，东部地区的基尼系数在 2005—2014 年下降幅度较大，由 0. 468 下降到 0. 430，下降幅度为 8. 1%；2015 年以后，呈小幅上升的趋势，由 2015 年的 0. 431 上升到 2019 年的 0. 436，上升幅度为 1. 2%。中部地区的基尼系数总体呈平缓下降趋势，2005—2010 年呈明显的下降趋势，下降幅度为 8. 0%；2010—2019 年略微呈上升趋势，由 2010 年的 0. 286 上升到 2019 年的 0. 293，上升幅度为 2. 4%。2010 年后开始上升，逐渐达到平稳。总体来看，中部地区的基尼系数变化较为平稳。西部地区的基尼系数整体呈下降趋势，2005—2012 年呈下降趋势，由 2005 年的 0. 394 下降到 2012 年的 0. 371，下降幅度为 5. 8%；2012—2019 年西部地区的基尼系数

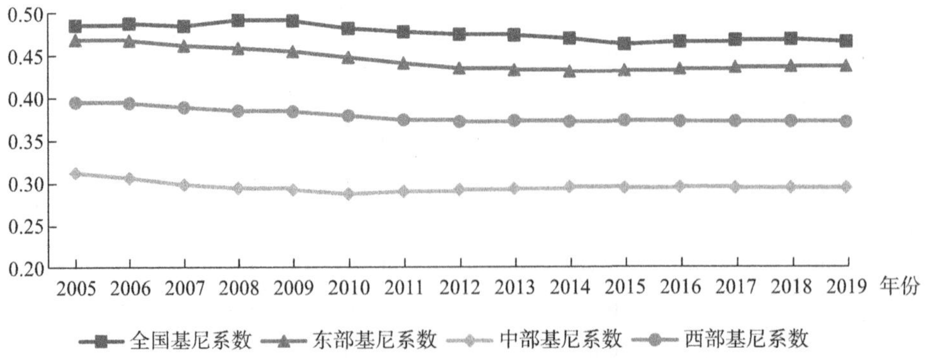

图 4-2　2005—2019 年全国和各地区基尼系数变动趋势

在 0.371 附近波动。西部地区基尼系数最大值和最小值分别出现在 2005 年和 2019 年，分别为 0.394 和 0.370。

第二节　基于传统回归方法的我国居民家庭代际收入流动性测度

关于我国居民家庭代际收入流动性的测度，传统的测度方法是基于普通最小二乘估计的代际收入弹性来测算，代际收入弹性系数越大，说明子代收入受父代收入的影响越大，代际收入依赖性越强，流动性越低。

一、数据处理与描述性分析

（一）变量选取与数据处理

本节选用 CFPS 数据库，将 2010 年、2012 年、2014 年、2016 年和 2018 年的家庭数据库和个人数据库进行匹配，旨在全面、真实地反映我国居民家庭代际收入流动性的长期变动趋势。本书从四个方面对数据进行处理：一是配对样本。针对我国家庭多以父亲经济收入为主导的现象，本书仅选择家庭中的父亲收入与子代收入进行配对。二是调整收入。使用个体工作总收入作为核心变量，删去在校学生以及退出劳动力市场的样本，且为使各年份数据具有可比性，基于 2010 年 CPI 进行消除通货膨胀处理。三是筛选年龄。将子代年龄限制在 16~45 岁。四是处理异常值。对工作总收入进行上下 1%的缩尾处理，剔除数据缺失或者关键信息不匹配的样本。①

① 车延，刘润芳．基于 CFPS 的居民代际收入流动性变动趋势研究［J］．当代经济，2021（9）：110-115.

（二）描述性分析

1. 全样本

从表4-3中可以看出，2010—2018年我国居民家庭父代与子代收入均呈现“N”形上升趋势，增长率分别为171.9%与222.0%，并于2018年达到最高点，分别为34559元与33429元。从表中可以看出，父代年收入总体上高于子代年收入，且父代年龄与子代年龄均呈现平缓的“V”形下降趋势，父代年龄的下降幅度要远大于子代年龄；父代年龄在2014年达到最小，子代年龄于2016年达到最小，下降幅度分别为5.93岁与3.50岁。这一现象的产生在某种程度上说明子代参加工作的时间与父代退出劳动力市场的时间都出现了普遍提前现象，因此呈现出平均年龄减小的趋势。

表4-3　2010—2018年我国居民家庭父代与子代收入全样本描述性统计

变量	2010年		2012年		2014年		2016年		2018年	
	均值	标准差	均值	标准差	均值	标准差	均值	标准差	均值	标准差
父代年收入/元	12709	16747	31581	36705	26551	21118	26284	22296	34559	23450
子代年收入/元	10379	18342	24196	23412	28115	17376	22454	18325	33429	21946
父代年龄/岁	55.95	9.24	53.16	8.41	50.02	4.85	50.85	5.34	52.58	5.81
子代年龄/岁	28.00	7.75	25.36	5.86	24.60	4.35	24.50	4.49	26.90	4.56
样本量/个	642		466		653		526		962	

2. 分城乡样本

表4-4对城乡变量信息进行了统计对比。先从收入视角分析可以发现，城乡居民收入均呈现“N”形增长趋势，城镇居民平均收入总体上要高于农村居民。2010—2018年，城镇居民家庭父代与子代收入增长率分别为130.1%和121.4%，农村居民家庭父代与子代收入增长率分别为204.5%和267.9%；农村居民收入增长幅度总体上大于城镇居民收入的增长幅度，城镇居民和农村居民父代年龄都在49~56岁，城乡居民子代年龄为23~28岁，说明农村居民家庭的父代退出劳动力市场较早。

表 4-4　2010—2018 年我国城乡居民家庭父代与子代收入描述性统计分析

城镇居民										
变量	2010 年		2012 年		2014 年		2016 年		2018 年	
	均值	标准差	均值	标准差	均值	标准差	均值	标准差	均值	标准差
父代年收入/元	15236	23475	30250	28290	29499	18750	23471	20701	35057	22578
子代年收入/元	16504	16945	35706	40644	28296	21953	26009	24559	36544	24860
父代年龄/岁	55. 31	8. 50	54. 89	9. 02	50. 50	4. 78	51. 28	5. 56	52. 68	5. 60
子代年龄/岁	27. 50	7. 13	26. 42	6. 37	25. 08	4. 13	25. 03	4. 48	26. 94	4. 47
样本量/个	316		237		353		292		616	

农村居民										
变量	2010 年		2012 年		2014 年		2016 年		2018 年	
	均值	标准差	均值	标准差	均值	标准差	均值	标准差	均值	标准差
父代年收入/元	9986	34181	17937	14645	26509	15537	20791	14413	30404	20414
子代年收入/元	8422	19428	27412	31889	24533	19915	26243	18819	30986	20389
父代年龄/岁	56. 41	9. 73	51. 33	7. 34	49. 40	4. 87	50. 18	4. 94	52. 36	6. 17
子代年龄/岁	28. 37	8. 16	24. 23	5. 05	24. 06	4. 54	23. 83	4. 49	26. 82	4. 73
样本量/个	530		225		291		227		338	

3. 分地区样本

表 4-5 展示了进行区域划分之后的东、中和西部地区的统计变量信息。从收入角度分析可以发现，2010—2018 年各地区居民收入呈现“N”形增长趋势，总体而言，东部地区居民收入水平最高，中部地区居民次之，西部地区居民最低。具体来看，各地区居民家庭子代年收入大多高于父代年收入。2010—2018 年东、中、西部地区居民家庭子代收入的增长率分别为 130. 3%、205. 6%以及 272. 4%，由此可以看出西部地区居民收入水平虽然较低，但增长速度最快，这在一定程度上体现了近年来我国西部地区居民生活水平的有效改善。从年龄视角分析可以看出，我国各地区居民年龄出现了平缓下降的趋势，且子代与父代的平均年龄下降幅度接近。

表 4-5　2010—2018 年我国各地区居民家庭父代与子代收入描述性统计分析

变量	2010 年		2012 年		2014 年		2016 年		2018 年	
东部地区										
变量	均值	标准差	均值	标准差	均值	标准差	均值	标准差	均值	标准差
子代年收入/元	13794	22959	28294	24587	31462	19787	24930	19512	35038	21869
父代年收入/元	16518	20437	35191	37937	30392	23501	30495	26524	38048	25462
父代年龄/岁	55.40	8.85	53.17	7.93	50.42	4.95	51.01	5.43	52.70	5.97
子代年龄/岁	27.64	7.53	25.64	5.78	24.92	4.38	24.54	4.36	26.86	4.81
样本量/个	1296		248		331		261		492	
中部地区										
变量	均值	标准差	均值	标准差	均值	标准差	均值	标准差	均值	标准差
子代年收入/元	9237	15158	20468	15377	24706	12611	19977	15962	33112	24456
父代年收入/元	10014	12906	30941	39304	24996	18269	18865	14681	30604	19652
父代年龄/岁	57.20	9.20	54.74	9.97	50.18	4.43	49.70	4.75	53.09	5.54
子代年龄/岁	28.41	8.20	25.44	6.31	24.59	4.19	23.10	4.16	27.34	4.20
样本量/个	264		117		179		128		264	
西部地区										
变量	均值	标准差	均值	标准差	均值	标准差	均值	标准差	均值	标准差
子代年收入/元	5542	7371	18450	26268	24634	14968	20049	17528	30250	18167
父代年收入/元	8339	9341	23459	28612	19605	16120	25192	16905	31054	21927
父代年龄/岁	55.97	9.83	51.28	7.17	48.90	5.00	51.63	5.54	51.56	5.68
子代年龄/岁	28.31	7.77	24.56	5.45	23.89	4.42	25.74	4.69	26.40	4.22
样本量/个	282		101		143		137		198	

二、居民家庭代际收入弹性变动趋势分析

从表 4-6 中可以看出，2010—2018 年我国居民代际收入弹性呈现出明显的下降趋势，且均在 1%的置信水平上显著为正，说明父代收入对子代收入的影响显著。其中，2010—2012 年，代际收入弹性从 0.416 降低到 0.368，有大幅度的下降，此后 3 年内代际弹性表现出逐年递减的趋势，并于 2018 年出现

最小代际收入弹性值，为 0.165。此外，在模型中加入了控制变量父代年龄、子代年龄以及子代年龄平方项，用以修正模型的估计系数。从图 4-3 中可以直观地看出，2010—2018 年代际收入弹性较低并呈现下降趋势，表明近年来国内社会阶层固化现象正在不断改善，良好的收入代际流动趋势意味着个体有机会步入更高的收入阶层。

表 4-6　2010—2018 年我国居民家庭全样本代际收入弹性

变量	2010 年	2012 年	2014 年	2016 年	2018 年
$\ln y_i^f$	0.416*** (0.016)	0.368*** (0.044)	0.370*** (0.056)	0.231*** (0.043)	0.165*** (0.032)
age_i^f	0.098** (0.039)	0.007 (0.067)	-0.099 (0.180)	-0.004 (0.149)	0.319*** (0.080)
age_i^c	0.164*** (0.024)	0.365*** (0.062)	0.338*** (0.095)	0.171* (0.096)	-0.006 (0.070)
$(age_i^c)^2$	-0.001*** (0.001)	-0.005*** (0.001)	-0.005*** (0.002)	-0.003 (0.002)	0.001 (0.001)
N	642	466	653	526	962
R^2	0.241	0.276	0.209	0.086	0.075

注：在 1%、5%和 10%的水平上显著性分别用***、**、*表示；括号内是对应标准误。

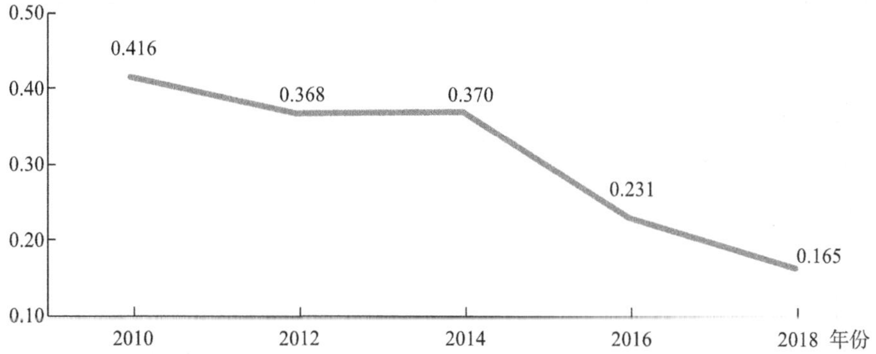

图 4-3　2010—2018 年我国居民家庭全样本代际收入弹性变动趋势

三、城乡居民家庭代际收入弹性变动趋势分析

为了更全面地考察城乡居民家庭的代际收入流动性差异及其演变趋势，本书对城乡居民家庭代际收入弹性的范围进行对比。研究发现，2010—2018年我国城乡家庭代际收入流动性较低且城镇居民代际传递程度高于农村居民。总体来说，城镇居民代际收入弹性的取值为［0.151，0.388］，呈现较小的上下波动，虽然其与农村居民的代际收入弹性趋势基本一致，但是农村居民代际收入弹性体现出较大的波动，取值为［0.176，0.403］。农村居民家庭代际收入流动性整体高于城镇居民家庭代际收入流动性，农村居民进城务工的工资性收入是造成这一现象的主要原因。

从表4-7中可以看出，2010—2018年我国城镇居民代际收入弹性下降幅度要大于农村居民。以2018年为例，城镇居民代际收入弹性为0.151，而农村居民代际收入弹性为0.192，农村家庭的代际收入流动性低于城镇家庭。主要原因是城镇家庭相对农村家庭而言拥有更多的求职渠道和上升机会，更有利于子代实现就业目标，从而获得相匹配的收入水平和社会地位。从图4-4中可以明显看出，2010—2018年我国城乡居民代际收入弹性表现出下降的趋势，表明城乡居民家庭父代收入对子代收入的影响程度在逐渐降低，同时也说明随着社会的稳定发展，我国城乡居民家庭代际收入流动性状况正在不断改善。

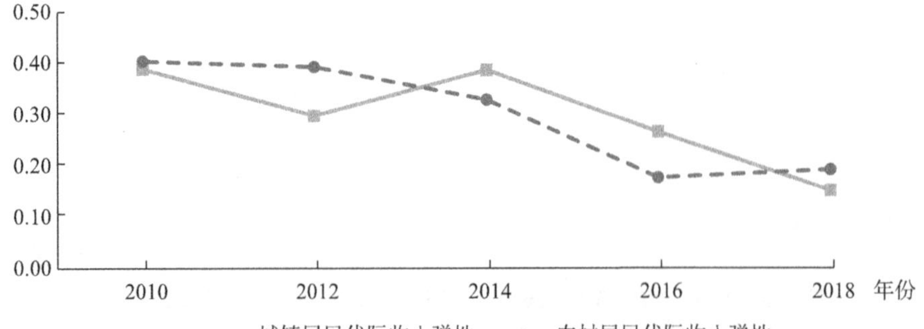

图4-4　2010—2018年我国城乡居民家庭代际收入弹性变动趋势

表 4-7　2010—2018 年我国城乡居民家庭代际收入弹性

地区	收入变量	2010 年	2012 年	2014 年	2016 年	2018 年
城镇	$\ln y_i^f$	0.388***	0.297***	0.386***	0.265***	0.151***
		(0.027)	(0.068)	(0.073)	(0.062)	(0.039)
	age_i^f	-0.024***	-0.012	0.030*	-0.008	0.004
		(0.009)	(0.010)	(0.016)	(0.017)	(0.009)
	age_i^c	0.325***	0.355***	0.466***	0.148	0.239***
		(0.033)	(0.059)	(0.121)	(0.126)	(0.074)
	$(age_i^c)^2$	-0.004***	-0.005***	-0.008***	-0.002	-0.004***
		(0.001)	(0.001)	(0.002)	(0.002)	(0.001)
	N	316	237	353	292	616
	R^2	0.243	0.244	0.238	0.099	0.058
农村	$\ln y_i^f$	0.403***	0.392***	0.328***	0.176***	0.192***
		(0.022)	(0.067)	(0.089)	(0.060)	(0.057)
	age_i^f	-0.023***	-0.011	0.005	0.001	-0.022**
		(0.007)	(0.014)	(0.019)	(0.018)	(0.011)
	age_i^c	0.172***	0.511***	0.195	0.309**	-0.051
		(0.020)	(0.115)	(0.120)	(0.146)	(0.104)
	$(age_i^c)^2$	-0.002***	-0.008***	-0.002	-0.006*	0.002
		(0.001)	(0.002)	(0.002)	(0.003)	(0.002)
	N	530	225	291	227	338
	R^2	0.193	0.276	0.172	0.084	0.072

注：在 1%、5%和 10%的水平上显著性分别用***、**、*表示；括号内是对应标准误。

四、分地区居民家庭代际收入弹性变动趋势分析

从表 4-8 中可以看出，东部地区居民家庭代际收入弹性的总体波动最大，取值为［0.113，0.418］，并呈现出减小的趋势。中部地区的代际收入弹性体现出较大的波动，呈现出先增大再减小后增大的趋势，并于 2016 年达到峰值，为 0.421，又于 2018 年迅速回落到 0.220。西部地区达到了 10%的置信水平且显著为正，说明西部地区的代际收入弹性值呈现降低趋势。总体来说，东部地区的代际收入弹性下降趋势最大，西部地区次之，主要原因是东部地区的经济较为发达，对子代收入有更大的影响，有助于提升代际收入流动。

表 4-8　2010—2018 年我国各地区居民家庭代际收入弹性

地区	收入变量	2010 年	2012 年	2014 年	2016 年	2018 年
东部地区	$\ln y_i^f$	0.418*** (0.023)	0.322*** (0.067)	0.368*** (0.073)	0.317*** (0.067)	0.113** (0.047)
	age_i^f	-0.014* (0.008)	-0.019 (0.012)	0.028* (0.015)	-0.059*** (0.017)	-0.015 (0.009)
	age_i^c	0.216*** (0.029)	0.335*** (0.063)	0.234** (0.103)	0.252* (0.135)	0.180** (0.077)
	$(age_i^c)^2$	-0.003*** (0.001)	-0.005*** (0.001)	-0.003* (0.002)	-0.003 (0.003)	-0.003* (0.001)
	N	1296	248	331	261	492
	R^2	0.237	0.254	0.213	0.158	0.042
中部地区	$\ln y_i^f$	0.242*** (0.041)	0.396*** (0.090)	0.332*** (0.113)	0.421*** (0.079)	0.220*** (0.052)
	age_i^f	-0.044*** (0.013)	-0.015 (0.013)	0.012 (0.025)	0.111*** (0.019)	-0.004 (0.013)
	age_i^c	0.187*** (0.027)	0.428*** (0.107)	0.335* (0.172)	-0.162 (0.163)	0.116 (0.134)
	$(age_i^c)^2$	-0.002*** (0.001)	-0.007*** (0.002)	-0.005 (0.003)	0.002 (0.003)	-0.002 (0.002)
	N	264	117	179	128	264
	R^2	0.124	0.273	0.199	0.347	0.088
西部地区	$\ln y_i^f$	0.414*** (0.030)	0.301*** (0.091)	0.256* (0.140)	0.213* (0.063)	0.183** (0.081)
	age_i^f	-0.035*** (0.011)	0.014 (0.025)	-0.012 (0.031)	0.018 (0.023)	-0.001 (0.017)
	age_i^c	0.318*** (0.041)	0.558*** (0.140)	0.407* (0.218)	0.159 (0.134)	0.239 (0.162)
	$(age_i^c)^2$	-0.004*** (0.001)	-0.010*** (0.003)	-0.006 (0.004)	-0.003 (0.002)	-0.004 (0.003)
	N	282	101	143	137	198
	R^2	0.252	0.284	0.156	0.061	0.090

注：在 1%、5%和 10%的水平上显著性分别用***、**、*表示；括号内是对应标准误。

从图 4-5 中可以直观地可以看出，2010—2018 年我国各地区居民家庭的代际收入弹性基本呈现下降趋势，说明随着社会的稳定发展，我国居民家庭代际收入流动性状况正在不断改善。同时，中、西部地区居民家庭的代际收入流动性低于东部地区，说明对于经济欠发达的中、西部地区，代际收入流动的提升作用相对有限，中部地区表现尤为明显。以东部地区为例，其居民家庭收入代际弹性表现出逐年下降的趋势，并都在 1%的显著水平上与子代收入正向相关。以 2018 年为例，西部地区居民代际收入弹性为 0. 183，意味着父代收入每增加 1%将引起子代收入平均增加 0. 183%；而东部地区居民代际收入弹性为 0. 113，意味着父代收入每增加 1%将使得子代收入平均增加 0. 113%。

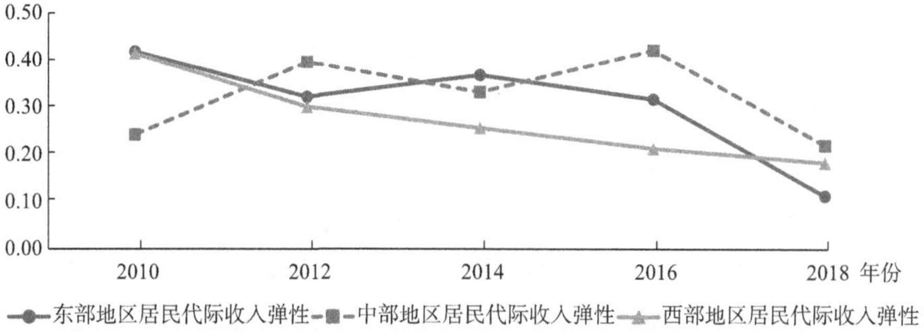

图 4-5　2010—2018 年我国各地区居民家庭代际收入弹性变动趋势

第三节　基于 TS2SLS 法的我国居民家庭代际收入流动性测度

一、数据处理与变量说明

用代际收入弹性测量代际收入流动性，简单直观，但是该方法会导致内生性问题、暂时性冲击、样本选择性偏误和生命周期偏误等难以避免的误差，进一步导致估计得到的代际收入弹性可能与实际值相差较大。结合代际收入弹性各种测量方法的比较，并为克服单样本数据库带来的测量偏误与数据限制，本书使用 CHNS 数据与 CHIP 数据这两个独立样本进行测量，可得出结果更加稳健的 TS2SLS 估计量。本节使用 CHNS 一共包括 1989 年、1991 年、1993 年、1997 年、2000 年、2004 年、2006 年、2009 年、2011 年以及 2015 年共 10 次调查数据（由于 1989 年所需变量数据的缺失值比较严重，且用于配对父代和子代的变量 ID*ind_f* 和 ID*ind_m* 均缺失，故删除）。同时，使用 CHIP 数据作为辅样本，包括 1988 年、1995 年、2002 年、2007 年、2008 年和 2013 年共 6 年的数据。

对于主样本的处理：首先，将 CHNS 中父代与子代匹配，通过变量 ID*ind_f* 和 ID*ind_m* 进行父子的匹配；其次，删除父代年龄不在 36~65 岁范围内的样本以及子代年龄不在 16~45 岁范围内的样本，删除所需变量有缺失值的样本；最后，将多年数据纵向合并，剔除异常样本，最终得到父子配对样本 4079 对。对于辅样本 CHIP 的处理：根据主样本 CHNS 划定的年龄范围，删除不在该年龄范围内的样本，删除所需变量有缺失值的样本，并将多年数据进行纵向合并。通过数据整理，得到辅样本中父代样本 36502 个。考虑到使用的数据年代跨度较大，故将所有个人总收入数据基于 1988 年 CPI 进行消除通货膨胀处理。主要涉及的变量以及各变量的详细说明见表 4-9。

表 4-9　代际收入流动性测度主要变量说明

变量	符号	备注
父代收入的对数	$\ln y_i^f$	数值变量，将父代收入以 1988 年的 CPI 进行调整，消除通货膨胀的收入，再取对数
子代收入的对数	$\ln y_i^c$	数值变量，将子代收入以 1988 年的 CPI 进行调整，消除通货膨胀的收入，再取对数
父代年龄	$age40_i^f$	数值变量，（父代的年龄-40）的差值
父代年龄的平方	$(age40_i^f)^2$	数值变量，（父代的年龄-40）差值的平方
子代年龄	$age40_i^c$	数值变量，（子代的年龄-40）的差值
子代年龄的平方	$(age40_i^c)^2$	数值变量，（子代的年龄-40）差值的平方

续表

变量	符号	备注
父代被调查时的地区	$area_i^f$	虚拟变量，以西部地区为参照
父代出生时户籍类型	$urban$	虚拟变量，城镇=1，农村=0
父代受教育年限	edu_i^f	数值变量，1—文盲或半文盲，6—小学，9—初中，12—高中、中专和职业中学，15—大专及以上
父代职业评分	$occup_i^f$	数值变量，根据 Erikson 和 Goldthorpe 的职业评分表进行评分（见附录 19）
父代年龄与教育的交叉项	$age40_i^f \cdot edu_i^f$	数值变量，对年龄标准化值和受教育年限分别进行中心化处理后相乘的结果
父代的出生年代	$cohort_i^f$	虚拟变量，变量中 t 为 1 代表 20 世纪 40 年代，t 为 2 代表 50 年代，t 为 3 代表 60 年代，t 为 4 代表 70 年代，t 为 0 代表 20 年代、30 年代为参照
子代的出生年代	$cohort_i^c$	虚拟变量，变量中 t 为 1 代表 20 世纪 70 年代，t 为 2 代表 80 年代，t 为 3 代表 90 年代，t 为 0 代表 50 年代、60 年代为参照

（一）父代与子代

父代样本在 CHNS 中表示 ID*ind_f* 和 ID*ind_m* 变量对应的居民 ID 的样本，在 CHIP 中，所有样本年龄均处于 36~65 岁范围内，所需变量均无缺失值，且收入大于 0。子代样本表示 CHNS 中通过 ID*ind_f* 和 ID*ind_m* 分别匹配之后，匹配成功并且年龄在 16~45 岁的范围内，个人总收入大于 0，包括儿子和女儿，不进行子代性别的区分。

（二）父代和子代的收入

统一使用微观调查数据中居民的个人总收入，以 1988 年的 CPI 消除通货膨胀进行调整，使用时取其对数。

（三）年龄

根据生命周期假说，人处于 40~50 岁的收入最高，因而将父代和子代在原始数据中的年龄减去 40 岁，得到所使用的父代和子代的年龄变量。此外，还加入了年龄的平方项这一变量，其目的在于刻画收入与年龄之间是否存在非线性关系。

（四）地区与户籍类型

对原始调查数据进行处理，得到受访者受访时所在的省份；然后根据文化部门的统计口径，按照东、中、西三大地带的划分方法，将全国 31 个省份划分为东、中、西部地区；将户籍类型划分为城镇和农村。

（五）受教育年限

受教育年限是根据原始调查数据中居民接受的最高学历这一变量进行处理得到的结果。根据《中国统计年鉴》的计算方法，本节的受教育年限设定标准为：没有上过学设为 0，文盲、半文盲设为 1，小学设为 6，初中设为 9，高中、中专、技校、职高设为 12，大专及以上设为 15。

（六）职业评分

参照埃里克森和戈尔德索普（Erikson & Goldthorpe，2002）使用的职业等级分类表中对职业的评分方式对居民职业进行评分。职业评分表见附录 19。

（七）年龄与教育的交叉项

为避免变量之间存在相关性，在研究中加入年龄与教育的交叉项。由于年龄（减去 40 以后的年龄）是实变量，而教育是虚拟变量，因此，将年龄（减去 40 以后的年龄）进行中心化，再与教育变量相乘，即为年龄与教育的虚拟变量。

（八）出生年代

出生年代即原始数据中受访者阳历出生年份，该虚拟变量被用来减小代际收入弹性测度中的经典测量偏误。研究中，父代的出生年代以 20 世纪 20 年代和 30 年代出生的样本为参照，将父代出生年代变量分为 40 年代、50 年代、60 年代和 70 年代四类。子代的出生年代以 50 年代和 60 年代为参照，划分为 70 年代、80 年代和 90 年代三类。

二、描述性分析

本节研究时虽然使用 CHIP 和 CHNS 两个数据库，但 CHIP 数据库仅作为辅样本，辅助求出 CHNS 中“潜在父代”的收入，因此，仅对 CHNS 数据进行描述性统计分析。

（一）全样本

对所有配对父代与子代数据进行分析，从表 4-10 中可以看到，子代年龄均值为 23.81 岁，而父代年龄均值为 51.47 岁，父代平均年龄大于子代平均年龄 27.66 岁。子代可能刚开始工作，其收入与工作很久的父代收入相比，还存在一定差距。同时，从年龄的均值来看，子代的平均年龄已经完成了本科教育，具备一定获得收入的能力，其收入具备代表性；父代的平均年龄小于退休年龄，因此其收入也比较具有代表性。父代受教育程度的均值为 8.48 年，小于子代受教育程度的均值 10.21 年，说明随着居民收入水平的不断提高，人们对教育的重视程度也在提高，家庭、国家在教育方面的投资力度不断加大，因此子代的平均受教育程度远高于父代。

表 4-10　全样本居民家庭匹配样本描述性统计分析

变量	均值		标准差		匹配样本量/个	
	父代	子代	父代	子代	父代	子代
收入/元	7.43	7.30	1.24	1.37	3905	4079
年龄/岁	51.47	23.81	5.51	4.52	4079	4079
出生年代	2.42	2.21	0.87	0.74	4079	4079
受教育程度/年	8.48	10.21	2.71	2.81	4079	3965
职业评分	4.69	4.46	3.56	2.78	4079	4057

注：表中收入均为 1988 年 CPI 处理后取对数的值。

（二）分城乡样本

为了进一步研究不同户籍家庭之间的差异性，对城镇居民和农村居民分别进行描述性统计。如表 4-11 所示，从收入角度来看，同代人之间，城镇居民的收入大于农村。虽然城乡父代的收入均值高于其子代收入的均值，但相差不大，并且子代还比较年轻，很多子代职业才刚刚起步，其收入还有很大的提升空间。

表 4-11　城乡居民家庭匹配样本描述性统计分析

地区	变量	均值		标准差		匹配样本量/个	
		父代	子代	父代	子代	父代	子代
城镇	收入对数/元	8.08	7.87	1.01	1.16	1375	1426
	年龄/岁	52.55	24.78	5.04	4.24	1426	1426
	出生年代	2.47	2.26	0.94	0.77	1426	1426
	受教育程度/年	9.83	12.14	3.12	2.75	1426	1418
	职业评分	7.09	6.45	3.54	2.76	1426	1425
农村	收入对数/元	7.07	6.99	1.20	1.37	2530	2653
	年龄/岁	50.89	23.28	5.66	4.57	2653	2653
	出生年代	2.40	2.19	0.83	0.72	2653	2653
	受教育程度/年	7.75	9.14	2.14	2.21	2653	2547
	职业评分	3.40	3.39	2.82	2.11	2653	2632

注：表中收入均为 1988 年 CPI 处理后取对数的值。

根据表 4-11，城镇居民的受教育程度普遍高于农村居民，城镇父代的受教育年限均值为 9.83，虽然远小于城镇子代（12.14），但高于农村父代受教育程度均值（7.75），甚至高于农村子代对应值（9.14）。无论是教育和文化资源，还是父代对教育的重视程度，城镇都具有绝对的优势。城镇居民职业评分也高于农村，城镇父亲的职业评分为 7.09 分，高于其子代的职业评分（6.45 分），远高于农村父亲（3.40 分）和子代（3.39 分）。我国农村居民的职业以农民和普通工人为主，城镇居民职业更加多样，普通工人、农民等较少，从而导致农村和城镇居民职业评分差距较大。

（三）分地区样本

根据表 4-12，东部地区父代收入均值高于子代收入均值，中部地区父亲收入均值高于子代 0.25，其差值大于东部和西部地区。我国东、中、西部地区居民受教育程度差异较大。东部地区父代受教育年限的均值达到 9.08，中部地区为 8.46，西部地区仅为 7.80，通过比较可以看出，东部地区子代受教育年限涨幅程度高于中、西部地区，表现出较强的优势。同样，东部地区的职业评分为 5.72 分，高于中部地区职业评分 4.47 分和西部地区职业评分 3.76 分。

表 4-12　各地区居民家庭匹配样本描述性统计分析

地区	变量	均值		标准差		匹配样本量/个	
		父代	子代	父代	子代	父代	子代
东部	收入对数/元	7.81	7.77	1.18	1.25	1337	1391
	年龄/岁	51.47	24.44	5.51	4.61	1391	1391
	出生年代	2.53	2.26	0.89	0.77	1391	1391
	受教育程度/年	9.08	11.06	2.85	2.87	1391	1366
	职业评分	5.72	5.33	3.69	2.86	1391	1382
中部	收入对数/元	7.33	7.08	1.26	1.40	1442	1505
	年龄/岁	50.73	23.48	5.54	4.53	1505	1505
	出生年代	2.47	2.23	0.88	0.71	1505	1505
	受教育程度/年	8.46	10.05	2.76	2.73	1505	1477
	职业评分	4.47	4.25	3.59	2.77	1505	1499
西部	收入对数/元	7.09	7.02	1.15	1.31	1126	1183
	年龄/岁	52.42	23.48	5.32	4.31	1183	1183
	出生年代	2.25	2.14	0.81	0.72	1183	1183
	受教育程度/年	7.80	9.38	2.29	2.54	1183	1122
	职业评分	3.76	3.71	3.01	2.39	1183	1176

注：表中收入均为 1988 年 CPI 处理后取对数的值。

三、居民家庭代际收入流动性测度结果

（一）第一阶段父代收入方程估计结果

根据 TS2SLS 方法，第一阶段利用辅样本数据对式（3.12）进行回归得到表 4-13 的结果。从表 4-13 中可以看出，所有变量的系数都通过 1%的显著水平，年龄的平方项与居民收入之间呈现倒“U”形分布，而其余变量对收入具有正向影响。年龄和教育的交叉项系数为正，表明随着年龄递增，教育的边际收益也在递增。父代的地区、出生时的户籍类型和出生年代对父代收入的影响较大，父代出生于 20 世纪 40 年代和 50 年代对收入的影响小于 60 年代和 70 年代的影响，说明年代的增加对居民收入的增长具有促进作用。

表 4-13　第一阶段父代收入估计结果

变量	系数	标准误
$age40_i^f$	0.097***	0.002
$(age40_i^f)^2$	-0.002***	0.001
$area1_i^f$	0.426***	0.012
$area2_i^f$	0.053***	0.012
$urban_i^f$	0.757***	0.011
edu_i^f	0.040***	0.002
$occup_i^f$	0.046***	0.001
$cohort1_i^f$	0.571***	0.018
$cohort2_i^f$	1.292***	0.018
$cohort3_i^f$	2.206***	0.021
$cohort4_i^f$	3.265***	0.026
$age40_i^f \cdot edu_i^f$	0.001***	0.001
_cons	4.664***	0.026
AdjR^2	0.469	0.469
F-statistic（P-value）	2686.81（0.000）	2686.81（0.000）
N	36502	36502

注：在1%的水平上显著性用***表示。

（二）第二阶段全国居民代际收入弹性系数估计结果

通过第一阶段得到的系数，结合 CHNS 数据使用 TS2SLS 得到第二阶段的模型结果（见表 4-14），父代收入对子代收入的回归系数均在 1%的水平下显著，结合模型拟合度以及 F 值，可见模型的结果比较好。

表 4-14　基于 TS2SLS 法的居民家庭代际收入流动弹性估计

变量	子代收入对数					
	全国	城镇	农村	东部地区	中部地区	西部地区
$\ln y_i^f$	0.551*** （0.024）	0.340*** （0.040）	0.637*** （0.049）	0.354*** （0.039）	0.620*** （0.046）	0.484*** （0.060）
$age40_i^c$	-0.008 （0.018）	0.025 （0.027）	-0.028 （0.023）	0.044* （0.027）	-0.016 （0.031）	-0.070** （0.036）

续表

变量	子代收入对数					
	全国	城镇	农村	东部地区	中部地区	西部地区
$(age40_i^c)^2$	-0.004*** (0.001)	-0.003*** (0.001)	-0.004*** (0.001)	-0.002** (0.001)	-0.004*** (0.001)	-0.005*** (0.001)
$age40_i^f$	-0.001 (0.013)	0.007 (0.020)	-0.001 (0.016)	0.067*** (0.019)	-0.006 (0.021)	-0.075** (0.028)
$(age40_i^f)^2$	-0.001 (0.001)	-0.001 (0.001)	-0.001 (0.001)	-0.002** (0.001)	-0.001 (0.000)	0.003** (0.001)
$cohort1_i^f$	0.449*** (0.052)	0.777*** (0.064)	0.246*** (0.074)	0.623*** (0.073)	0.309*** (0.096)	0.451*** (0.102)
$cohort2_i^f$	0.972*** (0.063)	1.465*** (0.081)	0.710*** (0.097)	1.290*** (0.088)	0.860*** (0.115)	0.888*** (0.131)
$cohort3_i^f$	1.258*** (0.106)	1.916*** (0.137)	0.932*** (0.161)	1.653*** (0.153)	0.985*** (0.189)	1.497*** (0.225)
_cons	3.578*** (0.227)	5.251*** (0.373)	2.902*** (0.401)	5.022*** (0.353)	3.172*** (0.393)	3.915*** (0.512)
R^2	0.429	0.560	0.304	0.506	0.405	0.293
F-statistic (P value)	384.54 (0.000)	227.32 (0.000)	146.03 (0.000)	178.79 (0.000)	128.70 (0.000)	62.39 (0.000)
N	4079	1426	2653	1391	1505	1183

注：在1%、5%和10%的水平上显著性分别用***、**、*表示；括号内是对应标准误。

利用TS2SLS法得到的全国父代与子代之间的代际收入弹性系数为0.551，即城乡之间的代际收入流动性存在较大的差异。整体来看，农村居民的代际收入弹性明显高于城镇，可见农村代际收入流动性比较低，子代想要改变父代处于低收入阶层的状况比较困难。一方面，和城镇相比，农村的父代大多收入较低，在子代成长过程中，他们没有能力投入过多的费用；另一方面，农村居民整体受教育水平低于城镇，父代不能很好地意识到对子代投资的重要性，因此，在人力资本方面，农村的父代投入远不及城镇。此外，城镇居民的父代拥有较高的社会地位，在子代的工作上可以提供就业渠道或者融资支持，可见在社会资本投入方面，城镇居民也占据一定优势。

我国东、中、西部地区居民家庭代际收入弹性存在显著的差异。整体来看，东部地区代际收入弹性最小，西部地区次之，中部地区最大。东部地区经济比较发达，居民有能力为其子代提供更多的人力资本、社会资本以及财富资本等，使其子代在教育、职业等方面具有较大的优势，从而促进代际收入的流动性。与东部地区相比，中西部地区经济发展还存在一定的差距，在子代成长过程中，父代为其投入的资本有限，使得中西部地区的代际收入流动性低于东部地区。

第四节　基于转移概率矩阵的我国居民家庭代际收入流动性测度

一、代际收入分组方法及转移概率矩阵的构建

（一）代际收入分组方法

使用转移概率矩阵法衡量代际收入流动的第一步是对父代和子代的收入等级进行划分，传统分组会因为数据的分布特征而存在纳入高收入阶层样本量偏少等缺点。为了避免传统分组法的短板，本书采用收入排序分组法，即将 2010—2018 年父代和子代的收入从低到高分别进行排序，然后根据总人数平均划分组别得到从低到高的收入阶层，且各组人数相同。

具体分组数参照《中国统计年鉴》中关于我国居民收入的划分方法，将收入阶层划分为 5 组：低收入阶层（20%）、中等偏低收入阶层（20%）、中等收入阶层（20%）、中等偏上收入阶层（20%）、高收入阶层（20%）。

（二）代际收入转移概率矩阵的构建

以 2010 年的城乡数据为例，构建代际收入转移概率矩阵。针对家庭有多个儿子的情况，本书选取其收入的算术平均数作为子代收入。在配对方面，针对有多个子代的家庭，本书将这个家庭的父代与子代分别配对，以求增加

样本数量；2010 年共计 5826 个样本，2913 对父子；2014 年共计 1376 个样本，688 对父子；2016 年共计 750 个样本，375 对父子；2018 年共计 1301 个样本，650 对父子，配对结果是在原数据的基础上仅保留年龄在 16～60 岁且在工作的样本；描述性分析则删除了社会资本变量缺失的样本，并将性别加入作为变量分析，所以两者的配对结果会稍有不同。表 4-15 为分组后父代和子代等级变化的数量表。

表 4-15 2010 年父代与子代的分组情况

	序号	子代所在组别（k）				
		1	2	3	4	5
父代所在组别（j）	1	200	157	84	43	98
	2	141	153	110	51	127
	3	98	104	171	61	148
	4	42	53	64	36	87
	5	101	115	153	91	425

表 4-15 中，行表示父代所在各组别，列表示子代所在各组别，从 1 到 5 表示从低收入阶层到高收入阶层；第 j 行第 k 列表示父代在第 j 组而子代在 k 组的人数。以此类推，对角线人数就表示父子两代收入等级无变化的人数，对角线紧邻的数值表示父子两代收入等级变化较小的人数，数值越向外，表示等级变化越大。

二、全样本下转移概率矩阵分析

通过表 4-15 可以直观地看出父代和子代收入阶层变化的情况，为了更进一步对比父代和子代收入代际流动的概率情况，运用式（3.23）分别构建 2010—2018 年转移概率矩阵。

基于 2010 年居民收入数据，生成 $F'P=C'$ 中 P 矩阵如下：

$$\begin{pmatrix} 0.34 & 0.27 & 0.14 & 0.07 & 0.17 \\ 0.24 & 0.27 & 0.19 & 0.08 & 0.22 \\ 0.17 & 0.18 & 0.24 & 0.15 & 0.25 \\ 0.15 & 0.19 & 0.23 & 0.13 & 0.31 \\ 0.11 & 0.13 & 0.17 & 0.10 & 0.48 \end{pmatrix}$$

上面的代际收入转移概率矩阵中，第一行第一列和第五行第五列的数据均较大。这两个数字表示收入阶层最低或最高的父代中，子代收入阶层不变的概率分别达到了 0.34 和 0.48，这说明收入阶层越趋向极端的父代其子代的阶层变化越不明显；对角线数据中，收入阶层越向中等靠拢其变化率相比极端阶层越小，说明中等收入阶层的代际收入流动性较为明显；父代处于中等阶层时子代也处于中等阶层的概率为 0.24，与充分流动的 0.20 相差不远，可以看出处于该阶层的人群代际收入流动性较强，而中等阶层向更高阶层转移的概率和（0.40）大于从中等阶层向更低阶层转移的概率和（0.35）。同理，对 2012 年、2014 年、2016 年和 2018 年的数据构建代际收入转移概率矩阵。

2012 年的代际收入转移概率矩阵：

$$\begin{pmatrix} 0.21 & 0.20 & 0.15 & 0.17 & 0.27 \\ 0.19 & 0.19 & 0.17 & 0.20 & 0.25 \\ 0.20 & 0.24 & 0.22 & 0.19 & 0.15 \\ 0.22 & 0.20 & 0.17 & 0.20 & 0.22 \\ 0.18 & 0.17 & 0.29 & 0.24 & 0.10 \end{pmatrix}$$

从 2012 年的代际收入转移概率矩阵中可以看出，第一行第一列的数据较大，而第五行第五列的数据较小。这表明收入阶层较低的父代其子代收入阶层不变的概率较大；收入阶层较高的父代其子代阶层不变的概率较小，说明收入阶层较高的父代其子代的变化较大。对角线紧邻的数值表示父子两代收入等级变化较小的人数，越向外表示等级变化越大，说明中等收入阶层的代际收入流动性较为明显；而中等阶层向更高阶层转移的概率和（0.34）小于从中等阶层向更低阶层转移的概率和（0.44），说明 2012 年中等收入阶层向下流动性比向上流动性更强。

2014 年的代际收入转移概率矩阵：

$$\begin{pmatrix} 0.19 & 0.24 & 0.26 & 0.19 & 0.12 \\ 0.20 & 0.25 & 0.15 & 0.16 & 0.23 \\ 0.21 & 0.18 & 0.24 & 0.18 & 0.19 \\ 0.19 & 0.22 & 0.20 & 0.22 & 0.17 \\ 0.21 & 0.11 & 0.14 & 0.25 & 0.28 \end{pmatrix}$$

从 2014 年的代际收入转移概率矩阵中可以看出，右下角数值为所有值中的最大值，表明当父代收入为高收入阶层时子代也处于高收入阶层。父代处于中等阶层时子代也处于中等阶层的概率为 0.24，比较接近充分流动，说明处于中等收入的人群代际收入流动性较强。同时，中等收入阶层向下流动的趋势也比向上流动性更强，而高等收入阶层向上流动的流动性明显强于向下流动性，低等收入阶层向下流动的概率大于向上流动的概率，说明我国贫富差距问题严重，低收入阶层向高收入阶层流动较困难。

2016 年的代际收入转移概率矩阵：

$$\begin{pmatrix} 0.21 & 0.24 & 0.12 & 0.27 & 0.16 \\ 0.15 & 0.32 & 0.20 & 0.20 & 0.19 \\ 0.23 & 0.17 & 0.23 & 0.28 & 0.09 \\ 0.17 & 0.17 & 0.23 & 0.16 & 0.27 \\ 0.24 & 0.09 & 0.23 & 0.15 & 0.29 \end{pmatrix}$$

2018 年的代际收入转移概率矩阵：

$$\begin{pmatrix} 0.21 & 0.25 & 0.17 & 0.26 & 0.12 \\ 0.26 & 0.22 & 0.16 & 0.19 & 0.29 \\ 0.20 & 0.25 & 0.20 & 0.16 & 0.20 \\ 0.18 & 0.17 & 0.27 & 0.18 & 0.20 \\ 0.16 & 0.11 & 0.21 & 0.20 & 0.31 \end{pmatrix}$$

综合以上两年的代际收入转移概率矩阵可以看出，2016 年和 2018 年的转移矩阵中处于对角线中间的数值分别为 0.23 和 0.20，说明中等收入阶层的流动性较强；2018 年右下角数值为所有值中的最大值，说明当父代收入为高收入阶层时子代也处于高收入阶层，“富二代”现象较为明显。除个别差异外，各对角线数值都比较大，说明子代所处收入阶层延续父代收入阶层的概率较大，也就是说代际收入流动性较差。

根据基于转移概率矩阵的代际收入流动性测度方法，利用惯性率、亚惯性率、加权平均移动率等指标对居民家庭代际收入流动性情况进行实证分析，具体的计算结果见表 4-16。

表 4-16　各年收入代际转移矩阵指标测度值

年份	惯性率	亚惯性率	加权平均移动率	卡方指数	向上流动概率（M_u）	向下流动概率（M_l）	上（下）流动概率比
2010	0. 30	0. 62	1. 29	0. 57	1. 80	1. 67	1. 08
2012	0. 18	0. 47	1. 64	0. 52	1. 97	2. 10	0. 94
2014	0. 24	0. 55	1. 49	0. 22	1. 90	1. 91	0. 99
2016	0. 24	0. 58	1. 48	0. 44	1. 96	1. 83	1. 07
2018	0. 22	0. 57	1. 24	0. 34	2. 00	2. 01	0. 99

根据表 4-16 与万相昱等（2019）的研究结论，① 借助关于惯性率、亚惯性率和加权平均移动率等的数值界定与解释依据，得到如下结论：

第一，若社会代际收入充分流动，则惯性率约为 0. 20。但是，2010 年的惯性率为 0. 30，说明代际收入流动性较差，2012 年、2014 年、2016 年和 2018 年的惯性率分别为 0. 18、0. 24、0. 24、0. 22，都接近于充分流动性 0. 20，说明 2012—2018 年代际收入流动性向好的方向发展。

第二，若社会代际收入充分流动，则亚惯性率应该为 0. 52。根据表 4-16，2010 年的亚惯性率为 0. 62，是 0. 52 的 1. 2 倍左右的高水平；2012 年的亚惯性率低于 0. 52，但与充分流动 0. 52 相差较大。2014 年、2016 年和 2018 年的亚惯性率虽有改善也保持在 0. 52 以上，可以认为代际收入流动性较差。

① 万相昱，石雪梅，唐亮. 中国城镇居民家庭收入流动性研究［J］. 劳动经济研究，2019，7（2）：42-59.

第三，若代际收入流动性强，则加权平均移动率应该在 1.60 上下波动。从表 4-16 中可以看出，2012 年的加权平均移动率为 1.64，接近于充分流动值 1.60，表明 2012 年代际收入流动性较强；但 2010 年和 2014 年的加权平均移动率分别为 1.29 和 1.49，2016 年和 2018 年则分别为 1.48 和 1.24，四个年份均小于 1.60。由于加权平均移动率式中 $|j-k|$ 的值表示的是子代相对于父代移动的绝对值，故该值越小，加权平均移动率就越小，代际流动也就越不充分，即认为这些年份代际流动性较低。

第四，在卡方指数中，若社会流动为完全流动，则该值应为 0。而表 4-16 中 2010 年卡方指数为 0.57，2014 年的卡方指数（0.22）最小但得到了一定的改善，2016 年又回升到了 0.44，表明社会代际收入流动性差。

第五，若流动充分时向上（下）流动概率值为 2，则各年份的上下流动率都有所下降，且 2010 年向上流动概率和向下流动概率与 2 差值都较大；向上流动概率和向下流动概率基本上都在逐年上升，说明代际流动性向着好的方向发展。将上下流动概率进行对比，可以发现向上流动概率与向下流动概率相比基本较大，表明代际收入流动方向较好，情况较为乐观。综上所述，代际收入转移的各个测度指标都呈现出我国居民家庭代际收入流动性并不充分的特点。

三、分城乡转移概率矩阵分析

选取 2010 年、2014 年、2018 年三个年份的样本数据，分别对城镇居民和农村居民家庭收入进行转移概率矩阵分析，探究城乡居民代际收入流动性强弱的差异性。分别将城镇家庭样本和农村家庭样本按照收入从低到高分组并计算其流动概率矩阵，首先得到 2010 年城镇和农村两个转移概率矩阵，如表 4-17（a）和表 4-17（b）所示。

表 4-17（a） 2010 年城镇居民代际收入转移概率矩阵

父代收入阶层	子代收入阶层				
	1	2	3	4	5
1	0.32	0.24	0.19	0.16	0.10
2	0.28	0.29	0.19	0.11	0.12
3	0.14	0.21	0.24	0.22	0.19
4	0.16	0.13	0.22	0.27	0.22
5	0.10	0.13	0.16	0.23	0.37

表 4-17（b） 2010 年农村居民代际收入转移概率矩阵

父代收入阶层	子代收入阶层				
	1	2	3	4	5
1	0.36	0.24	0.18	0.11	0.11
2	0.25	0.29	0.16	0.17	0.13
3	0.18	0.20	0.22	0.21	0.20
4	0.09	0.15	0.24	0.30	0.21
5	0.12	0.11	0.21	0.21	0.35

从表 4-17（a）和表 4-17（b）中可以看到，对于城镇和农村来说，处于两端的低收入组和高收入组数值都比较大，说明 2010 年城镇居民和农村居民收入阶层越趋向极端，父代子代的阶层变化越不明显。进一步观察，城镇居民和农村居民父代收入处于中等阶层子代收入也处于中等阶层的概率分别为 0.24 和 0.22，城镇居民和农村居民收入代际流动性与充分流动性 0.2 均相差不远，说明流动性在城镇和农村均比较强。表 4-17（a）和表 4-17（b）及式（3.29）分别计算了 2010 年城镇居民、农村居民子代收入向上、下流动的概率。其中，城镇居民子代收入向上流动的概率为 1.74，农村居民子代向上流动的概率为 1.72，表明城镇居民子代向上流动的趋势和农村居民子代向上流动的趋势差不多；城镇居民子代收入向下流动的概率为 1.76；农村居民子代收入向下流动的概率为 1.76，城镇和农村向下流动的概率一样。由此可以说明，2010 年城镇居民和农村居民在流动性和流动趋势方面相差不大。

同样，对 2014 年城镇居民和农村居民代际收入分别做转移概率矩阵，如表 4-18（a）和表 4-18（b）所示。

表 4-18（a） 2014 年城镇居民代际收入转移概率矩阵

父代收入阶层	子代收入阶层				
	1	2	3	4	5
1	0.18	0.19	0.20	0.24	0.18
2	0.11	0.10	0.17	0.25	0.38
3	0.28	0.25	0.23	0.13	0.11
4	0.28	0.22	0.22	0.15	0.12
5	0.14	0.24	0.18	0.24	0.19

表 4-18（b） 2014 年农村居民代际收入转移概率矩阵

父代收入阶层	子代收入阶层				
	1	2	3	4	5
1	0.32	0.19	0.17	0.16	0.16
2	0.21	0.21	0.26	0.24	0.08
3	0.18	0.20	0.13	0.21	0.28
4	0.09	0.13	0.28	0.24	0.26
5	0.20	0.26	0.16	0.16	0.22

通过对 2014 年城镇居民和农村居民代际收入转移概率矩阵的对比可以看出，农村居民第一行第一列和第五行第五列，即父代收入处于最低阶层和最高阶层且子代阶层不变的概率为 0.32 和 0.22，明显高于城镇父代收入阶层处于最低阶层和最高阶层且子代阶层不变的概率（0.18 和 0.19），说明城镇父代收入阶层趋于极端时，城镇子代收入的变化没有农村父代收入阶层趋于极端时子代收入的变化那么明显。城镇和农村父代收入处于中等阶层子代收入不变的概率分别为 0.23 和 0.13，城镇居民中等阶层的流动性明显强于农村居民。表 4-18（a）和表 4-18（b）及式（3.29）分别计算了 2014 年城镇居民、农村居民子代收入向上、下流动的概率，得到城镇居民和农村居民代际收入向上流动的概率分别为 1.97 和 2.01，农村居民向上流动的趋势更大；城

镇居民和农村居民向下流动的概率分别为 2.16 和 1.87，城镇居民向下流动的趋势更大。可以看到，2014 年相对于 2010 年农村居民向上流动的概率有所增加，说明我国农村居民整体收入水平逐步提高。

同样，对 2018 年城镇居民和农村居民家庭收入做转移概率矩阵计算，结果见表 4-19（a）和表 4-19（b）。

表 4-19（a） 2018 年城镇居民代际收入转移概率矩阵

父代收入阶层	子代收入阶层				
	1	2	3	4	5
1	0.23	0.18	0.20	0.21	0.18
2	0.24	0.20	0.21	0.17	0.17
3	0.30	0.21	0.17	0.17	0.14
4	0.11	0.15	0.32	0.24	0.18
5	0.11	0.26	0.11	0.20	0.33

表 4-19（b） 2018 年农村居民代际收入转移概率矩阵

父代收入阶层	子代收入阶层				
	1	2	3	4	5
1	0.21	0.28	0.19	0.15	0.17
2	0.23	0.17	0.23	0.17	0.19
3	0.16	0.22	0.18	0.21	0.23
4	0.24	0.18	0.25	0.20	0.12
5	0.15	0.16	0.15	0.26	0.28

表 4-19（a）和表 4-19（b）分别从横向、纵向观察 2018 年城镇居民和农村居民代际收入转移概率矩阵。从横向来看，2018 年城镇居民父代收入阶层处于极端位置而子代收入阶层不变的概率分别为 0.23、0.33，农村居民父代收入阶层处于极端位置而子代收入阶层不变的概率分别为 0.21、0.28，城镇和农村数值相差不大，说明阶层固化现象在城镇和农村都较为明显。城镇居民父代收入处于中等阶层子代收入也处于中等阶层的概率为 0.17，农村居民父代收入处于中等阶层子代也处于中等阶层的概率为 0.18，都接近于充分

流动的概率 0. 2，农村和城镇的数值基本接近，城镇居民代际收入流动性和农村居民代际收入流动性差不多，说明城镇和农村的收入差距越来越小。从纵向来看，2018 年与 2010 年、2014 年对比，转移概率矩阵中两端极值差距不大，说明 2018 年和 2010 年、2014 年一样，父代收入趋于极端阶层，子代收入也趋于极端阶层，代际传递性较强，并且随着时间的推移变化也不大。从父代收入处于中等阶层子代收入也处于中等阶层的概率值可以看到，2010 年城镇和农村的数值分别为 0. 24、0. 22，2014 年城镇和农村的数值分别为 0. 23 和 0. 13，2018 年数值分别为 0. 17 和 0. 18，由此可以看出，随着时间的推移，城镇和农村的数值越接近，流动性差距越小。

四、分地区转移概率矩阵分析

为了分析 2010 年、2014 年、2018 年三个年份的区域代际流动差异性，按照国家统计部门对我国地区的划分，分别对东、中、西部三大区域进行转移概率矩阵分析。首先，对 2010 年的样本按地区进行划分，三大地区所得样本总数分别为 1109 对、799 对和 775 对，通过转移矩阵计算得到东、中、西部三大地区的代际收入转移概率矩阵，见表 4-20（a）~表 4-20（c）。

表 4-20（a）　2010 年东部地区居民代际收入转移概率矩阵

父代收入阶层	子代收入阶层				
	1	2	3	4	5
1	0. 32	0. 24	0. 18	0. 14	0. 12
2	0. 29	0. 23	0. 20	0. 16	0. 11
3	0. 19	0. 23	0. 18	0. 22	0. 18
4	0. 10	0. 15	0. 22	0. 26	0. 27
5	0. 09	0. 15	0. 23	0. 22	0. 31

表 4-20（b）　2010 年中部地区居民代际收入转移概率矩阵

父代收入阶层	子代收入阶层				
	1	2	3	4	5
1	0. 34	0. 26	0. 21	0. 14	0. 05

续表

父代收入阶层	子代收入阶层				
	1	2	3	4	5
2	0. 24	0. 22	0. 21	0. 14	0. 19
3	0. 21	0. 17	0. 26	0. 21	0. 15
4	0. 12	0. 17	0. 21	0. 27	0. 24
5	0. 10	0. 18	0. 11	0. 25	0. 37

表 4-20（c） 2010 年西部地区居民代际收入转移概率矩阵

父代收入阶层	子代收入阶层				
	1	2	3	4	5
1	0. 34	0. 27	0. 12	0. 16	0. 11
2	0. 27	0. 23	0. 26	0. 14	0. 10
3	0. 15	0. 21	0. 26	0. 16	0. 22
4	0. 10	0. 15	0. 19	0. 34	0. 23
5	0. 14	0. 14	0. 17	0. 21	0. 34

在中低收入阶层中，东部地区父代收入在此等级而子代收入向下流动的概率为 0. 29，大于西部地区、中部地区父代收入在此等级而子代收入向下流动的概率（0. 27、0. 24），子代收入向下流动的概率较大，意味着可能出现返贫现象。东、中、西部父代和子代在同一等级的概率分别为 0. 23、0. 22 和 0. 23，与向下流动的占比差不多；同时，子代收入向上流动的概率分别为 0. 47、0. 54 和 0. 50，表明处于这一等级的群体收入流动性较强。

由表 4-20（a）~表 4-20（c）与式（3. 29）计算得到 2010 年我国东、中、西部地区子代收入向上、下流动概率。东部地区中等阶层子代向下流动的概率为 0. 42，大于中西部地区向下流动的概率（0. 38、0. 36），由此可知，子代向下流动从东部地区到西部地区呈下降趋势。父代和子代处于同一等级的概率分别为 0. 18、0. 26、0. 26，东部地区子代向下流动概率小于中西部地区，说明东部地区处于中等收入的群体要少于中西部地区；同时，在此等级中，东、中、西部地区子代向上流动的概率分别为 0. 40、0. 36、0. 38，表明子代向上流动和向下流动的趋势差不多，总体流动性较强。

在中高收入阶层，东、中、西部地区子代收入向下流动的概率分别为0.47、0.50、0.44，从东部地区到西部地区呈先增加、后减少的趋势；子代向上流动的概率分别为0.27、0.24、0.23，东部地区代际收入向上流动概率最大，中部地区次之，西部地区最低。在此阶层中，东、中、西部地区子代收入向下流动的概率均大于子代收入向上流动的趋势。此外，西部地区父代阶层和子代阶层不变的概率最大，为0.34；东部地区最小，为0.26。父代和子代位于同一等级的概率较大，说明该阶层的代际流动性在减弱。

在高收入阶层中，东、中、西部地区子代收入向下流动的概率分别为0.69、0.64、0.66，从东部地区至西部地区总体上呈现递减的趋势。父代和子代处于同一等级的概率分别为0.31、0.37、0.34，可以看出，东、中、西部地区的占比都达到三成以上，表明这一阶层父代收入对子代收入的影响均高于前面四组，代际传递性较强。

综上所述，处于两端的低收入组和高收入组的代际传递性明显高于其他组，代际传递性随着收入水平的提高逐渐提高。分地区来看，东部地区向下流动的趋势大于中部地区和西部地区，西部地区向上流动的概率大于中部地区和东部地区，可以看到，代际收入流动性受地区影响也比较大，东部地区和中部地区发展比西部地区发展好，因此东、中部地区比西部地区代际传递性小。用同样的方法可得到2014年东、中、西部三大地区的转移概率矩阵，如表4-21（a）~表4-21（c）所示。

表4-21（a）　2014年东部地区居民代际收入转移概率矩阵

父代收入阶层	子代收入阶层				
	1	2	3	4	5
1	0.27	0.31	0.18	0.14	0.10
2	0.18	0.17	0.22	0.23	0.18
3	0.12	0.17	0.26	0.20	0.25
4	0.24	0.17	0.17	0.27	0.15
5	0.19	0.18	0.17	0.16	0.31

表 4-21（b） 2014 年中部地区居民代际收入转移概率矩阵

父代收入阶层	子代收入阶层				
	1	2	3	4	5
1	0.18	0.21	0.15	0.27	0.19
2	0.18	0.15	0.21	0.18	0.28
3	0.26	0.34	0.11	0.18	0.10
4	0.28	0.11	0.21	0.21	0.18
5	0.11	0.18	0.31	0.15	0.26

表 4-21（c） 2014 年西部地区居民代际收入转移概率矩阵

父代收入阶层	子代收入阶层				
	1	2	3	4	5
1	0.32	0.24	0.18	0.05	0.21
2	0.11	0.26	0.24	0.16	0.24
3	0.13	0.08	0.29	0.21	0.11
4	0.24	0.24	0.21	0.21	0.11
5	0.22	0.19	0.08	0.30	0.22

从三个转移概率矩阵中可以看出，东、中、西部地区父代和子代的代际收入流动性有明显的差异。具体来看，首先，在低收入组，东、中、西部地区父代和子代在同一等级的概率分别为 0.27、0.18 和 0.32，中部地区明显低于东、西部地区，说明中部地区的代际流动性（向上/向下）比东、西部地区强。本节通过表 4-21（a）～表 4-21（c）与式（3.29）计算得到 2014 年我国东、中、西部地区子代收入向上、下流动概率。我国东、中、西部地区子代收入向上流动的概率分别为 0.73、0.82 和 0.68，向上流动性从东部地区到西部地区呈现先增加、后减少的趋势；再从子代收入进入高收入等级的概率来看，东部地区（0.10）低于中部地区（0.19）和西部地区（0.21），表明从东部地区到西部地区的低收入群体子代向高收入群体流动的趋势逐渐增强。

在中低收入阶层中，东、中、西部地区父代收入在此等级而子代收入向下流动的概率分别为 0.18、0.18、0.11，可以看出，子代收入向下流动的占比较小。进一步计算得到我国东、中、西部地区子代收入向上流动的概率，分别为 0. 63、0. 67、0. 64，子代收入向上流动的概率较大；父代和子代在同一等级的概率分别为 0. 17、0. 15 和 0. 26，表明处于这一等级的群体收入流动性较强。

在中等收入阶层中，东、中、西部地区子代收入向下流动的概率分别为 0. 29、0. 60、0. 21，可以看出东、中、西部地区子代向下流动的趋势为先上升、后下降。父代和子代处于同一等级的概率分别为 0. 26、0. 11、0. 29，中部地区值小于东、西部地区，说明中部地区处于中等收入的群体要少于东、西部地区；同时，在此等级中，东、中、西部地区子代向上流动的概率分别为 0. 45、0. 28、0. 32，表明中部地区向下流动趋势较强，东部地区向上流动趋势较强，总体流动性较强。

在中高收入阶层中，东、中、西部地区子代收入向下流动的概率分别为 0. 58、0. 60、0. 69，从东部地区到西部地区呈现依次递增的趋势；子代向上流动的概率分别为 0. 15、0. 18、0. 11，可以看出，子代收入向下流动的概率在西部地区为最大值，东部地区为最小值，且东、中、西地区向下流动的概率均大于子代收入向上流动的概率，说明我国居民代际收入向下流动的趋势较为明显。此外，东、中、西地区父代和子代阶层不变的概率分别为 0. 27、0. 21 和 0. 21，说明这一阶层相较于其他阶层代际流动性在减弱。

在高收入阶层中，东、中、西部地区子代收入向下流动的概率分别为 0. 69、0. 74、0. 78，从东部地区至西部地区呈递增的趋势。父代和子代处于同一等级的概率分别为 0. 31、0. 26、0. 22，可以看出，东、中、西部地区的占比均达到两成以上，表明这一阶层父代收入对子代收入的影响都高于前面四组，代际传递性较强。

对 2018 年东、中、西部地区分别做转移概率矩阵分析如表 4-22（a）~表 4-22（c）所示。

表 4-22（a） 2018 年东部地区居民代际收入转移概率矩阵

父代收入阶层	子代收入阶层				
	1	2	3	4	5
1	0.21	0.28	0.18	0.21	0.13
2	0.17	0.23	0.24	0.16	0.22
3	0.28	0.21	0.19	0.18	0.15
4	0.17	0.17	0.26	0.18	0.23
5	0.17	0.13	0.14	0.29	0.28

表 4-22（b） 2018 年中部地区居民代际收入转移概率矩阵

父代收入阶层	子代收入阶层				
	1	2	3	4	5
1	0.24	0.19	0.09	0.24	0.24
2	0.23	0.23	0.18	0.13	0.24
3	0.21	0.18	0.23	0.21	0.17
4	0.20	0.20	0.30	0.19	0.11
5	0.11	0.21	0.21	0.23	0.24

表 4-22（c） 2018 年西部地区居民代际收入转移概率矩阵

父代收入阶层	子代收入阶层				
	1	2	3	4	5
1	0.16	0.29	0.16	0.25	0.14
2	0.29	0.09	0.27	0.18	0.16
3	0.20	0.23	0.16	0.20	0.20
4	0.20	0.18	0.18	0.24	0.20
5	0.16	0.20	0.21	0.13	0.30

通过上述矩阵可以看出，相较于前两年，2018 年的代际流动性有所上升。首先，结合式（3.53）计算得到低收入阶层中 2018 年东、中、西部地区子代向上流动的概率，分别为 0.79、0.76、0.84，总体高于 2010 年和 2014 年的数值，说明随着年份的增加，居民收入向好的趋势流动。其次，子代收入和父代收入等级不变的概率分别为 0.21、0.24、0.16，相较于 2010 年和 2014

年的数值有所降低，说明随着年份的增加，代际传递不变的比率逐渐降低，代际流动性不断增强。

本节通过表4-22（a）~表4-22（c）与式（3.53）计算得到2018年我国东、中、西部地区子代收入向上、下流动概率。在中低收入组，2018年东、中、西部地区子代收入向下流动的概率分别为0.17、0.23、0.29，各地区向下流动的趋势逐渐增大；东、中、西部地区子代和父代在同一等级的概率分别为0.23、0.23、0.09，说明2018年西部地区父代和子代处于同一等级的概率比2010年和2014年的数值小，这与西部开发政策相符合；2018年东、中、西部地区子代向上流动的概率分别为0.62、0.55、0.61，向上流动的占比相较于2010年和2014年的数值有所提高，说明随着年份的增加，子代收入向上流动的趋势逐渐增大，总体趋势较好。

在中等收入组中，2018年东、中、西部地区子代收入向下流动的概率分别为0.49、0.39、0.43，可以看出，在中等收入群体中，东、中、西部地区子代向下流动的占比达到了四成以上，比2010年和2014年占比都高，说明中等收入阶层存在收入降低的风险；2018年东、中、西部地区子代收入向上流动的概率分别为0.33、0.38、0.40，基本上低于2010年和2014年的数值，说明随着年份的增加，子代向上流动的概率逐渐降低。

在中高收入组中，2018年东、中、西部地区子代收入向下流动的概率分别为0.60、0.70、0.56；2010年中高收入阶层中，东、中、西部地区子代收入向下流动的概率分别为0.47、0.50、0.44；2010—2018年子代收入向下流动的趋势逐渐增强，而子代收入向上流动和不流动的趋势逐渐减弱。

在高收入组中，2018年东、中、西部地区子代向下流动的概率分别为0.72、0.76、0.70，与2010年和2014年相比，变化不大；三大地区2018年父代和子代处于同一等级的概率分别为0.28、0.24、0.30，相较于前两年变化不大，说明高收入群体阶层固化严重。

第五节　基于方向性秩流动性系数法的我国居民家庭代际收入流动性测度

目前，国内外学者关于居民家庭代际收入流动性的研究，大多数使用收入转移概率矩阵法，因为转移概率矩阵法直观明了、容易理解。然而，该方法存在一定的局限性，一方面，转移概率矩阵法是以矩阵的形式展现代际收入流动的情况，只能看到代际收入的大致流动的方向（向上、向下或不流动），可以算出代际收入固化情况，但难以测量代际收入流动的强度；另一方面，转移概率矩阵法不适用于不同群体之间的比较。比如，要得出城镇居民收入转移概率矩阵，就必须用城镇的父代子代收入重新排序，而不能直接使用全国的排序结果，因为城镇居民转移矩阵只能用来分析城镇不同收入阶层居民家庭代际收入流动的差异，与农村不同收入阶层代际收入流动存在差异，而城镇居民与农村居民的收入阶层不是一个度量标准。

基于此，本书采用另一种非参数方法——方向性秩流动性系数法。该方法与转移概率矩阵法有很多相似点，它不仅可以像转移概率矩阵法一样展示不同收入阶层代际收入流动的方向，而且能够对不同群体不同收入阶层代际收入流动性的方向进行描述，还能够更清楚地展示出不同收入阶段不同群体代际收入流动性的强度。更重要的是，该方法始终使用全国统一的排序结果，这样不仅能看出城乡各自不同阶层的收入流动差异，还能看出全国数据排序中不同户籍、同一收入阶层的居民之间存在的差异，具有可比性。

一、全样本下方向性秩流动性系数法分析

根据方向性秩流动性系数法相关理论，在转移概率矩阵的基础上利用方向性秩流动性系数法具体研究父代—子代收入的具体流动方向的概率，对全国层面家庭代际收入流动情况进行探讨，见表 4-23 和表 4-24。

表 4-23　全国居民代际收入向上秩流动性

代际	父代的收入百分位数					
	τ	1~10	1~20	1~30	1~40	1~50
父代—子代	0	0.882	0.793	0.728	0.686	0.650
	0.1	0.632	0.599	0.568	0.541	0.504

表 4-24　全国居民代际收入向下秩流动性

代际	父代的收入百分位数					
	τ	91~100	81~100	71~100	61~100	51~100
父代—子代	0	0.794	0.741	0.706	0.688	0.668
	0.1	0.365	0.424	0.448	0.465	0.466

从表 4-23 中可以看出，当 $\tau=0$ 时，父代收入位于低收入前 10%家庭代际收入向上流动的概率为 0.882，随着父代收入百分位范围的扩大，子代收入向上流动的概率逐渐降低，在父代收入处于 1~50 百分位范围时降到最小值（0.650）；当 $\tau=0.1$ 时，父代收入位于低收入前 10%家庭代际收入向上流动的概率为 0.632，且随着父代收入百分位范围的扩大，子代收入百分位超过父代收入百分位的概率也逐渐降低。

从表 4-24 中可以看出，对于中高收入的家庭，随着父代收入百分位范围的增加，向下秩流动性呈现出递减的趋势。当 $\tau=0$ 时，父代收入位于高收入 10%家庭代际收入向下流动的概率为 0.794，当父代收入百分位范围逐渐扩大时，子代收入向下流动的概率逐渐减小；当 $\tau=0.1$ 时，随着父代收入百分位范围的扩大，子代收入向下流动的概率逐渐增大，且均小于 $\tau=0$ 时子代收入向下流动的概率，降低 10 个百分位以上的概率整体表现出一定幅度的增大。虽然高收入家庭的子代收入的百分位秩小于其父代的概率比较大，但是向下流动的强度不大。

二、分城乡方向性秩流动性系数法分析

为了进一步探究城乡父代对子代收入影响的差异，本书使用向上、向下秩流动分析法对不同户籍的居民家庭代际收入弹性结果进行分析，并分别得

到城乡居民秩流动结果，见表4-25和表4-26。

表4-25　城乡居民家庭代际收入向上秩流动性

代际		父代的收入百分位数					
		τ	1~10	1~20	1~30	1~40	1~50
父代—子代	城镇	0	1.000	0.947	0.809	0.709	0.525
		0.1	0.600	0.842	0.766	0.640	0.431
	农村	0	0.881	0.789	0.725	0.684	0.662
		0.1	0.633	0.594	0.560	0.536	0.512

表4-26　城乡居民家庭代际收入向下秩流动性

代际		父代的收入百分位数					
		τ	91~100	81~100	71~100	61~100	51~100
父代—子代	城镇	0	0.798	0.766	0.781	0.793	0.783
		0.1	0.360	0.436	0.492	0.534	0.537
	农村	0	0.756	0.630	0.500	0.476	0.487
		0.1	0.415	0.370	0.326	0.327	0.356

从表4-25中可以看出，不同收入阶层的代际收入向上流动在城镇和农村呈现差异性，当$\tau=0$时，城镇父代收入位于低收入前10%的家庭代际收入向上流动的概率高达100%，随着父代百分位范围的扩大，城镇低收入家庭代际收入向上流动的概率呈现出不断下降的趋势；随着百分数的增加，依次为1.000、0.947、0.809、0.709、0.525。农村低收入家庭代际收入向上流动的概率也呈现下降的趋势，父代收入处于1~10百分位的家庭，子代收入百分位超过其父代的概率，为0.881。随着百分数的增加，依次为0.881、0.789、0.725、0.684、0.662。可以看到，在父代收入位于较低的前40%范围内，城镇子代收入向上流动的概率大于农村。而当父代收入百分位范围扩大到50%时，农村子代收入向上流动的概率反超城镇。当$\tau=0.1$时，城镇低收入家庭代际收入向上流动的概率呈现出先上升、后下降的趋势，而农村低收入家庭代际收入向上流动的概率呈现下降的趋势。

从表 4-26 中可以看出，城镇中高收入家庭代际收入向下流动的概率和强度整体上大于农村。具体来看，当 $\tau=0$ 时，城镇父代高收入家庭比农村父代相同收入家庭的代际收入向下流动的概率大，可见城镇中高收入家庭代际收入向下流动的概率远大于农村；当 $\tau=0.1$ 时，只有父代收入位于顶端 10%的家庭，城镇比农村代际收入向下流动概率低，城镇父代中高收入的家庭代际收入向下流动超过 10 个百分位的概率均大于农村，可见城镇中高收入的家庭整体代际收入的强度也比农村大。

三、分地区方向性秩流动性系数法分析

用同样的方法对我国不同地区分别做向上秩流动性分析和向下秩流动性分析，结果见表 4-27 和表 4-28。总体来看，我国各地区居民家庭代际收入向上流动的概率都比较大，具体来看，当 $\tau=0$ 时，父代收入位于低收入前 10%的家庭中，东、中、西部地区子代向上流动的概率分别为 0.857、0.842、0.915，西部地区父代中低收入家庭代际收入向上流动的概率大于东部地区和中部地区。随着父代百分位范围的扩大，东、中、西部地区子代收入向上流动的概率均呈不断下降的趋势。当 $\tau=0.1$ 时，在父代收入处于 1~10 百分位的家庭中，东部地区子代收入超过父代收入百分位的概率为 0.714，大于西部地区概率（0.679）和中部地区概率（0.571），而在 1~20 百分位的家庭中，西部地区子代收入百分位超过其父代 10 个百分位的概率大于东、中部地区。

表 4-27 中国不同地区居民家庭代际收入向上秩流动性

代际		父代的收入百分位数					
		τ	1~10	1~20	1~30	1~40	1~50
父代—子代	东部地区	0	0.857	0.746	0.667	0.651	0.602
		0.1	0.714	0.542	0.514	0.527	0.455
	中部地区	0	0.842	0.729	0.674	0.626	0.590
		0.1	0.571	0.540	0.518	0.493	0.458
	西部地区	0	0.915	0.856	0.796	0.756	0.736
		0.1	0.679	0.660	0.629	0.593	0.578

表 4-28　中国不同地区居民家庭代际收入向下秩流动性

代际		父代的收入百分位数					
		τ	91~100	81~100	71~100	61~100	51~100
父代—子代	东部地区	0	0.857	0.739	0.721	0.712	0.690
		0.1	0.411	0.424	0.455	0.470	0.463
	中部地区	0	0.851	0.761	0.707	0.683	0.652
		0.1	0.345	0.432	0.455	0.474	0.463
	西部地区	0	0.806	0.706	0.633	0.612	0.641
		0.1	0.361	0.400	0.399	0.431	0.481

从表 4-28 中可以看出，随着父代收入百分位范围的扩大，子代收入百分位数向下流动的概率整体表现出下降的趋势，说明父代收入越高，子代收入向下流动的可能性越大，但流动的强度较小。在父代收入位于顶端 10%的家庭中，子代收入百分位向下流动的概率为 0.8 上下。当 $\tau=0.1$ 时，父代收入位于顶端 10%的家庭代际收入向下流动 10 个百分位以上的概率比中高等收入家庭小。

从区域差异性角度看，东部地区父代中高收入家庭整体代际收入向下流动的概率最高，中部地区次之，西部地区最低。当 $\tau=0$ 时，仅父代收入百分位位于 81~100 范围的东部地区家庭代际收入向下流动概率略小于中部地区，其余范围概率值均大于中、西部地区。当 $\tau=0.1$ 时，父代收入位于收入顶端前 10%的东部地区家庭代际收入向下流动的概率超过 0.4，大于中、西部地区。西部地区父代收入百分位 51~100 的家庭代际收入向下流动的概率超过东、中部地区。

综上所述，低收入家庭居民的代际收入向上流动的概率最大，高收入家庭代际收入向下流动的概率最大。西部地区父代低中收入家庭代际收入向上流动的概率大于东、中部地区，流动的强度也比较大。

第六节　基于多项Logit模型的代际收入流动性影响因素分析

一、数据处理与变量描述

（一）数据处理

基于对不同群体居民家庭代际收入流动性的测度研究，下面主要从人力资本、社会资本和家庭背景三个方面研究不同群体居民家庭代际收入流动性的影响因素。本节使用TS2SLS中的CHNS父代和子代样本匹配数据，删去原始数据中父代收入有缺失值的样本以及子代教育和职业有缺失值的样本，最终得到本章使用的有效父子匹配样本3774对。将子代收入和父代收入分别排序，并分为5组，即可得到子代收入阶层变量和父代收入阶层变量。设置新的变量，用子代收入阶层减去对应的父代收入阶层，若结果为正，说明子代收入阶层相对父代发生了向上的流动，记为1；若结果等于0，说明子代收入阶层与父代收入阶层相同，代际收入未流动，记为0；若结果为负，说明子代收入阶层低于父代收入阶层，即代际收入向下流动，记为-1。

为了更加清楚地分析不同等级的教育和职业对居民代际收入流动性的影响情况，将TS2SLS中受教育年限作为受教育程度的指标，并设定为虚拟变量，分别为小学及以下、初中、高中、大专及以上；将职业评分划分为三个等级，并设定为虚拟变量，分别为低等职业、中等职业、高等职业。①

（二）变量说明

1. 父代与子代

父代仅代表父亲，本章所用数据为TS2SLS模型使用的主样本CHNS父子

① 刘志国，范亚静．教育与居民代际收入流动性的关系研究［J］．统计与决策，2014（22）：101-105.

匹配样本数据，并删除父亲原始收入和子代教育、职业有缺失值的样本之后剩余的3774对父子匹配样本。子代为CHNS中的户主，包括儿子和女儿。所用数据为对TS2SLS模型使用的数据删除缺失值以后的3774对父子匹配样本。

2. 父代收入阶层

父代收入阶层为数值型变量，将3774个样本中的父代收入从低到高排序，并分为5个阶层，从1到5分别表示低收入阶层、低中收入阶层、中等收入阶层、中高收入阶层以及高收入阶层。

3. 代际收入流动方向

代际收入流动方向为虚拟变量，如果子代收入阶层减去父代收入阶层的差值为负值，记为-1，表示向下流动；差值为0，记为0，表示不流动；差值为正值，记为1，表示向上流动，以不流动为参照。

4. 子代受教育程度

子代受教育程度为虚拟变量，将户主受教育程度划分成小学及以下、初中、高中、大专及以上，以小学及以下为参照。

5. 子代职业等级

子代职业等级为虚拟变量，按照附录19的职业评分方法，对子代职业进行评分，然后根据评分标准将职业分为三个等级，评分1~4分为低等职业，5~8分为中等职业，9~12分为高等职业，以低等职业为参照。

6. 父代年龄与子代年龄

父代年龄与子代年龄为数值型变量，父代年龄变量为原始数据中户主匹配的父亲的年龄值，子代年龄为原始数据中的户主年龄。

7. 父代户籍类型

父代户籍类型为虚拟变量，根据父亲出生时的户籍类型将父亲的户籍分为城镇和农村两类，其中城镇用1表示，农村用0表示。

本书前文已经详细介绍了居民收入阶层划分，参照国家统计局在《中国统计年鉴》中发布的关于我国居民收入的划分方法，将收入阶层划分为5组：低收入阶层（20%）、中等偏低收入阶层（20%）、中等收入阶层（20%）、中等偏上收入阶层（20%）、高收入阶层（20%）。本书前后对于收入阶层的划分一致，因此，此处将不再介绍父代收入阶层的划分。

代际收入流动影响因素主要变量见表 4-29。

表 4-29　代际收入流动影响因素主要变量说明

变量	符号	备注
代际收入流动方向	$mobility_i$	虚拟变量，向上流动记为 1，不流动记为 0，向下流动记为-1
子代受教育程度	edu_i^c	虚拟变量，$edu1_i^c=1$（小学及以下，参照），$edu2_i^c=1$（初中），$edu3_i^c=1$（高中），$edu4_i^c=1$（大专及以上）
子代职业等级	$occup_i^c$	虚拟变量，$occup1_i^c=0$（低等职业，参照），$occup2_i^c=1$（中等职业），$occup3_i^c=1$（高等职业）
子代年龄	age_i^c	数值变量，子代年龄范围 16~45 岁
父代年龄	age_i^f	数值变量，父代年龄范围 36~65 岁
父代户籍类型	$urban$	虚拟变量，城镇=1，农村=0
父代收入阶层	$rank_i^f$	数值变量，将父代收入从小到大排序并分为 5 组，分别为第 1 至第 5 阶层

（三）描述性分析

1. 全样本情况下

本节主要研究不同群体居民家庭代际收入流动性的影响因素差异情况和不同群体的代际收入流动方向，见表 4-30。

表 4-30　不同群体代际收入流动方向数量统计

流动方向	全样本	城镇	农村	东部地区	中部地区	西部地区
向上流动	1020	253	767	336	341	343
不流动	1637	656	981	598	637	402
向下流动	1117	459	658	370	432	315
总计	3774	1368	2406	1304	1410	1060

根据表 4-30，我国居民家庭代际收入不流动的人群占比最大，达到 43.4%；收入向下流动的人群次之，占比为 29.6%；收入向上流动的人群占

比最小，仅为27%。从户籍类型来看，城镇居民向上流动的占比为18.5%，远小于农村居民（31.9%）；向下流动人数占比达到33.6%，大于农村居民（27.3%）。由于农村父代收入阶层比较低，代际收入向上流动的空间更大，而城镇父代处于高收入阶层的人数比较多，子代收入向下流动的概率更大。

从区域差异性来看，东部地区（25.8%）和中部地区（24.2%）居民代际收入向上流动的占比相差不大，均小于西部地区（32.4%）。西部地区代际不流动的占比仅为37.9%，而对应的东、中部地区的占比均超过45%。中部地区向下流动的占比达到30.6%，超过东、西部地区。

我国居民不同流动方向的代际收入流动性影响因素相应变量描述性统计见表4-31。

表4-31　全样本居民家庭代际收入流动性影响因素描述性统计

变量	向上流动		不流动		向下流动	
	均值	标准差	均值	标准差	均值	标准差
edu_i^c	2.26	0.77	2.42	0.92	2.36	0.82
$occup_i^c$	1.47	0.61	1.56	0.70	1.53	0.68
age_i^c	24.70	4.76	23.97	4.49	22.69	3.95
age_i^f	52.46	5.59	51.58	5.44	50.34	5.27
$urban$	0.21	0.41	0.40	0.49	0.44	0.50
$rank_i^f$	2.16	1.09	3.08	1.55	3.65	1.03
N	1020	1020	1637	1637	1117	1117

父子匹配总样本数据中，无论代际收入是否流动，其子代的受教育程度均值均为2~3，说明子代平均受教育程度为初中毕业，但代际收入不流动的子代受教育程度和职业的均值都高于代际收入向上或向下流动的子代。从父代的户籍类型来看，子代收入向上流动的家庭，其父代户籍类型均值仅0.21，说明子代收入向上流动的家庭中，父代户籍类型为农村户籍的占比高于代际收入不流动或向下流动的家庭。代际收入向上流动的家庭父代的收入阶层最低，不流动次之，向下流动最高，可见子代收入向上流动的家庭中，父代收

入处于低收入的家庭较多，而收入向下流动的家庭中，父代收入为高收入家庭更多。

2. 分城乡样本

由表 4-32 可知，城镇子代受教育程度、职业等级、年龄以及父代收入阶层的均值都高于农村。对于城镇居民来说，在代际收入不流动的家庭，子代受教育程度和职业等级的均值较大。由于代际收入不流动的家庭父代收入比较高，使得子代虽然拥有较高学历和较好的职业，得到更高收入的可能性更大，但依然没能超过其父代。代际收入不流动和代际收入向下流动的城镇居民家庭，其父亲出生户籍为城镇的均值高达 0.93，远高于代际收入向上流动的家庭。可见，父亲出生户籍为城镇会对子代收入产生很大的影响，相对来说，父亲为农村户籍的家庭，其子代收入向上流动的概率更大。对于城镇代际收入向上流动的家庭来说，父代的收入阶层均值远低于其他二者对应的均值，可见子代收入的流动性与父代收入阶层有着密不可分的关系。对于农村居民来说，代际收入向上流动的家庭子代受教育程度和职业等级的均值均大于不流动和向下流动的家庭，充分体现了教育和职业等级对农村居民摆脱父代低收入阶层的重要意义。子代为农村户籍，其父亲出生户籍为城镇的家庭非常少。子代收入向下流动的家庭父代收入阶层均值最大，向上流动家庭对应均值最小。

表 4-32 城乡居民家庭代际收入流动性影响因素描述性统计

城乡	变量	向上流动		不流动		向下流动	
		均值	标准差	均值	标准差	均值	标准差
城镇	edu_i^c	2.86	0.77	3.04	0.83	2.87	0.73
	$occup_i^c$	1.90	0.69	2.00	0.69	1.92	0.69
	age_i^c	25.84	4.37	25.39	4.24	23.19	3.53
	age_i^f	53.50	5.10	53.10	4.81	51.24	4.95
	$urban$	0.72	0.45	0.93	0.26	0.93	0.25
	$rank_i^f$	2.86	1.09	3.91	1.24	3.94	0.92
	N	253	253	656	656	459	459

续表

城乡	变量	向上流动		不流动		向下流动	
		均值	标准差	均值	标准差	均值	标准差
农村	edu_i^c	2.06	0.66	2.00	0.73	2.00	0.67
	$occup_i^c$	1.33	0.51	1.26	0.52	1.26	0.51
	age_i^c	24.33	4.83	23.03	4.40	22.34	4.18
	age_i^f	52.12	5.71	50.57	5.60	49.72	5.40
	$urban$	0.04	0.19	0.04	0.20	0.09	0.29
	$rank_i^f$	1.92	0.99	2.52	1.49	3.45	1.06
	N	767	767	981	981	658	658

3. 分地区样本

从表 4-33 中可以看出，东部地区子代受教育程度、职业等级、父代收入阶层以及父代户籍的均值都高于中、西部地区。相比之下，中、西部地区与东部地区存在较大的差异，而中、西部地区之间差异不大。

表 4-33　各地区居民家庭代际收入流动性影响因素描述性统计

地区	变量	向上流动		不流动		向下流动	
		均值	标准差	均值	标准差	均值	标准差
东部地区	edu_i^c	2.50	0.80	2.74	0.93	2.58	0.74
	$occup_i^c$	1.66	0.64	1.77	0.71	1.65	0.68
	age_i^c	25.21	4.78	24.90	4.49	22.88	3.96
	age_i^f	52.26	5.30	51.86	5.50	50.15	5.26
	$urban$	0.31	0.46	0.55	0.50	0.53	0.50
	$rank_i^f$	2.54	1.14	3.73	1.39	3.85	0.98
	N	336	336	598	598	370	370
中部地区	edu_i^c	2.23	0.74	2.29	0.88	2.38	0.84
	$occup_i^c$	1.38	0.59	1.47	0.67	1.56	0.70
	age_i^c	24.62	4.92	23.50	4.50	22.45	3.75
	age_i^f	51.36	5.68	50.91	5.46	49.90	5.28
	$urban$	0.18	0.38	0.34	0.47	0.45	0.50
	$rank_i^f$	2.09	1.04	2.76	1.53	3.66	1.05
	N	341	341	637	637	432	432

续表

地区	变量	向上流动		不流动		向下流动	
		均值	标准差	均值	标准差	均值	标准差
西部地区	edu_i^c	2.05	0.70	2.15	0.85	2.07	0.78
	$occup_i^c$	1.38	0.55	1.39	0.63	1.37	0.61
	age_i^c	24.29	4.54	23.36	4.26	22.79	4.18
	age_i^f	53.76	5.54	52.25	5.20	51.19	5.18
	$urban$	0.14	0.35	0.26	0.44	0.31	0.46
	$rank_i^f$	1.85	0.96	2.63	1.49	3.41	1.03
	N	343	343	402	402	315	315

具体来看，东部地区收入不流动的子代受教育程度和职业等级均值都高于收入向上和向下流动的子代。代际收入向上流动的家庭父亲出生时的户籍为城镇的均值比较小，父亲的收入阶层相对较低。中部地区代际收入向下流动的子代受教育程度和职业等级均值都大于收入不流动或向上流动的子代，而父代出生户籍为城镇的均值和收入阶层的均值都大于其他流动方向。西部地区代际收入不流动的家庭子代受教育程度和职业等级均值相对更大，而代际收入向上流动的家庭父代出生户籍为城镇的均值和父代收入阶层的均值都比较小，可见西部地区代际收入向上流动的家庭中父代收入相对较低。东、西部地区代际收入不流动的子代受教育程度和职业等级均值大于同地区代际收入向上和向下流动的对应均值，而中部地区代际收入向下流动的子代受教育程度和职业等级更高。代际收入向下流动的家庭中，父代收入阶层普遍高于代际收入向上流动和不流动的家庭。

二、居民代际收入流动性影响因素分析

在研究人力资本、社会资本以及家庭背景对我国居民代际收入流动性的影响时，为了简化处理，将教育作为人力资本的替代变量，将职业作为社会资本的替代变量，以父代年龄、户籍和收入阶层代表家庭背景变量。通过城乡对比和东、中、西部差异性对比，对我国居民代际收入流动性的影响因素进行系统的研究。

使用多项式 Logit 模型对我国整体居民家庭代际收入流动性影响因素进行研究，根据表 4-34 的计算结果，子代人力资本、社会资本以及家庭背景都会对代际收入流动产生影响。总体来看，子代的教育和职业与代际收入向上流动和不流动的对数概率比之间呈正相关，说明教育和职业会促进代际收入向上流动。

子代受教育程度对代际收入向上流动有着非常重要的促进作用，初中、高中、大专及以上学历的子代均比小学及以下学历的子代更有可能在收入阶层上超过其父代，子女受教育程度是影响代际收入流动的诸多因素中最为重要的因素。对代际收入向上流动的贡献率最高，并且各级教育的贡献随着教育等级的提高逐渐提高，接受过大专及以上学历的子代收入向上流动的概率最高。同时，子代受教育程度对代际收入向下流动的系数为负且显著，说明受教育程度越高，代际收入向下流动的可能性越小。

表 4-34　全样本居民家庭代际收入流动性影响因素的多项式 Logit 模型估计结果

影响因素	向上流动		向下流动	
	系数	标准误	系数	标准误
$edu2_i^c$	0.412***	0.129	-0.060	0.128
$edu3_i^c$	0.623***	0.224	-0.127	0.153
$edu4_i^c$	0.865***	0.159	-1.301***	0.198
$occup2_i^c$	0.787***	0.111	-0.301***	0.102
$occup3_i^c$	0.210	0.192	-0.123	0.158
age_i^f	0.049***	0.008	-0.050***	0.008
urban	-0.837***	0.115	0.225**	0.098
$rank_i^f$	-0.614***	0.041	0.483***	0.036
_cons	-1.962***	0.429	0.782*	0.412
N	1020	1020	1117	1117
Pseudo R^2	0.128	0.128	0.128	0.128

注：*、**、*** 分别表示在 10%、5%和 1%的显著性水平下显著。

子代职业对代际收入向上流动整体上起促进作用。中等职业相对于低等职业收入向上流动的系数显著为正，向下流动的系数显著为负，说明中等职业比低等职业的子代收入向上流动的概率更大，向下流动的可能性更小。高等职业对子代收入向上流动与向下流动的影响均不显著，说明子代在初次就业中，由于就业为高等职业而带来收入跨越阶层短期内难以实现。由于高等职业对居民各方面素质的要求较高，因而进入高等职业的子代大多需要具备一定的专业技术、文化水平等条件，而这些条件的获取需要付出一定的时间，因而可能使得一些年龄相对较小的子代虽然拥有高等职业，但因为工作经验的欠缺，在收入方面与已经工作多年的中等职业的同龄人相比还存在一定的差距，但这种差距会随着子代年龄的增长逐渐改变。

家庭背景对子代的收入流动影响非常显著。具体来看，随着父代年龄的增长，子代向上流动的机会更大。根据生命周期理论，个体一生中收入在中年时期达到顶峰，随着父代年龄的增长，会逐渐偏离中年时期，而子代会越来越接近中年时期，因此可能出现父代收入下降、子代收入上升的趋势，从而使得子代收入向上流动的机会更大。从父亲出生户籍的系数可以看出，父亲为城镇户籍的家庭，子代收入向上流动的机会小于父亲为农村户籍的家庭，向下流动的机会大于父亲为农村户籍的家庭。父亲收入阶层越高，子代收入向上流动的可能性越小。

三、城乡居民代际收入流动性影响因素分析

为了研究城乡家庭代际收入流动性影响因素之间的差异，下面使用多项式 Logit 模型对城乡代际收入流动性影响因素进行研究。

从表 4-35 中可以看出，城镇居民家庭背景对其代际收入流动性的影响最显著，父代户籍以及父代收入阶层对城镇子代收入向上流动与不流动对数比的系数为负值，而代际收入向下流动与不流动对数比的系数为正值，说明父代为城镇居民，子代收入向下流动的概率大，即父代收入阶层越高的家庭，子女收入向上流动的概率越小。由于父亲出生于城镇户籍的家庭一般家庭背景会相对更好，子女收入阶层相对于父辈进一步提升的空间也相对较小。城镇居民子代受教育程度与职业等级对代际收入流动性影响不显著，但受教育程度影响系数在高中及大专以上均为正，并随着层次的提升而增加，说明受

教育程度对代际收入向上流动有积极的作用。

对于农村居民来说，受教育程度对子代收入向上流动的系数为正并具有显著的影响，而对于向下流动的影响系数为负，说明随着受教育程度的层次的提高，农村居民代际收入向上流动的概率加大，且相对城镇来说趋势更为明显。此外，子代的职业等级在中等职位时对代际收入向上流动具有显著的正影响，即代际收入向上流动的概率大，代际收入向下流动影响系数为负进一步说明向下流动的概率小，而子代职位在高层次时对代际收入向上流动与向下流动的影响均不显著。父代收入阶层对子代代际收入流动与城镇居民具有相同的逻辑。

表 4-35　城乡居民家庭代际收入流动性影响因素的多项式 Logit 模型估计结果

影响因素	城镇		农村	
	向上流动	向下流动	向上流动	向下流动
$edu2_i^c$	-0. 220 (0. 556)	0. 253 (0. 489)	0. 397*** (0. 134)	-0. 109 (0. 138)
$edu3_i^c$	0. 425 (0. 553)	0. 406 (0. 485)	0. 848*** (0. 181)	-0. 219 (0. 193)
$edu4_i^c$	0. 551 (0. 581)	-0. 501 (0. 501)	0. 137 (0. 372)	-1. 529*** (0. 364)
$occup2_i^c$	0. 117 (0. 204)	-0. 155 (0. 155)	1. 046*** (0. 135)	-0. 445*** (0. 147)
$occup3_i^c$	-0. 166 (0. 263)	-0. 043 (0. 199)	-0. 236 (0. 359)	-0. 236 (0. 311)
age_i^f	0. 030* (0. 017)	-0. 072*** (0. 013)	0. 056*** (0. 009)	-0. 039*** (0. 010)
urban	-1. 592*** (0. 228)	0. 216 (0. 249)	0. 167 (0. 268)	0. 594*** (0. 223)
$rank_i^f$	-0. 821*** (0. 080)	0. 161** (0. 065)	-0. 578*** (0. 050)	0. 626*** (0. 046)
_cons	1. 309 (1. 08)	2. 541*** (0. 882)	-2. 472*** (0. 489)	-0. 133 (0. 517)

续表

影响因素	城镇		农村	
	向上流动	向下流动	向上流动	向下流动
N	253	459	767	658
Pseudo R^2	0. 115	0. 115	0. 142	0. 142

注：括号内数字表示系数估计量的标准误，*、**、*** 分别表示在 10%、5%和 1%的显著性水平下显著。

四、各地区居民代际收入流动性影响因素分析

我国东、中、西部地区在很多方面存在差异性，因此，可使用多项式 Logit 模型对代际收入流动性影响因素之间的区域性差异进行研究。根据表 4-36，整体来看，人力资本、社会资本和家庭背景对我国东、中、西部居民家庭代际收入流动都有不同程度的影响。

表 4-36　各地区居民家庭代际收入流动性影响因素的多项式 Logit 模型估计结果

影响因素	东部地区		中部地区		西部地区	
	向上流动	向下流动	向上流动	向下流动	向上流动	向下流动
$edu2_i^c$	0. 740** (0. 308)	0. 715** (0. 341)	0. 533*** (0. 208)	-0. 103 (0. 205)	0. 132 (0. 204)	-0. 197 (0. 207)
$edu3_i^c$	1. 376*** (0. 347)	0. 778** (0. 364)	0. 987*** (0. 256)	-0. 144 (0. 248)	0. 493* (0. 274)	-0. 377 (0. 279)
$edu4_i^c$	1. 297*** (0. 405)	-0. 351 (0. 406)	0. 713* (0. 388)	-1. 182*** (0. 322)	-0. 448 (0. 555)	-1. 824*** (0. 438)
$occup2_i^c$	0. 715*** (0. 187)	-0. 280* (0. 161)	0. 463** (0. 193)	-0. 244 (0. 172)	1. 126*** (0. 213)	-0. 332 (0. 221)
$occup3_i^c$	0. 235 (0. 301)	-0. 192 (0. 251)	0. 115 (0. 327)	0. 007 (0. 254)	-0. 053 (0. 433)	-0. 216 (0. 356)
age_i^f	0. 070*** (0. 015)	-0. 062*** (0. 014)	0. 029** (0. 013)	-0. 047*** (0. 013)	0. 061*** (0. 015)	-0. 041*** (0. 016)
urban	-1. 015*** (0. 191)	0. 202 (0. 163)	-0. 874*** (0. 199)	0. 320** (0. 162)	-0. 689*** (0. 231)	0. 202 (0. 199)

续表

影响因素	东部地区		中部地区		西部地区	
	向上流动	向下流动	向上流动	向下流动	向上流动	向下流动
$rank_i^f$	-0.862*** (0.074)	0.240*** (0.066)	-0.429*** (0.067)	0.617*** (0.059)	-0.619*** (0.079)	0.624*** (0.072)
_cons	-2.431*** (0.795)	1.315* (0.747)	-1.569** (0.695)	0.158 (0.674)	-2.362*** (0.806)	0.306 (0.823)
Observations	336	370	341	432	343	315
Pseudo R^2	0.143	0.143	0.120	0.120	0.159	0.159

注：括号内数字表示系数估计量的标准误，*、**、*** 分别表示在10%、5%和1%的显著性水平下显著。

东部地区子代不同受教育程度对代际收入向上流动与不流动的对数比系数均为正值，且在5%的显著性水平下显著，说明低学历子代收入向上流动的概率比较小。教育和代际收入向上流动整体呈正相关，但大专及以上学历的子代收入向上流动的机会却略低于高中。一方面，可能是受子代年龄和工作经验的影响，短期内大专及以上子代收入向上流动的概率小于高中；另一方面，也可能是由于高学历子代的父代收入阶层较高，使得子代收入向上流动的空间比较小，初中和高中学历的子代向上流动的概率高于小学，但收入向下流动的概率也高于小学，可见初中和高中学历的子代收入流动的方向不确定性比较大。中部地区受教育程度对子代收入向上流动的影响和东部地区类似，但大专及以上学历的子代收入向下流动的概率远小于低学历子代，且在1%的显著性水平下显著。西部地区只有高中学历对子代收入向上流动的影响比较显著，且系数为正值，大专及以上学历的子代收入向下流动的系数显著且为负，可见西部地区高学历子代收入向下流动的概率非常小。西部地区经济发展相对落后，一方面，西部地区父代收入在全国的排名比较靠后，子代收入向下流动的空间相对较小；另一方面，西部地区近年来发展很快，教育对西部地区居民收入具有较大影响，高学历人才能得到重用。

中等职业比低等职业的子代收入向上流动机会更大，从系数大小来看，西部地区职业系数的差值更大。虽然各地区中等职业向下流动的可能性均小于低等职业，然而仅东部地区的系数显著。高等职业对代际收入流动的影响均不显著，西部地区中等职业对向上流动的影响高于低等职业的差值远大于其他地区。

第七节　本章小结

本章首先对我国收入差距现状进行分析，在此基础上，利用代际收入弹性、转移概率矩阵法以及秩流动性方法对造成收入差距的代际收入流动性进行测度，并按照全国、城乡、地区的划分对代际收入流动性进行差异性分析，主要分为以下几部分：

第一，本章使用基尼系数对收入差距进行分析。分析发现，全国居民2003—2019年的收入基尼系数在平均水平0.476上下波动，整体趋势较为平稳。分城乡来看，2003—2019年城镇地区收入基尼系数在平均水平0.322上下波动，农村地区收入基尼系数在平均水平0.369上下波动，农村地区的经济发展水平差异相比城镇而言较大。分地区来看，在中、东、西部地区，中部地区各省份的经济发展水平差异最小，收入基尼系数平均为0.37上下。

第二，本章采用2010—2018年的匹配数据对代际收入流动性趋势进行研究。研究发现，全国家庭居民父代收入对子代收入影响显著。2010—2018年各年份代际收入弹性较低且呈现下降趋势，整体代际收入弹性由2010年的0.416下降到2018年的0.165，城镇代际弹性的总体波动要大于农村代际弹性；西部地区的代际收入弹性变动较为明显，而东部、中部地区居民的代际收入弹性变动稍显稳定。

第三，为克服单样本数据库带来的测量偏误与数据限制，本章利用TS2SLS法对父代收入方程系数进行估计，并在此基础上对代际收入流动性进行测量。研究得出，全国父亲与子代之间的代际收入弹性系数为0.551，城乡之间的代际收入流动性存在较大的差异，农村居民的代际收入弹性为0.637，明显高于城镇代际收入弹性0.340。此外，我国东、中、西部地区居民家庭代际收入弹性存在显著的差异，东、中、西部地区代际收入弹性分别为0.354、0.620

和 0.484，东部地区代际收入弹性最小，西部地区次之，中部地区最大。

第四，运用转移概率矩阵法对代际收入流动性进行非参数测度。对比 2016 年、2018 年数据可以看出，父代收入为高收入阶层时，子代也处于高收入阶层。对比各年收入代际转移矩阵指标测度值可以看出，代际流动性向着好的方向发展，情况较为乐观。不管是城镇还是农村地区，收入阶层越趋向极端的父代子代，其阶层变化越不明显，城镇居民子代向上流动的趋势和农村居民向上流动的趋势越相近。东、中、西部地区父代和子代的代际收入流动性有明显的差异，中部地区的代际流动性（向上/向下）比东部地区和西部地区强，向上流动性从东部地区到西部地区呈现先增加、后减少的趋势；从子代收入进入高收入等级的概率看，从东部地区到西部地区，低收入群体子代向高收入群体流动的趋势逐渐增强。

第五，分阶层、分地区运用方向性秩流动性系数法对代际收入流动方向的情况进行研究。研究发现，对于所有中低收入家庭父代而言，向上流动的概率会随着父代百分位范围的扩大出现一定程度的下降，而对于中高收入家庭而言，向下秩流动性会随着父代百分位范围的扩大而呈递减趋势。城乡间不同收入阶层的代际收入向上流动呈现出较大的差异性，具体表现为城镇中高收入家庭代际收入向下流动的概率和强度整体上大于农村。此外，从区域差异性角度研究发现，东部地区父亲中高收入家庭整体代际收入向下流动的概率最高，中部地区次之，西部地区最低。

第六，本章对代际收入流动性影响因素进行全面分析。研究发现，子代人力资本、社会资本以及家庭背景都会对代际收入流动产生影响。城镇居民家庭背景对其代际收入流动性的影响最显著，父亲为农村户籍的家庭子代收入向上流动的机会更大，代际收入向下流动的可能性更小。人力资本、社会资本和家庭背景对我国东、中、西部地区居民家庭代际收入流动都有不同程度的影响。东部地区父亲年龄对子代收入向上流动与不流动对数比的系数值最大，西部地区最小，这说明随着父亲年龄的增长，子代收入向上流动的机会更多，向下流动的可能性更小。东部地区经济发展较好，父代位于高收入阶层的家庭远超过中、西部地区，因而东部地区子代收入向上流动的空间比较小。

第五章　居民家庭收入差距代际传递影响因素测度：人力资本

本书的研究目的是从统计学角度构建统计测度模型，分析各因素对居民家庭收入差距代际传递的影响。为了更系统全面地研究不同因素的影响，本书在居民家庭收入差距代际传递机制与所构建指标体系的基础上，通过构建统计测度模型，从人力资本、社会资本、财富资本和自然禀赋四个角度分别进行实证研究。

本章结合人力资本代际传递机制和人力资本指标体系，借助代际交叠模型探究父代人力资本对子代的直接传递效应和间接传递效应；采用 2010—2018 年 25 个省市的非平衡面板数据，研究教育及健康人力资本对居民家庭代际收入的影响；运用多层线性模型（HLM）和个体、家庭与区域相结合的方法探究人力资本不平等对居民家庭代际收入的影响，避免了传统回归模型的单层次数据分析方法，忽略了个体特征与环境背景因素的共同作用及从属于不同社会环境的异质性而带来的误差。

第一节　数据说明与变量描述

一、数据处理与变量说明

本章择取具有代表性的指标来衡量人力资本，基于 2010 年、2014 年和

2018 年的 CFPS 数据，将子代作为参照点分离出对应的父代数据。根据家庭和个体编号对父代与子代样本进行配对，整合出以子代收入为因变量，父代收入和人力资本为自变量，城乡、年龄等为控制变量的配对样本。此外，本章对父代、子代总收入进行上下 1%的缩尾处理，同时剔除数据缺失或者关键信息不匹配的样本，最后处理得到三个年份的有效配对样本量，分别为 1834 对、3922 对和 2614 对。变量定义与说明见表 5-1。

表 5-1　变量定义与说明

变量类型	变量名称	符号	说明
因变量	子代收入对数	$\ln y^c$	子代年总收入水平，与 2010 年可比
	父代收入对数	$\ln y^f$	父代年总收入水平，与 2010 年可比
自变量	自评健康状况	*health*	1=很差，2=差，3=中等，4=好，5=很好
	个体健康水平	*SAH*	经过近似连续化处理的自评健康状况，数值介于 0~1，越接近于 1，表明个体健康水平越高
	受教育年限	*edu*	0=文盲/半文盲，6=小学，9=初中，12=高中，15=大专，16=本科，19=研究生及以上
	教育培训支出	*eduExp*	家庭教育培训支出，进行对数化处理
	医疗保健支出	*medExp*	家庭医疗保健支出，进行对数化处理
	交通通信工具费	*traffExp*	家庭交通通信工具费，进行对数化处理
	教育不平等测度	*inedu*	数值介于 0~1，越接近于 1，表明教育不平等程度越高
	健康不平等测度	*inhea*	数值介于-1~1，其绝对值越大，说明不平等程度越大
控制变量	性别	*gender*	男性=1，女性=0
	年龄	*age*	16~65 岁
	城乡分类	*urban*	城市=1，农村=0

（一）配对样本

针对大多数中国家庭均以父亲经济收入为主导的现象，仅选择家庭中父亲收入与子代收入配对。

（二）调整收入

采用工作总收入作为收入指标，同时为了使所有年份具有可比性，收入数据基于 2010 年 CPI 进行消除通货膨胀处理。

（三）筛选年龄

为了保证收入的稳定性，剔除父代离职退休及大于 65 岁的样本和子代年龄小于 16 岁及仍在上学的样本，去掉父代、子代年龄差小于 18 的样本。

（四）人力资本水平

除父代、子代受教育程度与自评健康状况外，还包含三方面内容，即家庭教育培训支出、家庭医疗保健支出、家庭交通通信支出，对其进行对数化处理。

（五）个体健康水平（*SAH*）

本书选择 CFPS 数据库中个体自评健康值（*SAH*），（很差=1，差=2，中等=3，好=4，很好=5）作为个体健康水平的度量指标。研究过程中，用 Erreygers 指数对健康不平等进行测算，*SAH* 指标值是离散型数据，而 Erreygers 指数测算方法是针对连续型数据提出的，因此需要对个体健康水平的指标数据进行预处理，将离散数据处理成近似连续数据。本书利用有序 Probit 模型得出 *SAH* 的拟合值。同时，根据研究需要，将个体健康状况预测值转换至［0，1］，通过式（5.1）得到个体的连续型 *SAH* 数值：

$$SAH_i = \frac{x_i\beta - \min(x_i\beta)}{\max(x_i\beta) - \min(x_i\beta)} \tag{5.1}$$

（六）人力资本不平等指标

通过式（3.77）与式（3.78）对教育不平等程度以及健康不平等程度进行测度。其中，对健康不平等程度（$inhea_i$）的测度采用了 Erreygers 指数，通过在个体健康水平（SAH_i）的基础上进行测算，具体计算公式如下：

$$inhea_i = \frac{8}{n^2[\max(SAH) - \min(SAH)]}\sum_{i=1}^{n}\left(\frac{n+1}{2} - \lambda_i\right)SAH_i \tag{5.2}$$

二、变量描述性统计

从表5-2中可以看出，子代收入逐年增加，父代收入在三个年份先减后增，呈“U”形增长趋势，这与当下居民的收入现状相符合；子代收入在三个年份中呈上升趋势，并由2010年的12566元快速增长到2018年的27642元。此外，子代收入标准差呈现逐年增加的趋势，表明各年子代收入差距呈扩大趋势。子代的平均年龄为27岁左右，父代平均年龄为54岁左右；子代年龄和父代年龄呈平缓增长趋势，子代年龄具体变化由2010年的26岁到2018年的28岁，父代年龄由2010年的53岁增长为2018年的55岁。

表5-2　变量描述统计

变量		2010年		2014年		2018年	
		均值	标准差	均值	标准差	均值	标准差
收入/元	父代	14083	26856	9008	18486	15131	24467
	子代	12566	15064	14927	21659	27642	32919
年龄/岁	父代	53.09	6.450	53.89	6.360	54.59	5.890
	子代	26.39	5.910	27.27	5.740	28.34	5.510
受教育年限/年	父代	6.190	4.500	6.310	4.420	7.050	4.080
	子代	8.930	4.150	9.320	4.210	10.83	3.860
健康状况	父代	4.260	0.920	3.070	1.220	3.020	1.190
	子代	4.620	0.640	3.640	1.050	3.490	1.020
自评健康	子代	4.148	1.029	3.141	1.217	2.998	1.204
教育培训支出/元	家庭	2050	4294	2938	7449	4934	8002
医疗保健支出/元	家庭	3525	9043	5706	14764	6850	17215
交通通信支出/元	家庭	4860	8608	5806	6157	7822	7898

通过对比可以看出，子代、父代受教育年限随时间发展而不断增加，并且表现为子代受教育年限大于父代受教育年限的现象。子代、父代健康状况随年份增加逐渐变差，子代健康状况在2010年、2014年、2018年的表现分别为健康状况良好（4.620）、健康状况趋于好（3.640）以及健康处于中等状态（3.490）。而父代健康状况在三年间分别为4.260、3.070、3.020，即父代

健康状况水平在不断下降，同时可以看出，子代健康状况优于父代健康状况。

家庭对于教育培训、医疗保健、交通通信的支出占比在不断上涨。每年人力资本支出中，交通通信支出最多，其次是医疗保健支出，最少的是教育培训支出。教育培训支出从2010年的2050元增长到2018年接近4934元；医疗保健支出从2010年3525元增长到2018年的6850元，涨幅平缓；交通通信支出占比最多，2010年为4860元，2014年5806元，2018年则提高至7822元。

第二节　模型构建

一、人力资本代际交叠模型

基于式（3.64）~式（3.66）直接传递模型考虑内生性问题，本章通过联立方程模型（SE）来验证人力资本对居民收入差距代际传递的影响。代际收入传递模型通常将子代人力指标作为普通自变量纳入模型，但是没有考虑变量的内生性问题，Qin等（2016）对其进行了改进，① 将父代人力资本水平视为工具变量（Ⅳ），先对子代人力资本指标进行估计，再用得到的估计值作为模型的子变量，可得到

$$\text{Level1}: edu2_i^c = \eta_0 + \eta_1 \ln y_i^f + \eta_2 edu_i^f + \eta_3 health1_i^c + \eta_4 X_i + \varepsilon_i \tag{5.3}$$

$$health2_i^c = \omega_0 + \omega_1 \ln y_i^f + \omega_2 health_i^f + \omega_3 edu1_i^c + \omega_4 X_i + \varepsilon_i \tag{5.4}$$

$$\text{Level2}: \ln y_i^c = \varphi_0 + \varphi_1 \ln y_i^f + \varphi_2 edu2_i^c + \varphi_3 health2_i^c + \varphi_4 X_i + \nu_i \tag{5.5}$$

其中，$\ln y_i^c$ 表示子代永久收入的对数值，$\ln y_i^f$表示父代永久收入的对数值，X_i 表示性别、年龄、城乡类型等控制变量。Level1模型使用父代人力资本作为工具变量得到子代人力资本拟合值，再将拟合值代入Level2模型，以

① Qin X, Wang T, Zhuang C C. Intergenerational transfer of human capital and its impact on income mobility: Evidence from China [J]. China Economic Review, 2016, 38 (5): 306-321.

此来研究居民代际收入流动性问题。本章使用变量 $health1_i^c$ 与 $edu1_i^c$ 表示子代自评健康状况与子代受教育年限，使用变量 $health2_i^c$ 与 $edu2_i^c$ 表示 Level1 模型中得到的子代人力资本拟合值。

二、人力资本面板数据回归模型

本章在传统面板数据回归模型（3.37）的基础上，进一步考察人力资本对居民家庭代际收入的影响，并在传统的双对数代际收入模型基础上引入子代受教育年限、子代自评健康值构建模型，建立的面板回归模型如下：

$$\ln y_{i,t}^c = \beta_0 + \beta_1 \ln y_{i,t}^f + \beta_2 age_{i,t}^c + \beta_3 (age_{i,t}^c)^2 + \beta_4 age_{i,t}^f + \beta_5 (age_{i,t}^f)^2 + \beta_6 SAH_{i,t} + \beta_7 edu_{i,t}^c + \varepsilon_{i,t} \tag{5.6}$$

其中，下标包含两个维度，i 代表样本维度，$i=1$，…，n，表示第 n 个家庭观测样本；t 代表时间维度，$t=2010$，…，2018，表示研究的时间范围。$\ln y_{i,t}^c$、$\ln y_{i,t}^f$ 分别表示 t 年第 i 家庭的子代收入及父代收入的对数；$age_{i,t}^c$、$age_{i,t}^f$ 分别表示 t 年第 i 家庭的子代年龄及父代年龄；$(age_{i,t}^c)^2$、$(age_{i,t}^f)^2$ 分别表示 t 年第 i 家庭的子代年龄及父代年龄的平方；$edu_{i,t}^c$ 表示 t 年第 i 个家庭子代受教育程度；$SAH_{i,t}$ 表示 t 年第 i 个家庭子代自评健康状况值；$\varepsilon_{i,t}$ 为模型残差项。

三、人力资本多层线性模型

本章参考居民收入差距传递统计测度方法中的多层线性模型，结合式（3.52）~式（3.60）构建家庭—区域多尺度下的居民家庭代际收入差距传递的研究模型。模型中既包含第一层变量，又包含第二层变量，即采用第一层模型的斜率及截距对第二层变量进行回归，主要探究第一层变量与第二层变量如何共同作用于因变量，即父代收入以及其他因素对子代收入的影响。构建综合模型如下：

$$\ln y_i^c = \beta_{0,0} + \beta_{0,1} \cdot G + \beta_{0,2} \cdot E + \beta_{1,0} \ln y_i^f + \beta_{1,1} \cdot \ln y_i^f \cdot G + \beta_{1,2} \cdot \ln y_i^f \cdot E + \beta_{2,0} \cdot age_i^c + \beta_{2,1} \cdot (age_i^c)^2 + \beta_{3,0} \cdot age_i^f + \beta_{3,1} \cdot (age_i^f)^2 + \varepsilon_i \tag{5.7}$$

其中，$\ln y_i^c$ 为子代收入的对数，G 指的是教育不平等指数 $inedu$，E 为健康不平等指数 $inhea$。此外，$\ln y_i^f \cdot G$ 和 $\ln y_i^f \cdot E$ 分别为父代收入对数与教育不平等指数、健康不平等指数的交叉项，age_i^c、age_i^f 分别为子代、父代在第 i 年的年龄，$(age_i^c)^2$、$(age_i^f)^2$ 分别为子代、父代在第 i 年年龄的平方。

第三节 人力资本代际交叠模型结果分析

本节分为两部分，第一部分使用式（3.60）~式（3.63）得到 2010 年、2014 年以及 2018 年的人力资本间接传递效应模型（见表 5-3）。从各年份回归效果来看，代际收入弹性表现为先增加、后减少的趋势。第二部分基于式（3.64）~式（3.66）研究人力资本直接效应对代际收入的影响程度（见表 5-4），此部分包括两个阶段，第一阶段使用父代人力资本作为工具变量对 $edu2_i^c$ 和 $health2_i^c$ 进行估计，第二阶段再将 $edu2_i^c$ 和 $health2_i^c$ 作为工具变量代入式（5.5），得到人力资本直接效应对代际收入的影响程度。

一、人力资本间接传递效应分析

人力资本间接传递效应模型共引入 5 个变量，其中教育培训主要包括受教育年限、教育培训支出 2 个变量；医疗保健主要包括医疗保健支出、健康状况 2 个变量；交通通信主要包含交通通信工具费，并且对收入型、支出型以及费用型的变量进行对数化处理。本节主要从以下两方面对人力资本间接传递效应进行分析。

（一）对人力资本间接传递效应按照年份依次进行分析

先对 2010 年的回归结果进行分析。根据表 5-3 中模型 1 可以看出，代际收入弹性为 0.322，这意味着父代收入每增 1%，子代收入将平均增加 0.322%；同时可以看出，家庭教育培训支出系数在 1% 的水平下显著，为 0.125，即代表家庭教育培训支出对子代收入影响较为显著。从模型 2 可以看出，代际收入弹性为0.295，可以看出模型1与模型2的代际收入弹性存在细微差异；同时可以看出，交通通信支出的回归系数正向显著，为0.123，表明交通通信支出对子代收入具有显著影响。对2014年的回归结果进行分析，可以从模型3看出代际收入弹性为0.331；同时可以看出，子代受教育年限对子代收入的影响是正向的且在1%水平下显著，即子代受教育年限每增加一年，子代收入平均增加2.5%。模型4中的代际收入弹性为0.291，可以看出在加入健康因素之后代际收入弹性出现下降的现象；同时可以看出，交通通信支出对子代收入影响较小，系数为0.096。最后对2018年的回归结果进行分析。从模型5和模型6可以看出，代际收入弹性分别为0.165和0.151，交通通信支出与子代收入在10%水平下显著，为0.078。

表 5-3　2010 年、2014 年及 2018 年我国人力资本间接传递效应模型

变量	2010 年		2014 年		2018 年	
	模型 1	模型 2	模型 3	模型 4	模型 5	模型 6
$\ln y_i^f$	0.322*** (0.025)	0.295*** (0.026)	0.331*** (0.024)	0.291*** (0.025)	0.165*** (0.036)	0.151*** (0.039)
age_i^f	0.014 (0.079)	-0.045 (0.077)	0.091 (0.089)	0.052 (0.089)	0.163 (0.102)	0.233** (0.110)
age_i^c	0.377*** (0.044)	0.366*** (0.045)	0.120** (0.048)	0.123** (0.048)	0.082 (0.057)	0.053 (0.061)
$(age_i^c)^2$	-0.007*** (0.001)	-0.006*** (0.001)	-0.002** (0.001)	-0.002** (0.001)	-0.002** (0.001)	-0.002** (0.001)
$edu1_i^c$	0.075*** (0.008)	0.075*** (0.008)	0.025*** (0.008)	0.023*** (0.008)	0.030*** (0.010)	0.026*** (0.010)
$eduExp$	0.125*** (0.029)	0.118*** (0.032)	-0.004 (0.032)	-0.017 (0.034)	0.025 (0.027)	0.026 (0.029)
$health1_i^c$		0.096 (0.063)		0.004 (0.031)		-0.020 (0.028)
$medExp_i$		-0.028 (0.031)		0.099** (0.040)		0.016 (0.033)

续表

变量	2010 年		2014 年		2018 年	
	模型 1	模型 2	模型 3	模型 4	模型 5	模型 6
$traffExp_i$		0.123*** (0.043)		0.096* (0.051)		0.078* (0.040)
N	1545	1512	882	862	494	451
R^2	0.303	0.311	0.263	0.232	0.144	0.145

注：*、**、*** 分别表示各变量在 10%、5%及 1%水平上通过显著性检验，括号内对应标准误。

（二）比对不同年份人力资本间接传递效应对子代收入的影响

从表 5-3 中可以看出，2010 年、2014 年及 2018 年人力资本间接传递效应中代际收入弹性呈现倒“U”形，且整体呈下降趋势，说明代际收入流动性增强。三个不同年份的子代受教育年限与子代收入均呈显著正相关，且回归系数大小随年份呈“U”形分布，表现为 2010 年的影响程度最大，为 0.075；其次是 2018 年的影响程度，为 0.030；最小的是 2014 的影响系数，为 0.025，且 2010 年教育培训支出对子代收入影响显著且系数为正，为 0.125。在加入子代健康状况变量、医疗保健支出、交通通信支出后，由模型 2、模型 4、模型 6 可以发现 2010—2018 年的代际收入弹性呈现下降趋势，子代受教育程度对子代收入影响均在 1%的水平下显著，且系数为正；2010 年教育培训支出对收入有正向影响，系数为 0.118；同时可以发现，2014 年医疗保健支出对子代收入影响显著且系数为正（0.099）。此外，交通通信支出对子代收入影响显著，尤其是 2010 年交通通信支出系数为 0.123，在三个年份中影响系数最大。

从人力资本间接传递效应模型中可以看出，子代健康状况、子代教育培训支出的影响不明显（除 2010 年外），医疗保健支出虽然在 2014 年达到了至少 5%的置信水平显著，但在其他年份这两个变量仍存在不显著以及弱相关的现象，对子代人力资本的代际传递解释程度不高，因此本章试图借助人力资本直接传递效应模型对其进行研究。研究结果见表 5-4。

表 5-4　2010 年、2014 年及 2018 年我国人力资本直接传递效应模型

因变量	2010 年				2014 年				2018 年			
	$edu2_i^c$	$\ln y_i^c$	$health2_i^c$	$\ln y_i^c$	$edu2_i^c$	$\ln y_i^c$	$health2_i^c$	$\ln y_i^c$	$edu2_i^c$	$\ln y_i^c$	$health2_i^c$	$\ln y_i^c$
	Level1	Level 2	Level1	Level 2	Level1	Level 2	Level1	Level 2	Level1	Level 2	Level1	Level 2
$\ln y_i^f$	0.861*** (0.072)	0.320*** (0.0355)	0.018*** (0.003)	0.389*** (0.0264)	0.337*** (0.043)	0.401*** (0.0247)	0.001*** (0.001)	0.456*** (0.0230)	0.463*** (0.107)	0.260*** (0.0293)	0.030*** (0.001)	0.275*** (0.0258)
age_i^c	0.747*** (0.133)	0.372*** (0.0485)	-0.013*** (0.005)	0.440*** (0.045)	0.993*** (0.128)	0.139*** (0.0492)	-0.097*** (0.042)	0.172*** (0.044)	0.807*** (0.165)	0.0197 (0.0440)	0.042*** (0.004)	0.0501 (0.0397)
$(age_i^c)^2$	0.013*** (0.002)	-0.005*** (0.001)	-0.002*** (0.001)	0.007*** (0.001)	-0.018*** (0.002)	-0.002** (0.001)	-0.001*** (0.001)	-0.002*** (0.001)	-0.015*** (0.003)	0.001 (0.001)	0.001*** (0.001)	-0.001 (0.001)
$edu2_i^c$	—	0.0775*** (0.0226)	0.009*** (0.001)	0.075*** (0.008)	—	0.0232 (0.0234)	0.020*** (0.001)		—	0.0291 (0.0233)	0.012*** (0.001)	0.029*** (0.006)
edu_i^f	0.304*** (0.021)		-0.005*** (0.001)		0.231*** (0.020)		-0.014*** (0.001)		0.219*** (0.025)		0.012*** (0.001)	
$health2_i^c$	0.273*** (0.136)		—	0.568* (0.301)	0.243*** (0.081)		—	-0.007 (0.160)	0.116 (0.093)		—	0.117 (0.166)
$health_i^f$	-0.063 (0.099)	0.103*** (0.017)	-0.005*** (0.001)		-0.040 (0.073)	0.105*** (0.021)	0.105*** (0.004)		-0.109 (0.086)	0.089** (0.019)	0.096*** (0.001)	
Wald 卡方值		552.88		541.78		465.28		526.44		161.77		160.49
Prob>chi2		0.0000		0.0000		0.0000		0.0000		0.0000		0.0000
N	1545	1545	1545	1545	1831	1831	765	765	793	793	793	793
R^2	0.289	0.264	0.258	0.260	0.260	0.378	0.377	0.412	0.146	0.169	0.168	0.168

注：在 1%、5%和 10%的水平上显著性分别用 ***、**、* 表示；括号内是对应标准误。

二、人力资本直接传递效应分析

人力资本直接传递效应模型是在间接传递效应的基础上对子代样本进行分析。在充分考虑间接效应中各个变量的显著程度以及在模型中的显著程度后，最终选择将子代教育和子代健康作为重点研究对象，以处理在人力资本间接传递效应模型中存在的内生性问题。本部分主要从以下两个角度进行分析。

（一）对人力资本直接传递效应按照年份进行分析

2010 年，直接传递效应中的教育和健康系数分别为 0.861 和 0.018。子代受教育年限与子代健康呈显著正相关，系数为 0.009，且在控制人力资本直接转移后，子代受教育年限对子代健康的回归系数增加至 0.075，父代受教育年限对子代受教育年限有显著的正向影响，系数为 0.304。2014 年，教育和健康系数分别为 0.337 和 0.001，子代年龄与子代教育呈显著正相关且系数为 0.993；子代受教育年限与子代健康呈显著正相关，系数为 0.020。父代受教育年限对子代受教育年限有显著的正向影响，系数为 0.231，父代健康状况对子代健康状况有显著的正向影响，系数为 0.105。2018 年，教育和健康系数分别为 0.463 和 0.030；子代受教育年限与子代健康呈显著正相关，系数为 0.012。同时，在控制了人力资本直接转移后，估计的收入弹性增加到 0.275，高于同年间接效应模型中的弹性 0.151，表明如果忽略人力资本的直接转移，收入代际弹性将被低估。①

（二）比对不同年份人力资本直接传递效应对子代收入的影响

通过对比 2010 年、2014 年及 2018 年的教育系数可以发现，父代收入对子代教育的影响系数呈“U”形分布；父代受教育年限对子代教育影响在 1%水平下显著，且影响系数呈递减趋势；2010 年和 2014 年，子代健康状况与子代教育呈正相关，系数分别为 0.273、0.243。对比 2010 年、2014 年及 2018

① Qin X, Wang T, Zhuang C C. Intergenerational transfer of human capital and its impact on income mobility: Evidence from China [J]. China Economic Review, 2016, 38 (5): 306-321.

年健康系数，发现子代健康系数呈“U”形增长趋势；子代受教育年限对子代健康的影响是正向的且显著，系数最大为2014年的0.020，其次是2018年的0.012，最后是2010年的0.009；父代健康状况对子代健康状况影响均在1%的水平下显著，2014年父代健康状况对子代健康状况的影响是正向的，系数为0.105。

为了对2010年、2014年及2018年人力资本直接传递效应进行分析，在对子代健康状况、子代教育水平这两个变量进行处理之后发现，父代收入对子代教育有非常显著的正向影响，且回归系数较大，父代收入对子代健康状况影响也非常显著，但系数较小；子代年龄对子代教育、健康状况影响在1%的水平下显著；子代受教育年限对子代健康状况影响是正向的，2014年和2018年父代健康状况与子代健康状况呈显著正相关。这是由以下三个原因造成的：第一，以健康和教育衡量人力资本代际问题，在一定程度上反映了我国子代之间由父代引起的发展机会不平等；第二，个人收入很大程度上取决于他的人力资本积累，父代的人力资本可以影响其投资于子代人力资本的财务能力，从而影响子代的未来收入；第三，如果忽略人力资本的直接转移，收入代际弹性将会被低估。

三、稳健性检验

选择工具变量时应该考虑它的有效性，即考虑其与内生变量是否具有强相关性和排他性约束。前者要求工具变量必须与模型中内生变量 $edu1_i^c$ 等存在高度相关关系，后者要求工具变量与相应残差不相关，即父代的健康状况不应直接影响子代的受教育年限，父代的教育不应直接影响子代的健康状况，也就是不存在人力资本的交叉传递。本章检验得到各年份的直接传递效应模型都通过了弱工具变量检验，并且根据Sargan检验统计量对应的 p 值大于0.05，即模型中所有的工具变量都是外生的，即工具变量是有效的（见表5-5）。

表 5-5 稳健性分析

检验方法		2010 年	2014 年	2018 年
弱工具变量检验	F 统计量	43.428	49.650	51.879
	伴随概率	0.0000	0.0000	0.0000
过度识别检验	*Sargan* 统计量	1.057	0.098	0.027
	伴随概率	0.304	0.7535	0.8695

第四节 基于非平衡面板数据的结果分析

本章利用 OLG 模型分析人力资本对居民家庭代际收入的直接影响及间接影响。为了全面考察人力资本对居民家庭代际收入的影响，采用 2010—2018 年我国 25 个省市的非平衡面板数据进行实证，并分析教育及健康人力资本对居民家庭代际收入的影响程度及影响是否有时间效应。

一、健康指标的选择

本章选取 CFPS 数据库中 2010 年、2014 年及 2018 年三个年份的数据进行实证分析，旨在研究近年来人力资本对居民家庭代际收入的影响。CFPS 数据库包含个体收入、受教育程度、自评健康值及家庭关系等信息，为人力资本的测度提供数据基础。由于数据库中某些年份个别省份数据有缺失，经过对各个数据库进行数据筛选后得到 25 个省份和直辖市的数据。

本节选择个体自评健康值（SAH）作为健康人力资本水平的度量指标（即本章第一节“数据处理变量说明”中“个体健康水平”变量的处理）。医疗资源的差异主要表现为就医环境等方面的差异，最终均会体现在个体的身体健康差异上，结合 CFPS 数据库中的数据信息和本书的研究目的，虽然选择 SAH 存在一定的主观因素，但已有研究表明，SAH 对死亡率以及其他身体功能丧失有一定的预判作用（Heidrich et al.，2002），而且 SAH 与发病率等单一指标不同，是综合类指标，能够较为全面地反映个体的健康人力资本水平。

二、辅助回归检验

本节构建了静态面板数据模型，而静态面板数据模型一般分为固定效应模型和随机效应模型，因此，本节首先要对静态面板数据回归模型的类型进行选择。本部分的数据为非平衡面板数据，不影响计算离差形式的组内估计量，固定效应模型可以照常使用。但对于随机效应模型而言，需要选择可行广义最小二乘法（FGLS）进行估计（陈强，2010）。从表 5-6 中可以看出，p 值为 0.003，小于 0.01，故在 1%的显著性水平下拒绝原假设，即模型选择固定效应模型。

表 5-6　辅助回归检验的运行结果

	χ^2 值	自由度	p 值
模型	21.392	7	0.003

三、回归结果分析

表 5-7 中的结果 1 和结果 2 为单向固定效应回归模型的估计结果。结果 1 显示，我国居民家庭代际收入弹性为 0.178，即父代收入每增加 1%，子代收入将增加 0.178%，说明父代收入对子代收入水平具有正向影响；从结果 1 还可以看出，子代年龄对子代收入的影响很大且较为显著，超出了父代收入对子代收入的影响，回归系数达到 0.868。结果 2 的回归模型中引入了子代的人力资本因素，即子代受教育年限、自评健康值。根据结果 2 可知，引入的受教育年限和健康状况均对子代收入产生了显著的正向影响，其中教育的收益率为 28.7%，相对较高；而自评健康值的回归系数为 0.179，即子代身体健康状况每提升 1%，其收入将随之增加 0.179%；两者给子代收入带来的收益率均高于父代收入对子代的影响。结果 2 中的代际收入弹性减小为 0.165，即父代收入每提高 1%，子代收入增加 0.165%，但显著性水平并没有下降，这也意味着父代收入对子代收入的影响逐渐为子代自身的人力资本所代替，由此说明人力资本的提升确实有助于缓解代际收入流动性不足的现象。此外，子

代年龄及子代年龄的平方项对子代收入的回归系数分别减小到0.770、-0.011，由此看出，尽管引入了人力资本等因素，子代年龄对收入仍具有显著性影响，且不会随着自身人力资本的提高而使倒“U”形关系发生改变。当然，人力资本的提升可以显著地减少其余非努力因素对子代收入的影响。

表5-7　单向固定效应回归及双向固定效应回归估计结果

解释变量	单向固定效应回归模型		双向固定效应回归模型	
	1	2	3	4
$\_cons$	1.773 (0.20)	-0.328 (-0.04)	2.438 (-0.84)	-1.339 (-0.15)
$\ln y_{i,t}^{f}$	0.178*** (8.57)	0.165*** (7.93)	0.153*** (6.35)	0.146*** (6.14)
$age_{i,t}^{c}$	0.868*** (4.18)	0.770*** (3.73)	0.912*** (4.44)	0.839*** (4.13)
$age_{i,t}^{f}$	-0.258 (-0.65)	-0.248 (-0.63)	-0.324 (-0.81)	-0.297 (-0.75)
$(age_{i}^{c})^{2}$	-0.014*** (-3.49)	-0.011*** (-2.94)	-0.014*** (-3.71)	-0.013*** (-3.31)
$(age_{i}^{f})^{2}$	0.002 (0.46)	0.001 (-0.04)	0.003 (0.69)	0.003 (0.68)
$edu_{i,t}$		0.287*** (7.10)		0.291*** (6.52)
$SAH_{i,t}$		0.179** (2.16)		0.121 (1.28)
$Time2$			-0.833*** (-2.96)	-0.929*** (-1.55)
$Time3$			-0.385 (-0.84)	-0.827* (-1.82)
F-statistic (P-value)	20.10 (0.000)	22.58 (0.000)	12.97 (0.000)	16.15 (0.000)

注：*、**及***分别表示各变量在10%、5%及1%水平上通过显著性检验，括号内数值为t值。

该模型隐含一个较强的假定，即每个时期的时间效应都是相同的。其中，常数项（*_cons*）对应本节中的2010年，且2010年作为基期，*Time2*、*Time3*分别代表2014年及2018年。表5-7中，结果3和结果4给出了双向固定效应回归模型的估计结果。结果3中的所有年度联合显著性检验结果 p 值均为0.000，说明结果拒绝“无时间效应”的原假设，即每期的时间效应并不相同，由此说明应在固定效应模型中考虑时间效应。所有时间效应的符号均为负值，其中有些年份变量显著，如2014年系数-0.833；有些年份变量则不显著，如2018年。对比结果1，引入时间效应后的结果3的父代收入对子代收入的影响变小，代际收入弹性减小为0.153，即父代收入每增加1%，子代收入将随之增加0.153%，但父代收入对子代收入仍具有显著性影响。从结果3还可以看出，在考虑时间效应以后，子代年龄对自身收入的影响变大，回归系数为0.912，这意味着子代随着自身的成长，其收入水平越来越高。

进一步观察结果4，在同时引入时间效应和人力资本因素后，父代收入对子代收入仍具有显著性影响，但代际收入弹性进一步减小为0.146，即父代收入每增加1%，子代收入仅增加0.146%，说明时代背景以及子代自身所拥有的人力资本等因素均会对代际收入流动性产生影响。与结果2比较，此时教育人力资本所带来的收益率提高到29.1%，但健康人力资本对子代收入的影响并不显著。对比结果2和结果4，不管考虑时间效应与否，人力资本的增加均使得代际收入弹性变小。对比结果3与结果4，在引入人力资本因素后，子代自身年龄以及子代年龄的平方项对其收入的影响均变小，回归系数分别为0.839、-0.013，与个体固定效应模型的结论一致。但结果4相较于结果2，在考虑时间效应以后，与结果3和结果1的对比类似，子代自身年龄及自身年龄平方项的效应均变大。此外，结果4中的所有年份联合显著性检验结果拒绝了“无时间效应”的原假设，即每期的时间效应并不相同；对比结果2和结果3，在考虑人力资本对居民家庭代际收入的影响程度时，仍应在固定效应模型中考虑时间效应。与结果3相类似，所有时间效应的符号均为负值，但时间变量的显著性发生了变化，其中有些年份变量在引入人力资本因素后由显著变为不显著，如2018年系数为-0.827；有些年份变量在引入人力资本因素后仍较显著，如2014年系数为-0.929。可以看出，与固定效应结论相类似，人力资本水平越高，居民家庭代际收入弹性越低，父代收入对子代收入的影响越小，对阻止阶层进一步固化具有重要意义。

第五节　人力资本多层线性模型结果分析

从式（3.78）、式（3.82）计算得出不同省份在2010年、2014年、2018年教育不平等指数、健康不平等指数及排名（见附录11和附录12），基于人力资本不平等现状的测算结果，引入区域人力资本不平等因素，运用多层线性模型分析人力资本不平等对居民家庭代际收入的影响。

一、我国人力资本不平等的总体变化趋势

就教育不平等而言，在计算过程中所使用的教育数据来源于CFPS问卷中个人最高受教育年限数据，是一种反映在结果层面的数据，这意味着无论是机会不同还是投入差异所引起的不平衡，均包含在该测度结果中。从表5-8中可以看出，Thomas基尼系数总体呈逐渐下降趋势，从2010年的0.421降低到2018年的0.358，说明8年里教育不平等情况在逐渐向好的方向发展，但是这种不平等还在持续，仍需警惕受教育程度差距变大的问题。就健康不平等而言，SAH作为健康人力资本水平的度量，根据式（3.82）计算得出表5-8健康不平等测度结果，Erreygers指数总体呈现先上升、后下降的趋势，2014年达到最大值0.360，2018年下降到0.231，体现了健康方面在2014年达到了近年来的最大不平等程度，且2018年较之前年份要轻，这也反映出随着我国医药卫生体制的不断改革和医疗保障制度的不断健全，居民的健康差异正在逐渐缩小。

表5-8　2010年、2014年、2018年我国居民教育、健康不平等测度结果

年份	Thomas基尼系数	Erreygers指数
2010年	0.421	0.005

续表

年份	Thomas 基尼系数	Erreygers 指数
2014 年	0. 390	0. 360
2018 年	0. 358	0. 231

二、零模型结果分析

零模型的家庭层次与区域层次均不引入任何解释变量，它的主要目的是确定子代收入水平的影响因素中有多大比例是由区域层次的差异造成的。为了分析区域层次变量对家庭层次变量的影响程度，运用 HLM6. 08 软件对区域间子代收入水平是否存在显著性差异进行分析。若区域层次截距项的随机误差项方差检验结果显著，则说明存在组间差异，需要运用多层线性模型；若检验结果不显著，则说明不存在组间差异，不需要运用多层线性模型。

2010 年、2014 年、2018 年居民家庭代际收入影响因素 HLM 分析情况见表 5-9。

表 5-9　2010 年、2014 年、2018 年居民家庭代际收入影响因素 HLM 分析情况

变量	2010 年			2014 年			2018 年		
	零模型	随机效应模型	完整模型	零模型	随机效应模型	完整模型	零模型	随机效应模型	完整模型
Level 1									
$\ln y_i^f$		0. 164 ***	0. 158 ***		0. 226 ***	0. 229 ***		0. 148 ***	0. 138 ***
age_i^c		0. 705 ***	0. 695 ***		0. 426 ***	0. 441 ***		0. 425 ***	0. 418 ***
age_i^f		-0. 030	0. 004		-0. 375	-0. 362		0. 395	0. 319
$(age_i^c)^2$		-0. 013 ***	-0. 012 ***		-0. 009 ***	-0. 009 ***		-0. 009 ***	-0. 009 ***
$(age_i^f)^2$		0. 001	-0. 001		0. 004	0. 003		-0. 004	-0. 003
Level 2									
inedu			-2. 584			1. 021			1. 381
inhea			-11. 558 *			-4. 337 ***			-3. 419 ***
交互项									
$\ln y_i^f \cdot inedu$			-0. 074			-0. 229			
$\ln y_i^f \cdot inhea$			0. 662			0. 235			
随机效应方差成分									

续表

变量	2010 年			2014 年			2018 年		
	零模型	随机效应模型	完整模型	零模型	随机效应模型	完整模型	零模型	随机效应模型	完整模型
组间方差成分 (σ_B^2)	0.461***	2.018***	1.621***	2.119***	2.170***	0.378***	1.234***	1.990***	0.201**
组内方差成分 (σ_W^2)	6.821	6.364	6.364	21.674	20.215	20.195	18.340	17.572	17.725
父代收入回归系数的方差成分		0.014**	0.015*		0.008***	0.007***		0.079	

注：*、** 及 *** 分别表示各变量在 10%、5%及 1%水平上通过显著性检验。

表 5-9 中零模型的方差分析结果显示，2010—2018 年，区域层次截距项的随机误差项方差检验结果均在 1%的水平下显著，表明所选取的样本具有明显的区域差异，也可以看出区域层次的因素对子代收入水平具有显著的影响，说明 2010—2018 年均可建立多层线性模型。同时，可以从表 5-9 的数据计算出区域层次的因素对子代收入的影响。根据内部相关系数计算公式，得到 2010—2018 年的 ICC 值分别为 0.063、0.089 和 0.063，呈现出微小的上下波动特征，说明 2010—2018 年子代收入的影响因素中分别有 6.3%、8.9%和 6.3%受到区域层次变量的影响，且影响程度呈现出先上升、后下降的趋势。除此之外，科恩（Cohen，1988）对 ICC 值的范围进行了界定，当 ICC 值大于 0.138 时，表明高度相关；当 ICC 值为 0.059～0.138 时，表明中度相关；当 ICC 值小于 0.059 时，表明组间相对差异并不突出。① 由此说明各年份子代收入均存在明显的区域差异效应，可以建立区域—家庭两层的线性模型来研究教育、健康不平等对居民家庭代际收入的影响。

三、随机效应模型结果分析

根据零模型的分析结果，子代收入水平会明显受到区域层次变量的影响。在建立随机效应模型时，假定截距项和父代收入的斜率均为随机系数，均受

① Cohen J. Statistical power analysis for the behavioral sciences [J]. Technometrics，1988，31（4）：499-500.

到区域层次变量的影响。表 5-9 中的随机效应模型具体的运行结果显示，2010—2018 年，居民家庭父代收入对子代收入的影响均在 1%的水平下显著，父代收入对子代收入具有显著的影响。与此同时，2010—2018 年，我国代际收入弹性值在［0. 148，0. 226］，呈现出先上升、后下降的趋势，在 2014 年达到最高值 0. 226，2018 年下降到 0. 148，由此说明我国居民家庭代际收入流动性逐渐增强，阶层固化有所缓解。表 5-9 中随机效应模型的固定效应部分结果显示，2010—2018 年子代年龄对子代收入的影响程度呈逐渐下降的趋势，2010 年子代年龄对子代收入的回归系数为 0. 705，之后一直降低到 2018 年的 0. 425；尽管子代年龄对子代收入的回归系数波动较大，但是子代年龄对子代收入仍具有显著的影响。此外，2010—2018 年，子代年龄的平方项对子代收入均有显著的负向影响，2010 年、2014 年、2018 年的回归系数分别为 -0. 013、-0. 009、-0. 009，系数波动较小，由此看出各年份的子代收入随着年龄的变化，均呈倒“U”形。

根据随机效应模型中的随机效应方差成分结果可知，2010—2018 年第一层截距项的卡方检验结果显著，且 2010—2018 年组间方差成分范围在［1. 990，2. 119］，呈现出先上升、后下降的趋势；相较于 2010 年的 2. 018，2018 年下降幅度较小，仅为 1. 990，说明各年份各区域的子代收入均值存在显著差异，需要在后续的分析中加入区域层次变量进行背景效应分析。除了 2018 年，其他年份代际收入弹性的方差成分均存在显著的组间差异，即父代收入对子代收入的正向影响强度存在显著的组间差异，需要在完全模型中加入相关解释变量。同时发现，2010—2014 年父代收入对子代收入回归系数的方差成分分别为 0. 014、0. 008，呈逐渐减少的趋势，直至 2018 年方差成分分析完全不显著，也说明各区域父代收入对子代收入的影响程度逐渐趋于一致，即我国居民家庭代际收入弹性区域差异在逐渐减小。对比零模型中的组内方差，各年份随机效应模型中加入父代收入后，组内方差均在变小，尤其是 2014 年，组内方差下降了 1. 459，说明 2010—2018 年父代收入、子代年龄及子代年龄平方项均在一定程度上解释了子代收入的部分方差，一般来说，自变量的解释能力越强，表明其对因变量的作用越明显。①

四、完整模型结果分析

根据随机效应模型分析结果，2010—2018 年第一层回归模型中的截距项的方差成分存在显著的区域差异，2010—2014 年代际收入弹性的随机效应卡方检验结果显著，因此本部分在第二层回归模型中引入区域层次的变量，即区域教育不平等指数和区域健康不平等指数。

表 5-9 中的完整模型结果显示，与随机效应模型结果相比，2014 年居民家庭代际收入弹性出现了轻微的增加，而 2010 年在引入第二层区域变量以后，居民家庭代际收入弹性变小，从 0.164 减小到 0.158，由此说明这些年份区域层次的变量对子代收入均有不同程度的影响，父代收入对子代收入的部分影响为区域层次的变量所代替。引入区域层次的变量后，虽然各年份的居民家庭代际收入弹性均存在波动，但父代收入对子代收入的影响仍具有显著性，这意味着父代的收入水平对子代收入水平的影响不仅显著且稳健。完整模型中子代年龄对子代收入的回归系数显示，除了 2014 年从 0.426 增加到 0.441，其余两个年份的回归系数均出现了不同程度的减小，2010 年减小幅度最大，从 0.705 减小到 0.695，减小了 0.010；而 2018 年减小幅度最小，从 0.425 减小到 0.418，仅减小了 0.007。此外，在引入区域层次变量以后，子代年龄的平方项对子代收入的回归系数与之前基本保持不变。与居民家庭代际收入弹性分析结果类似，不论采用模型还是引入变量，均不会降低子代年龄及子代年龄平方项对子代自身收入的影响显著性。

从表 5-9 的完整模型具体回归结果中还可以发现，2010—2018 年区域健康不平等程度均对子代收入水平具有显著的负向影响，但 2010—2018 年区域健康不平等对子代收入的回归系数在逐渐降低，分别为-11.558、-4.337 及-3.419，降低幅度较大，表明区域健康不平等程度对子代平均收入水平的影响在逐渐减弱。此外，区域教育不平等对子代收入水平的影响虽然并不显著，

---

① 刘润芳，施金桥．教育不平等、健康不平等的测度及其对居民家庭收入的影响［J］．统计与决策，2021，37（21）：76-80.

但是其回归系数从负值变为正值，且逐渐增加，说明从2014年开始，区域教育不平等程度越高，子代平均收入水平就越高，这可能是由于区域教育资源分配差距较大，拉大了子代收入水平之间的差距，而收入水平较高的群体拉高了平均收入水平。2010—2014年教育不平等、健康不平等对居民家庭代际收入弹性的影响均不显著，由此说明影响居民家庭代际收入弹性的区域层次变量有待进一步研究，综合上面的研究结果，这并不意味着人力资本对居民家庭代际收入没有影响，只能说明教育不平等、健康不平等对居民家庭子代收入的影响没有区域差异性。

第六节　本章小结

本章使用代际交叠模型和面板数据回归模型，分析人力资本对居民家庭收入差距代际传递的影响，发现人力资本对居民代际收入传递有显著作用。利用我国2010—2018年25个省市的非平衡面板数据进行实证，并分析教育及健康人力资本对居民家庭代际收入的影响程度，运用多层线性模型探究不平等因素对居民家庭代际收入的影响，本章得到如下结论。

第一，本章通过人力资本间接传递效应模型和直接传递效应模型得到2010年、2014年及2018年的代际收入弹性呈倒“U”形，且整体呈下降趋势，说明代际收入流动性增强。此外，在引入人力资本直接传递效应之后，可以从三个年份的样本中发现父代收入对子代教育以及子代健康状况存在非常显著的正向影响，如果忽略人力资本直接传递效应，收入代际弹性将会被低估。

第二，在人力资本对居民家庭代际收入影响进行统计测度时，利用我国2010—2018年25个省市的非平衡面板数据进行实证研究，分析教育及健康人力资本对居民家庭代际收入的影响程度及影响是否具有时间效应。研究发现，所有年份联合显著性检验结果均显著拒绝“无时间效应”的原假设，即认为每期的时间效应并不相同，说明在考虑人力资本对居民家庭代际收入的影响程度时，仍应在固定效应模型中考虑时间效应。在引入人力资本因素并考虑时间效应后发现，子代年龄对收入仍具有显著性影响，且不会随着自身人力资本的提高而导致倒“U”形关系的改变，说明人力资本的提升可以显著地减少其余非努力因素对子代收入的影响。此外，还可以得出“家庭拥有的人力资本水平越高，居民家庭代际收入弹性越低”的结论。

第三，本章运用多层线性模型分析不平等因素对居民家庭代际收入的影响。研究发现，2010—2018 年我国区域间居民家庭子代收入水平有显著差异，且父代收入水平对子代收入水平影响显著。2010 年、2014 年、2018 年我国居民家庭代际收入弹性分别为 0. 164、0. 226、0. 148，呈现先上升、后下降的趋势，由此说明我国居民家庭代际收入流动性逐渐增强，阶层固化有所缓解。引入区域变量后，区域健康不平等程度均对子代收入水平具有显著的负向影响，这意味着区域健康不平等程度越高，居民家庭子代收入的平均水平越低。区域健康不平等程度可能会加强父代收入对子代收入的正向效应，即健康状况差距较大的区域，居民家庭收入代际弹性可能会更高。此外，各区域的教育不平等对居民家庭代际收入流动的影响趋于一致。

第六章　居民家庭收入差距代际传递影响因素测度：社会资本

为探究社会资本对居民家庭收入差距代际传递的影响程度，本章在社会资本代际传递机制的理论基础以及所构建的指标体系的基础上，采用分位数回归了解父代社会资本的强弱对子代不同收入阶层的影响程度，使用结构方程模型把握社会资本的各个因素对子代收入影响的途径及大小，进而分析社会资本的各个因素在代际传递过程中的具体作用。

第一节　数据说明与变量描述

一、数据处理与变量说明

本章所使用的数据来自 CFPS 数据库，该数据库涵盖社会、经济、人口、教育及健康等方面的数据信息，对数据库中的年龄代码进行识别，可以获取不同年龄层面居民收入的数据。结合本章研究需要，对不同数据库数据进行甄别与清洗，剔除调查数据过少、调查对象单一、信息不匹配等年份，主要采用 CFPS 数据库中 2010 年、2014 年、2018 年相关数据分析社会资本对居民家庭收入差距代际传递。

对数据库中的相关数据指标进行筛选，然后将每个家庭的父代与其子代数据进行配对，从而获得更为精准匹配的样本，如果在匹配过程中一个家庭有一个父代对应多个子代的情况，则将此家庭的父子分别进行配对。为避免生命周期偏误，将父代年龄段设定为40~65岁，子代年龄段设定为16岁及以上。经过一系列数据清洗、匹配以及整合之后，得到各年份的父子信息匹配样本。由于数据库问卷问题的更替，各年份配对样本数量存在波动，最终整理得到2018年CFPS的配对样本为1301对、2014年1307对、2010年3976对。

在研究社会资本时，本章基于社会资本代际传递机制研究的理论，结合所构建的指标体系来选择代表性指标，主要包括父代和子代的性别、年龄、收入、求职渠道、职业类型、城乡分类、人际关系、政治面貌和单位性质等。本书选取一个家庭一年的收入来表示父代和子代的终身收入，以满足研究的需要。在职业类型划分方面，本章采用覆盖面较大的分类方式将职业类型分为两大类，这样可以避免各职业类型太过接近而导致的各层差距不大或易产生混淆的可能，故本章将父代和子代的职业类型分为两大类：高级管理者和专业技术人员、其他工作人员。第一类为高级管理者和专业技术人员，包括国家机关、党群组织和企事业单位的负责人，专业技术人员和教师等，这部分工作人员在文化等资源方面占优势；第二类则是其他工作人员，包括工人、服务人员等。

变量定义与说明见表6-1。

表6-1　变量定义与说明

变量类型	变量名称	符号	说明
因变量	收入	*income*	将个人收入定义为全部工作的年收入
自变量	职业类型	*occu*	高级管理者和专业技术人员=1，其他工作人员=0
	求职渠道	*job*	家人联系、亲戚朋友或熟人介绍。接班=1，其他方式=0
	人际关系	*interpersonal*	用1~10的整数表示，数值越接近于10，表明个体人际关系越丰富
	政治面貌	*party*	共产党员、团员及民主党派成员=1，其他=0
	单位性质	*jobclass*	党政机关团体、事业单位国有及控股企业；集体企业=1，其他=0

续表

变量类型	变量名称	符号	说明
控制变量	性别	*gender*	男性=1，女性=0
	年龄	*age*	16~65 岁
	城乡分类	*urban*	城市=1，农村=0

二、变量描述性统计

从表 6-2 中可以看出，在年龄方面，父代年龄基本在 53 岁左右，子代年龄在 27 岁左右并呈平缓增长趋势，子代年龄变化由 2010 年的 26.360 岁到 2018 年的 27.500 岁；在性别方面，2010 年、2014 年、2018 年 3 个年份的父代子代均值均为 0.5 以上，这说明男性样本占大多数。在我国，通常情况下，男性能够得到社会资本积累的机会更多，说明男性的社会性更强。所以，从实证研究中的统计结果来看，男性的社会资本高于女性群体，所以在家庭生活中，父代的社会资本也就更大程度地影响着子代。

表 6-2　2010 年、2014 年及 2018 年我国居民社会资本变量的描述性统计分析

变量	代别	2010 年		2014 年		2018 年	
		均值	标准差	均值	标准差	均值	标准差
年龄/岁	父代	53.210	6.499	54.190	6.512	53.580	4.897
	子代	26.360	5.715	27.120	5.679	27.500	4.774
性别	父代	0.540	0.498	0.618	0.486	0.630	0.483
	子代	0.558	0.497	0.596	0.491	0.590	0.493
单位性质	父代	0.137	0.344	0.184	0.387	0.230	0.419
	子代	0.233	0.423	0.231	0.422	0.260	0.439
职业类型	父代	0.021	0.144	0.174	0.379	0.130	0.332
	子代	0.033	0.179	0.276	0.447	0.260	0.437
求职渠道	父代	0.054	0.226	0.006	0.078	0.100	0.300
	子代	0.186	0.389	0.037	0.188	0.250	0.394
政治面貌	父代	0.182	0.386	0.115	0.319	0.010	0.083
	子代	0.308	0.462	0.056	0.230	0.030	0.170

续表

变量	代别	2010 年		2014 年		2018 年	
		均值	标准差	均值	标准差	均值	标准差
人际关系	父代	4.032	0.860	7.366	1.719	7.250	1.618
	子代	3.976	0.817	7.196	1.662	7.080	1.636
收入/元	父代	11094	19849	19533	22219	30105	22606
	子代	13478	15705	30008	24960	43037	30600

注：表 6-2 得到的数据是对 CFPS 数据库进行整理后得到的结果。

通过对比发现，在单位性质方面，父代的均值均低于子代均值，可以看出子代在体制内任职的人员比重有所增加；在职业类型方面，子代三个年份的均值均高于父代，且子代均值增长值远高于父代，子代均值从 2010 年的 0.033 增长到 2018 年的 0.260，增长了 0.227；父代均值从 2010 年的 0.021 增长到 2018 年的 0.130，增长了 0.109。由此可知，子代中高级管理者和专业技术人员多于父代，即子代职业均向更好的方向发展，可能父代职业类型较好的子代其职业类型发展速度更快；在求职渠道方面，子代均值均高于父代，说明子代依靠亲戚朋友寻找工作的现象要比父代多；在政治面貌方面，2010 年、2014 年、2018 年子代平均值分别为 0.308、0.056、0.030，呈现逐步降低的趋势；在人际关系方面，2010 年、2014 年、2018 年父代均值分别为 4.032、7.366、7.250，子代均值分别为 3.976、7.196、7.080，父代、子代人际关系变化趋势一致，说明父代的人际关系会对子代人际关系产生较大的影响；在收入方面，子代收入均值均大于父代，子代收入均值在三个年份里从 13478 元增长为 43037 元，父代收入均值从 11094 元增长为 30105 元，子代收入增长速度高于父代。

第二节　模型构建

一、社会资本分位数回归模型

为剖析社会资本中不同因素对我国各收入阶层居民代际收入传递的影响，本章利用分位数回归法将父代收入（$income_i^f$）以及求职渠道（job_i^f）、职业类型（$occu_i^f$）、城乡分类（$urban_i^f$）、政治面貌（$party_i^f$）和单位性质（$jobclass_i^f$）等社会资本作为解释变量，子代收入（$income_i^c$）作为被解释变量建立模型（6.1）。建模过程中，配合收入阶层五等分法将分位点选择为 $\tau=(0.2, 0.4, 0.6, 0.8)$。其中，各变量上角标有 f 的为父代，标有 c 的为子代相应变量。

$$\ln income_i^c=\beta+\beta_0 \cdot \ln income_i^f+\beta_1 \cdot job_i^f+\beta_2 \cdot occu_i^f+\beta_3 \cdot urban_i^f+ \beta_4 \cdot party_i^f+\beta_5 \cdot jobclass_i^f+\varepsilon_i^f \tag{6.1}$$

二、社会资本结构方程模型

国内外研究发现，大多数学者在代际流动机制作用的相关研究中普遍采用回归分析法，该方法不仅关注社会资本这一影响因素，同时将教育、家庭财富资本和人际社会关系网络等因素都纳入回归模型中，再对影响机制进行研究并分析各个因素的作用程度。虽然能从某种程度上得出社会资本中各因素对居民家庭收入代际的影响程度，但受限于回归模型的理论形式，无法准确描述变量间的多重复杂关系。回归分析方法的采用并不能避免对代际传递过程具体影响机制分析不够全面的缺点，因此，本章利用结构方程路径分析模型剖析了各社会资本因素在系统机制框架中所发挥的代际传递作用。具体构建思路为：对父代收入与子代收入进行对数化处理，研究其受性别、年龄、求职渠道、职业类型、政治面貌、人际关系和单位性质的影响。其中，式（6.2）表示父代社会资本水平 X_i^f［职业类型（$occu_i^f$）、单位性质（$jobclass_i^f$）、政治面貌（$party_i^f$）］会对子代社会资本水平 Y_i^c［职业类型（$occu_i^c$）、单位性质（job-

$class_i^c$）、政治面貌（$party_i^c$）］产生影响，式（6.3）和式（6.4）分别表示父代、子代对各自收入的影响，式（6.5）表示父代人际关系会对子代的求职渠道产生影响。

$$Y_i^c = \alpha_{0,1} + \alpha_1 \cdot X_i^f + \varepsilon_{1i} \tag{6.2}$$

$$\ln income_i^c = \alpha_{0,2} + \alpha_2 \cdot Y_i^c + \varepsilon_{2i} \tag{6.3}$$

$$\ln income_i^f = \alpha_{0,3} + \alpha_3 \cdot Y_i^f + \varepsilon_{3i} \tag{6.4}$$

$$job_i^c = \alpha_{0,4} + \alpha_4 \cdot interpersonal_i^f + \varepsilon_{4i} \tag{6.5}$$

第三节　结果分析

一、分位数回归结果分析

为详细说明父代社会资本各因素（职业类型、单位性质、政治面貌、求职渠道、城乡分类）在代际传递过程中对子代不同收入阶层的影响，本章通过分位数回归对代际传递机制模型进行分析，对各收入阶层代际传递影响因素进行分解，得出各影响因素对不同收入阶层的影响程度，结果见表 6-3 和表 6-4。

表 6-3　社会资本分位数回归分析结果（2010 年）

变量	分位点			
	20	40	60	80
$\ln income_i^f$	0.402*** (0.020)	0.321*** (0.015)	0.204*** (0.012)	0.133*** (0.012)
$party_i^f$	0.210* (0.083)	0.250** (0.063)	0.143** (0.049)	0.131** (0.048)
$jobclass_i^f$	0.060 (0.060)	−0.119 (0.119)	0.009 (0.094)	0.127** (0.091)

续表

变量	分位点			
	20	40	60	80
$occu_i^f$	−0.063 (0.263)	0.110 (0.199)	0.041** (0.156)	−0.094 (0.151)
job_i^f	0.079 (0.141)	0.084 (0.106)	0.041 (0.083)	−0.036 (0.081)
$urban_i^f$	0.624*** (0.062)	0.588*** (0.047)	0.469*** (0.037)	0.433*** (0.036)
_cons	4.089*** (0.166)	5.604*** (0.125)	7.290*** (0.098)	8.449*** (0.095)

注：***、**、*分别代表0.01、0.05及0.1的显著性水平；括号中的数值代表系数对应的t值。

表6-4　社会资本分位数回归分析结果（2014年）

变量	分位点			
	20	40	60	80
$\ln income_i^f$	0.178*** (0.069)	0.214*** (0.051)	0.142*** (0.032)	0.148*** (0.036)
$party_i^f$	0.411*** (0.156)	0.280** (0.115)	0.290*** (0.072)	0.197** (0.082)
$jobclass_i^f$	0.609*** (0.119)	0.310*** (0.088)	0.206*** (0.055)	0.151** (0.063)
$occu_i^f$	0.079 (0.123)	0.045 (0.091)	0.140** (0.057)	0.296*** (0.065)
job_i^f	0.208* (0.106)	0.101 (0.079)	0.041 (0.049)	0.055 (0.056)
$urban_i^f$	0.366*** (0.114)	0.229*** (0.084)	0.072 (0.053)	0.122** (0.060)
_cons	7.038*** (0.684)	7.544*** (0.506)	8.779*** (0.318)	8.966*** (0.361)

注：***、**、*分别代表0.01、0.05及0.1的显著性水平；括号中的数值代表系数对应的t值。

从表6-3中可以看出，2010年居民家庭的户籍类型对子代收入影响最大，父代所处的职业类型对子代收入的影响最小，父代求职渠道对子代收入的影响并不显著。

具体来看，父代收入对子代各个年龄段的收入均具有显著影响，其影响随分位点的增加而降低，由此可见，父代收入对处于低分位数的子代收入影响最大。父代政治面貌对子代收入的影响在20分位点时的影响系数为0.210，即父代政治面貌每增加一个单位，子代收入增加21%；在40分位点时，父代政治面貌对子代收入的影响上涨至0.250，即子代收入阶层提升至40分位点时，父代政治面貌每增加一个单位，子代收入增加25%；40分位点处，父代政治面貌对子代收入的影响比20分位点处相对增长不大；在60分位点和80分位点处，这种影响连续下降到0.131，下降了11.9个百分点，下降幅度较大。这说明父代政治面貌对子代收入的影响程度在低分位点时更明显。父代的单位性质和职业类型对子代收入的影响分别在80分位点和60分位点时显著且影响系数分别为0.127和0.041。由此可见，父代的单位性质和职业类型对子代收入的影响较小。父代的求职渠道对子代收入的影响并不显著。父代的城乡分类对子代各收入阶层的影响均显著且呈下降趋势，在20分位点时，父代的城乡分类对子代收入的影响系数为0.624；在40分位点时，下降至0.588，下降了3.6个百分点，下降幅度为5.8%；在80分位点时，下降至0.433，较20分位点下降幅度为30.6%，最低收入阶层和最高收入阶层相差19.1个百分点。由此可见，父代的城乡分类对子代收入的影响两极分化严重。总体看来，父代城乡分类和政治面貌在子代收入的各分位点上作用明显，父代的职业类型、求职渠道和单位性质在各分位点上的影响作用有限。

从2014年社会资本分位数回归分析结果可以发现，父代的单位性质对子代收入的影响最大，其次是父代政治面貌对子代收入的影响，父代求职渠道对子代收入的影响最低。在各分位点上，父代政治面貌、父代单位性质、父代的职业类型及父代的求职渠道对子代收入的影响在增长。与2010年相比，这四个因素出现了不同幅度的上涨。

具体来看，父代收入对子代各个年龄段的收入均具有显著的影响，与2010年相比，2014年父代收入对子代的影响有所下降且有明显的波动趋势；

父代政治面貌在子代收入 20 分位点每增加一个单位时，子代收入增加 41.1%，较 2010 年增长了 20.1 个百分点；父代政治面貌在子代收入 40 分位点每增加一个单位时，子代收入增加 28.0%，与 2010 年相比增长 3 个百分位点；父代政治面貌在子代收入 60 分位点每增加一个单位时，子代收入增加 29.0%，与 2010 年相比增长 14.7 个百分位点；父代政治面貌在子代收入 80 分位点每增加一个单位时，子代收入增加 19.7%，与 2010 年相比增长 6.6 个百分位点。以上数据显示，最大涨幅和最小涨幅分别出现在 60 分位点和 40 分位点，父代政治面貌对各个不同的子代阶层均有较大的影响，但是影响作用也在随着阶层的增高而逐渐减小，每增加一个收入阶层该因素的影响会减小 0.07 个百分点；父代的单位性质对子代收入的影响较大，且在较低收入阶层该影响较强，在较高收入阶层该影响较弱，父代的单位性质对该年各收入阶层的影响最大，在较高收入阶层该影响较弱，随着收入阶层的降低，这种影响逐渐加强，对最低收入阶层的影响率可达到 0.609，每增加一个收入阶层影响幅度减小 0.15 个百分点；父代的职业类型对子代收入的影响也较强，较 2010 年提升了 9.9 个百分点。父代的求职渠道对最低阶层的影响最大（0.208）；城乡分类因素在较低收入阶层影响较强，随着收入阶层的上升，这种影响逐渐减弱，对中高阶层的影响最小（0.072），减小幅度为 29.4 个百分点。相较于 2010 年，2014 年父代职业类型对子代收入的影响作用增强。总体来看，父代职业类型造成的子代收入差距比其他因素低。

从表 6-5 中可以看出，代际收入弹性系数在不同年龄群体间有很大变动，这表明不同群体间父代对子代的代际收入影响区别较大，大部分解释变量的回归系数较为显著，这足以证明社会资本对于代际收入的重要性。从代际收入弹性来看，不同阶层的父代收入对子代收入影响率不同：随着收入阶层的降低，父代收入对子代收入的影响越来越大，则可认为出现一个“穷二代”的概率明显大于出现一个“富二代”。从政治面貌来看，父代的政治面貌与子代的收入对数呈负相关。求职渠道影响呈“U”形可以看出父代的求职渠道处于收入底层和高层对子代收入的影响较大。从极端收入阶层来看，职业类型的代际传递的影响因素是颇为显著的，这就是人们常说的“继承”现象。

表 6-5　社会资本分位数回归分析结果（2018 年）

变量	分位点			
	20	40	60	80
$\ln income_i^f$	0. 522 (0. 070)	0. 471 *** (0. 040)	0. 440 *** (0. 036)	0. 415 *** (0. 037)
$party_i^f$	0. 158 ** (0. 363)	−0. 251 *** (0. 206)	−0. 158 *** (−0. 186)	−0. 329 ** (0. 191)
$occu_i^f$	0. 431 (0. 161)	0. 112 (0. 091)	0. 119 (0. 082)	0. 311 (0. 084)
$jobclass_i^f$	−0. 231 *** (0. 161)	−0. 008 *** (0. 058)	0. 032 *** (0. 054)	−0. 031 ** (0. 052)
job_i^f	−0. 321 *** (0. 139)	−0. 036 *** (0. 079)	−0. 083 ** (0. 071)	−0. 240 ** (0. 072)
$urban_i^f$	0. 199 *** (0. 102)	0. 035 (0. 057)	−0. 067 (0. 052)	−0. 060 (0. 054)
_cons	3. 999 *** (0. 798)	4. 923 *** (0. 453)	5. 597 *** (0. 409)	6. 166 *** (0. 420)

注：***、** 分别代表 0. 01、0. 05 的显著性水平；括号中的数值代表系数对应的 t 值。

二、结构方程模型结果分析

根据已有研究，父代收入除了对子代收入具有直接影响之外，还包括对子代特征的影响，进而间接影响子代收入状况。因此，为了探究代际社会资本的传递路径，本章从职业类型、单位性质、政治面貌、人际关系网络四个方面进行探究。使用 AMOS24. 0 结构方程模型处理软件，运用最大似然估计法对模型进行拟合运算，通过使用结构方程模型中的路径分析重点研究在整个影响因素范围内社会资本的各个因素对代际传递的作用。构建的社会资本代际传递的路径如图 6-1～图 6-3 所示。

（一）2010 年结构方程模型结果分析

从图 6-1 中可以看出，父代社会资本对子代社会资本具有显著的影响且不同因素的影响作用不同。父代收入和子代收入分别受其自身社会资本存量的影响，具体表现在以下三个方面：

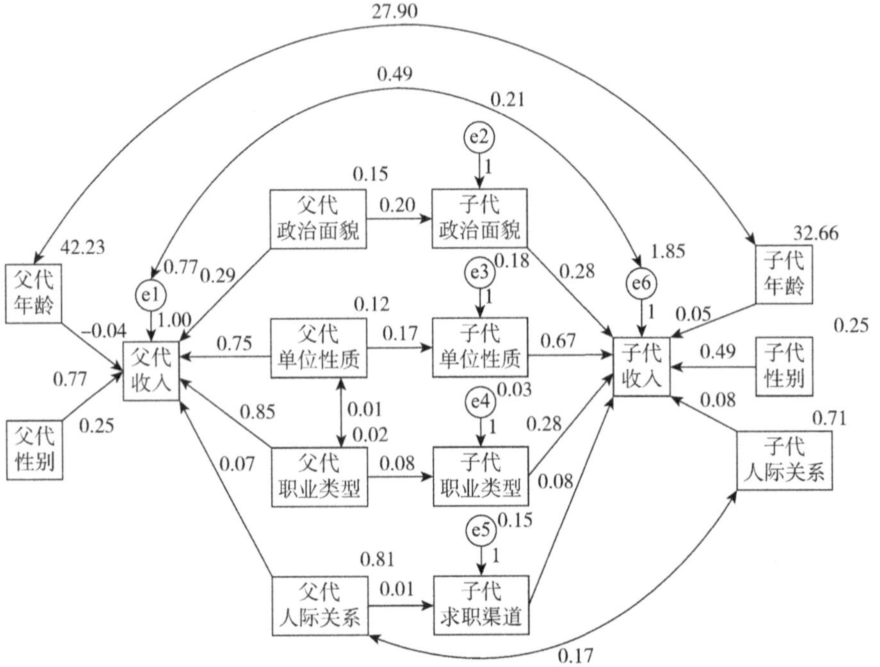

图 6-1　父代社会资本对子代收入的传递路径分析（2010 年）

注：框内右上角的数字为常数项的均值；圆圈右面的数字为变量的方差；箭头上的数字为系数。

第一，父代的政治面貌对子代政治面貌具有显著影响（0.20），表明父代政治面貌在一定程度上会对子代的政治面貌产生影响；父代单位性质对子代单位性质的影响显著（0.17），表明父代单位性质会影响子代单位性质的选择以及职业发展，从而对子代收入产生影响；父代的职业类型对子代的职业类型具有显著的影响（0.08），可见拥有就业机会的父母可以通过对子代职业选择的指导或者协助来影响子代的就业和收入；父代的人际关系对子代的求职渠道具有显著的影响（0.01），人际关系好的父母能够为子代提供更多的工作信息，降低子代寻找工作的机会成本；父代的人际关系对于子代人际关系的影响显著（0.17），即父代的人际关系对子代的人际关系有很大影响，如果父代人际关系很好，那么子代的人际关系也较好，这符合现实情况，因为现实生活中，子代的社交方式会受父母的影响。综合来看，父代政治面貌对子代政治面貌影响最大。

第二，父代的性别、年龄、职业类型、单位性质、政治面貌对父代的收入具有显著影响。其中影响最大的是父代的职业类型，影响系数为 0.85，可见职业类型与收入水平有极大的相关关系；性别影响次之，影响系数为 0.77，符合我国的实际情况，性别差异在一定程度上依然是影响收入的重要原因；父代单位性质对父代的收入影响系数为 0.75，可见单位性质也对父代的收入水平有着很大的影响；父代政治面貌对父代的收入的影响系数为 0.29，可见父代的政治面貌也会对父代的收入水平产生一定影响；父代的人际关系对于父代收入的影响最小，系数为 0.07；而父代的年龄对父代的收入的影响系数为-0.04。

第三，子代的性别、单位性质、职业类型、人际关系和政治面貌对子代的收入具有显著的影响。其中影响最大的是子代的单位性质，影响系数为 0.67，可见子代的收入水平很大程度上取决于子代的单位性质；子代性别对子代收入影响系数为 0.49，可见性别对子代收入的影响非常大；子代政治面貌对子代收入的影响系数为 0.28，子代职业类型对子代收入系数为 0.28，可见职业类型和政治面貌对子代收入影响力相同；子代年龄、人际关系、求职渠道分别对子代收入的影响系数为 0.05、0.08、0.08，都属于影响较小的因素，子代年龄较小，正处于发展阶段，人际关系网络尚未对收入产生过高的影响符合实情，求职渠道与家庭人际网络有关，但对于子代的具体收入还未起到较大影响作用。

（二）2014 年结构方程模型结果分析

从图 6-2 中可以看出，父代社会资本的不同因素在社会资本代际传递方面的作用均较为显著。与 2010 年相比，2014 年社会资本中单位性质的代际传递的影响增强且起主要作用，而在 2010 年起主要作用的政治面貌的代际传递作用降低为第三，人际关系的影响变化微小。具体表现如下。

1. 社会资本的代际传递

父代的政治面貌对子代政治面貌具有显著影响（0.03），表明父代的政治面貌在一定程度上会对子代的政治面貌产生影响；父代单位性质对子代单位

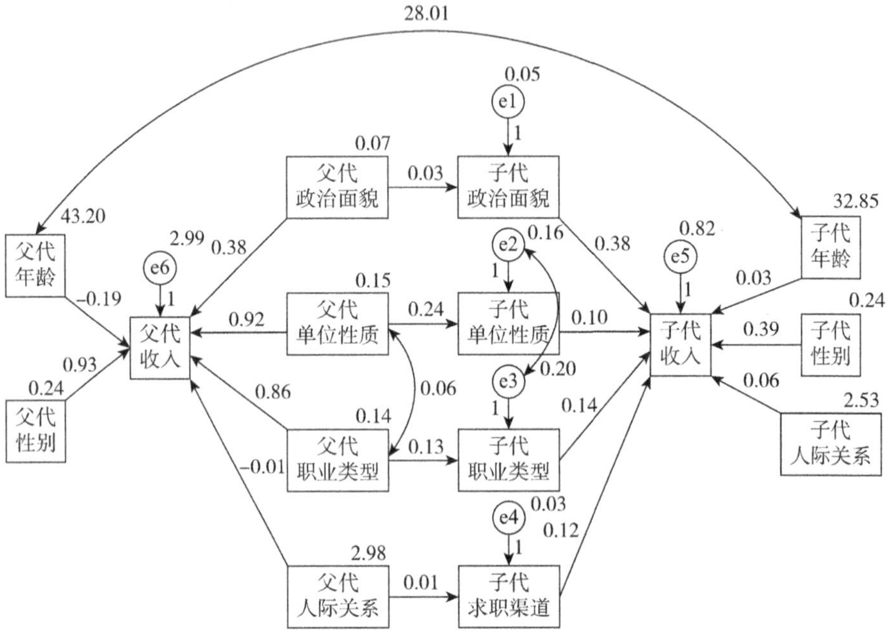

图 6-2 父代社会资本对子代收入的传递路径分析（2014 年）

注：框内右上角的数字为常数项的均值；圆圈右面的数字为变量的方差；箭头上的数字为系数。

性质的影响显著（0.24），这表示父代单位性质会对子代单位性质产生影响，从而影响子代收入；父代的职业类型对子代的职业类型具有显著的影响（0.13），可见拥有就业机会的父母可以通过对子代职业选择的指导或者协助来影响子代的就业以及收入；父代的人际关系对子代的求职渠道具有显著的影响（0.01），人际关系好的父母能够为子代提供更多的工作信息，降低子代寻找工作的机会成本；综合来看，父代单位性质对子代政治面貌影响最大。

2. 父代社会资本对其收入的影响

父代的性别、年龄、职业类型、单位性质、政治面貌对父代的收入均具有显著影响。影响最大的是父代的性别，其影响系数为 0.93，这符合我国的实际情况，性别差异在一定程度上依然是影响收入的重要原因；单位性质影响次之，其影响系数为 0.92，可见单位性质也对父代的收入水平有着很大的影响，个体的单位性质直接决定了其基本收入水平；父代的职业类型对父代的收入影响系数为 0.86，可见职业类型与收入水平有极大的相关关系；父代政治面貌对父代的收入影响系数为 0. 38，可见父代的政治面貌也会对父代的收入水平产生一定影响；而父代的年龄对父代的收入影响系数为-0. 19。

3. 子代社会资本对其收入的影响

子代的性别、单位性质、职业类型、人际关系和政治面貌对子代的收入具有显著的影响。子代性别对子代收入的影响系数为 0. 39，表明性别对子代收入具有较大影响，子代政治面貌对子代收入影响系数为 0. 38，即子代政治面相较于子代性别对子代收入的影响较小。子代职业类型对子代收入系数为 0. 14；子代单位性质对子代收入影响系数为 0. 10；子代求职渠道对子代收入影响系数为 0. 12，可知子代求职渠道与职业类型和单位性质对子代收入影响力接近；子代人际关系对子代收入的影响系数为 0. 06，属于影响较小的因素，子代年龄较小，人际关系网络尚不牢固未对收入产生过高的影响符合实情。

（三）2018 年结构方程模型结果分析

从图 6-3 中可以看出，父代社会资本的不同因素在社会资本代际传递方面的作用均较为显著。社会资本中，政治面貌、单位性质、职业类型的代际传递作用接近，尤其是政治面貌与单位性质和职业类型仅差 0. 03。其中，政治面貌的代际传递作用最强。

1. 社会资本的代际传递

父代的政治面貌对子代政治面貌具有显著影响（0. 20），表明父代政治面貌在一定程度上会对子代的政治面貌产生影响；父代单位性质对子代单位性质的影响显著（0. 17），表明父代单位性质会对子代单位性质产生影响，从而影响子代收入；父代的职业类型对子代的职业类型具有显著的影响（0. 17），可见拥有就业机会的父母可以通过对子代职业选择的指导或者协助来影响子代的就业以及收入；父代的人际关系对子代的求职渠道具有显著的影响（0. 003），人际关系好的父母能够为子代提供更多的工作信息，降低子代寻找工作的机会成本。综合来看，父代政治面貌对子代政治面貌影响最大。

2. 父代社会资本对其收入的影响

父代的性别、年龄、职业类型、政治面貌、单位性质对父代的收入具有显著的影响。其中影响最大的是父代的政治面貌与单位性质，其影响系数分

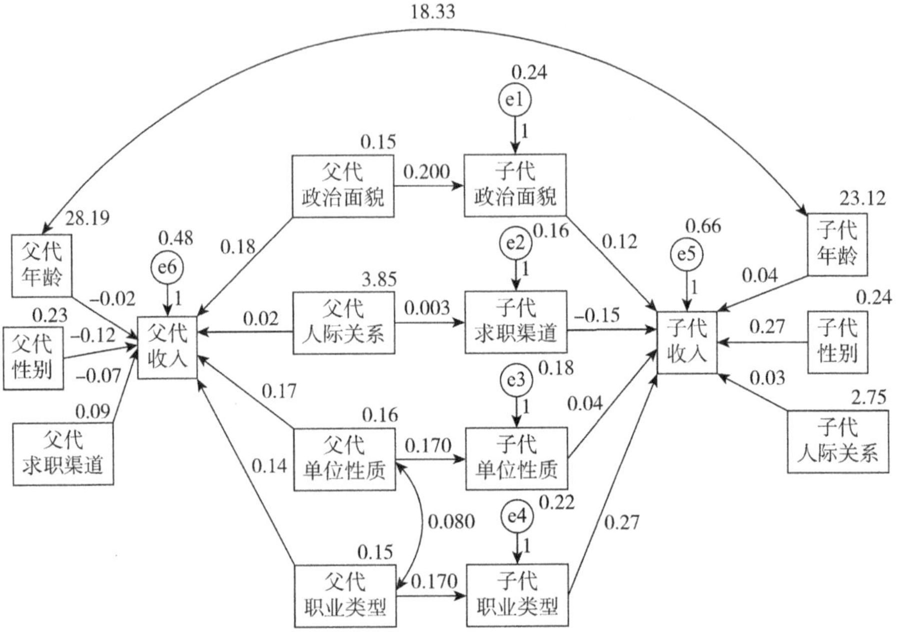

图 6-3　父代社会资本对子代收入的传递路径分析（2018 年）

注：框内右上角的数字为常数项的均值；圆圈右面的数字为变量的方差；箭头上的数字为系数。

别为 0. 18 和 0. 17，父代的政治面貌与单位性质具有一定的关联性，单位性质的不同对父代收入会产生一定的影响；其次是职业类型，影响系数为 0. 14，父代所从事的职业类型对其收入具有重要的影响，可见职业类型在很大程度上决定了收入的高低；父代的单位性质对父代的收入影响系数为 0. 17，可见单位性质的不同也对父代的收入产生一定影响。而父代年龄的影响系数为-0. 028，作用是负的，可能是由于本章选取的数据中父代的年龄偏大，而一般情况下年龄越大，收入反而会越低。父代的求职渠道对父代的收入影响系数并不显著，这与通过家人联系、亲戚朋友或熟人介绍得到的工作，其收入往往不会很高有关。

3. 子代社会资本对其收入的影响

子代的性别、年龄、求职渠道、职业类型、人际关系和政治面貌对子代的收入具有显著的影响。其中影响最大的是子代的职业类型与性别，影响系数均为 0. 27，可见子代的收入在很大程度上取决于自己所从事的职业类型，性别对工资性收入的影响也非常重要；子代的性别和年龄对子代工资性收入也具有显著性影响，二者影响力接近；子代的人际关系对子代收入的影响最小，系数为 0. 03，子代正处于步入社会的阶段，处于其社会人际关系网络中的人们并没有实际权力，因此对其影响较小；子代的求职渠道对子代收入的影响为负，可见子代的收入高低受自身所拥有的社会资本存量的影响。

（四）社会资本代际传递的动态变动趋势分析

通过以上数据分析可知，社会资本的代际流动机制主要包括四个方面。第一是父代的政治面貌会影响子代；第二是父代的单位性质会对子代产生影响；第三是父代的职业类型会影响子代职业的选择；第四是父代的人际关系会拓宽子代的求职渠道，进而对子代的收入产生间接影响。由此可见，政治面貌有利于建立个人社会关系网络，拥有就业机会的父代直接或间接地影响子代的职业选择、就业状态，并且父代通过自己的人际网络关系能够为子代提供更多的职业选择和就业渠道，降低子代寻找工作的机会成本，从而提高子代的收入水平。

为了对比各年份社会资本代际传递的收入差距的变化趋势，本章将政治面貌、单位性质、职业类型、人际关系的影响系数绘制成折线图，如图 6-4 所示。

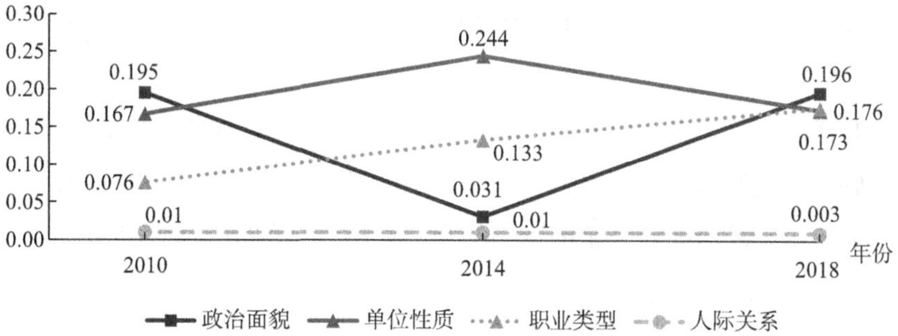

图 6-4　社会资本各年份的影响系数的趋势

从图 6-4 中可以看出，社会资本各因素的代际传递的影响持续增强。具体来看，父代的政治面貌对子代政治面貌的影响波动最大；2014 年父代的政治面貌对子代政治面貌的影响最小，系数为 0. 031，较 2010 年（0. 195）下降了0.164，下降幅度为84.1%，可见，中共十八大以来，国家出台的反腐政策对社会经济影响效果显著。2018年，政治面貌的代际传递上升到0.196；父代所处的工作单位的性质对子代所处的工作单位性质的影响在2014年时上升至0.244，较2010年上升了7.7个百分点，上升幅度为40.1%，在2018年时影响系数又下降至与2010年差不多；父代的职业类型对子代的职业类型的影响呈上升趋势，且上升幅度相对较大。影响系数从2010年的0.076上升至2014年的0.133，上升了5.7个百分点，上升幅度为75.0%。2018年，影响系数上升至0.176，较2014年上升了4.3个百分点，上升幅度为32.3%；2014年以后职业代际流动的上升速度变缓，父代的人际关系对子代的求职渠道的影响较为稳定，且影响系数较小。

第四节　本章小结

本章主要对社会资本对子代收入的影响以及影响方式进行了研究，得出了以下三点结论：

第一，不同收入群体之间的代际收入弹性系数变化区间较大，并且父代对子代的代际收入也呈现出不同程度的影响，具体表现为收入阶层越低，父代收入对子代收入的影响越大，即收入低的父代其子代容易继续保持收入水平较低的状况。2010年，父代城乡分类和政治面貌在子代收入的各分位点上作用明显，父代的求职渠道和单位性质在各分位点上的影响作用有限；2014年，单位性质和政治面貌因素的影响最大，影响最小的是求职渠道；2018年，求职渠道和职业类型代际传递现象明显。

第二，父代社会资本对子代社会资本具有显著的影响且不同因素的影响作用不同。同时，父代收入和子代收入分别受其自身社会资本存量的影响。相较于2010年来说，2014年社会资本中单位性质的代际传递的影响增强且起主要作用，而在2010年起主要作用的政治面貌代际传递作用降低为第三。此外，人际关系的影响变化微小。2018年，社会资本中，政治面貌、单位性质、职业类型的代际传递作用接近，尤其是政治面貌与单位性质和职业类型仅差 0.03，其中，政治面貌的代际传递作用最强。

第三，社会资本主要从四个方面对子代收入产生影响。一是父代通过其政治面貌途径直接或间接地影响子代的收入；二是父代所处的工作单位的性质对子代所处的工作单位性质的影响，进而影响子代的收入；三是通过父代的职业类型影响子代未来职业类型的选择，进而间接地影响子代的工资性收入；四是父代的人际关系会拓宽子代的求职渠道，进而对子代的收入产生间接影响。从社会资本代际传递影响机制的整个框架中可以看出，社会资本在代际传递的过程中发挥着重要的作用，可见，政治面貌有利于建立个人的社会关系网络。同时，拥有就业机会的父代可直接或间接地影响子代的职业选择、就业状态。此外，父代通过自己的人际网络关系能够为子代提供更多的职业选择和就业渠道，降低子代寻找工作的机会成本，以提高子代的收入水平。

第七章　居民家庭收入差距代际传递影响因素测度：财富资本

本章基于财富资本代际传递机制的理论基础研究，探究财富资本对居民家庭收入差距代际传递的影响；运用中介效应检验和 Blanden 分解方法，研究家庭财富资产在居民收入代际传递中的中介效应及贡献程度。一方面，本章分城乡对居民代际收入弹性进行分解，考察家庭财富资本在城乡居民代际收入传递中的贡献率；另一方面，分地区用代际传递机制模型进行回归分析，探究各地区居民家庭代际收入传递贡献率的差异性。

第一节　数据说明与变量描述

一、数据说明

本章根据财富资本指标体系择取具有代表性的指标，并通过 2010 年、2014 年和 2018 年 CFPS 数据库的个人数据表和家庭数据表进行匹配，最终得到有效配对样本量分别为 4625 对、3016 对和 3467 对。具体数据处理过程为：将子代作为参照点对父代数据进行筛选，根据家庭编码以及个体编号整合出以子代收入为因变量，父代收入和各财富资本为自变量，城乡、性别等为控制变量的配对样本，并对父代、子代工作总收入（即薪资性收入以及奖金福利）进行上下 1%的缩尾处理，同时剔除数据缺失或者关键信息不匹配的样本。①

二、变量定义与描述性统计

（一）子代和父代

子代以儿子或女儿为研究对象，父代以父亲为研究对象，剔除处于退休状态的父代及年龄大于 65 岁的父代样本以及未进入劳动力市场的子代和年龄小于 16 岁且在上学的样本。

（二）收入

本章中父代和子代的收入主要包括薪资性收入以及奖金福利，其中部分缺失值用均值来代替。

（三）家庭财富资本

家庭财富资本包含五个方面，即家庭金融性资产、家庭住房资产、家庭保险与保障、固定资产、家庭负债，并进行对数化处理。其中，金融性资产主要是指现金、银行存款、其他货币资金等具有衍生金融工具特质的资产；住房资产主要是指房屋和土地；保险与保障主要是指家庭自主购买的商业保险与政策支持的基础社会保障；固定资产主要是指非货币性资产，包括房屋、建筑物以及与生产经营活动有关的设备等；家庭负债主要是指家庭借贷资金，包括所有家庭成员欠非家庭成员的所有债务、银行贷款、应付账单等。对财富资本各变量的定义如表 7-1 所示。

表 7-1　具体变量定义

变量类型	变量名称	符号	变量定义
因变量	子代收入	$\ln y_i^c$	包括薪资性收入以及奖金福利
	父代收入	$\ln y_i^f$	包括薪资性收入以及奖金福利

① 刘润芳，郝一格，邵鑫鑫．家庭资产对居民代际收入传递的影响——基于 CFPS 经验数据分析［J］．西北人口，2021，42（4）：82-92.

续表

变量类型	变量名称	符号	变量定义
自变量	家庭金融性资产	*financial_assets*	包含现金、银行存款、其他货币资金等具有衍生金融工具特质的资产等
	家庭住房资产	*housing_assets*	包括房屋和土地
	家庭保险与保障	*insurance_assets*	包含家庭自主购买的商业保险与政策支持的基础社会保障
	固定资产	*fixed_assets*	指非货币性资产，包含房屋、建筑物以及与生产经营活动有关的设备等
	家庭负债	*liabilities_assets*	指家庭借贷资金，包括所有家庭成员欠非家庭成员的所有债务、银行贷款、应付账单等
控制变量	城乡分类	*urban*	城市=1，农村=0
	地区分类	*region*	东部=1，中部=2，西部=3

通过表 7-2 可以看出，子代收入和父代收入均有所增加，但子代收入涨幅较大，父代收入涨幅较平缓。居民家庭住房资产在居民家庭财富资本中的货币价值最高，可以发现 2010—2018 年居民家庭住房资产呈“U”形下降趋势，下降率为 12.5%。家庭保险与保障资产较低且整体呈下降趋势，其均值从 2010 年的 20331 元下降至 2018 年的 10127 元，表明近年来国家出台的一系列医疗保险政策、救助补贴政策更好地保障了居民的生活。但是，由于家庭商业保险市场的不成熟和居民投保意识淡薄，近几年居民的保险与保障资产并未像其他四项家庭财富资本那样呈大幅上升的趋势，保险市场还需在政府监督下健康发展。家庭金融性资产、固定资产、家庭负债变量虽然有所波动，但整体呈上升趋势，其中家庭金融性资产在 2010—2014 年波动较小，基本维持在 3.8 万元左右；2015—2018 年，其均值从 38057 元增长至 62676 元，上涨近 2.5 万元，说明居民的理财意识逐步提高；2010—2018 年，固定资产从 14471 元上涨至 79387 元，固定资产的涨幅最大，固定资产主要来源于轿车、农用车、运输车等车辆和电子产品、家用电器、机械设备等耐用品。随着我国居民生活水平的提高，车辆逐渐成为居民家庭生活和生产必不可少的固定资产，同时，电子产品、家用电器、机械设备的普及率也在大幅提高，也促使我国居民家庭持有的固定资

产大幅度上升；家庭负债从 18341 元上升至 71455 元，尤其是 2015—2018 年出现大幅度提升。我国农村居民收入结构正在从经营性收入转向工资性收入，这也反映出整个社会居民收入稳定性在提高，收入稳定性的提高也提高了偿债能力，促使我国信贷市场日渐成熟。

表 7-2　变量基本描述性统计分析

变量	2010 年		2014 年		2018 年	
	均值	标准差	均值	标准差	均值	标准差
子代收入/元	11442.00	20407.17	17002.00	21972.75	26954.00	35298.11
父代收入/元	12444.00	27489.73	12572.00	23427.96	15409.00	26727.91
子代年龄/岁	27.20	6.11000	27.50	5.67000	28.70	5.360157
父代年龄/岁	52.50	6.82000	52.70	6.58000	53.90	6.344923
家庭金融性资产/元	38478.00	140994.80	38057.00	151756.40	62676.00	191062.80
家庭住房资产/元	760464.00	1594928.00	429010.00	3714134.00	665486.00	1334232.00
家庭保险与保障/元	20331.00	87823.01	10642.00	16388.61	10127.00	19225.67
固定资产/元	14471.00	51152.44	8448.00	55536.54	79387.00	132345.20
家庭负债/元	18341.00	81806.79	37006.00	91634.77	71455.00	193947.50

第二节　模型构建

一、财富资本中介效应检验

通过对财富资本代际传递机制的相关理论研究可以看出，家庭财富资本作为居民家庭的重要经济基础，能解释代际收入传递过程中的作用程度以及传递途径，故本书引入中介效应检验来分析家庭财富资本在代际传递中是否起着中介桥梁作用。

本章财富资本对代际传递的中介效应检验步骤以温忠麟等（2012）的研究

为参考。[①] 一般来说，中介效应检验就是检验各变量是否具有中介桥梁作用，本章对三个节点进行检验，第一个节点检验父代收入对子代收入是否产生影响，另外两个节点则是桥梁两端的检验。[②] 本章在式（3.50）~式（3.52）的基础上建立三个模型。模型 1 旨在检验父代收入对子代收入是否存在影响，若模型中系数 c 不显著，则表明父代收入对子代收入不存在显著影响，代表中介效应的检验中止，即不存在中介效应。模型 2 和模型 3 共同检验各家庭财富资本变量对子代收入的中介效应影响。若系数 a 和系数 b 同时显著，则表明该财富资本变量的中介效应在代际收入传递过程中存在。此时，对模型 3 的系数 c' 进行检验，若系数 c' 不显著，则表明该财富资本变量存在完全中介效应，即父代收入对子代收入的影响全部借助家庭财富资本变量来实现；若系数 c' 显著，则表明该财富资本变量存在部分中介效应；若系数 a 和系数 b 至少有一个系数不显著，则需要借助 Sobel 统计量对变量进行补充检验，Sobel 检验统计量为 $\left|(a\times b)/\sqrt{a^2s_b^2+b^2s_a^2}\right|$。若 Sobel 检验结果显著，则表明该财富资本变量存在部分中介效应；若 Sobel 检验结果不显著，则代表不存在中介效应。

模型 1：$\ln y_{i,t}^{c}=c_t\ln y_{i,t}^{f}+e_1$；

模型 2：$G_{j,i,t}=a_{j,t}\ln y_{i,t}^{c}+e_2$；

模型 3：$\ln y_{i,t}^{c}=c'\ln y_{i,t}^{f}+b_{j,t}G_{j,i,t}+e_3$。

其中，$G_{j,i,t}$ 是第 i 个家庭在第 t 年第 j 类家庭财富资本，$\ln y_{i,t}^{c}$ 是第 i 个家庭在第 t 年子代收入对数，$\ln y_{i,t}^{f}$ 是第 i 个家庭在第 t 年父代收入对数。

---

① 温忠麟，刘红云，侯杰泰．调节效应和中介效应分析［M］．北京：教育科学出版社，2012.

② 刘润芳，郝一格，邵鑫鑫．家庭资产对居民代际收入传递的影响——基于 CFPS 经验数据分析［J］．西北人口，2021，42（4）：82-92.

二、财富资本的 Blanden 分解

本章在进行财富资本的 Blanden 分解之前，先对居民家庭代际收入弹性值进行测度。具体弹性值 β 可以通过式（3.97）用 OLS 估计出来。加入表示中介效应的家庭财富资本变量（即五类家庭财富变量），具体模型设定参见式（3.98）和式（3.99）。本章中，t 的取值分别为 2010 年、2014 年、2018 年，j 的取值分别为 1、2、3、4、5，并依次代表在 t 年内第 i 个家庭的金融性资产、住房资产、保险与保障、固定资产和负债五类家庭财富资本。本章通过对这五类家庭财富资本变量的中介效应检验，并结合 Blanden 分解法探究各变量对子代收入的贡献程度以及变量间的差异性表现。将变量 $\rho_{j,t}$ 和 $\theta_{j,t}$ 分别定义为父代投资系数和子代回报系数，以描述各个中间变量对代际传递的贡献程度，具体代际收入弹性值 β_t 满足式（7.1）。为量化这五类家庭财富变量对代际间收入流动性的贡献程度 $\lambda_{j,t}$ 与总的解释力 λ_t，得出计算公式分别为式（7.2）和式（7.3）。

$$\beta_t = \sum_{j=1}^{5} \rho_{j,t}\theta_{j,t} + \frac{Cov(v_{i,t}, \ln y_{i,t}^{f})}{Var(\ln y_{i,t}^{f})} \tag{7.1}$$

$$\lambda_{j,t} = \frac{\rho_{j,t}\theta_{j,t}}{\beta_t} \tag{7.2}$$

$$\lambda_t = \sum_{j=1}^{5} \lambda_{j,t} \tag{7.3}$$

第三节　结果分析

一、家庭财富资本中介效应检验

2010—2018 年，父代收入对子代收入的回归系数 c 均通过显著性检验（系数 c 指的是代际收入弹性值的大小），系数值先升高、后降低。这说明

2010—2018 年我国居民的代际收入弹性经历了先升后降的过程。引入中间变量（即五个家庭财富变量）来研究家庭代际收入传递过程中家庭财富资本是否存在中介效应作用。结合系数 a 和系数 b 整体可以看出，2010 年各家庭财富资本变量的均通过了系数 a、系数 b 和系数 c' 显著性检验，说明各家庭财富变量在代际传递中起到了部分中介的作用；2014 年家庭财富资本变量的系数 a、系数 b 通过了显著性检验，家庭保险与保障和固定资产的系数 c' 未通过检验，说明家庭金融性资产、家庭住房资产、家庭负债起到了部分中介的作用，家庭保险与保障、固定资产则起到了完全中介的作用；2018 年除家庭保险与保障的系数 a、系数 b 至少有一个不显著外，其余四个变量的系数 a、系数 b 和系数 c' 均通过了显著性检验，说明家庭金融性资产、家庭住房资产、家庭保险与保障、固定资产在代际传递中起到了部分中介的作用。结合家庭财富资本的中介效应检验步骤以及系数 a 和系数 b 至少有一个不显著要进行 Sobel 检验可以得到，2018 年家庭保险与保障未通过 Sobel 检验（$t=1.05<1.96$），不存在中介效应。检验结果见表 7-3。

表 7-3 家庭财富资本对居民家庭收入代际传递的中介效应检验

年份	变量	系数 c	系数 a	系数 c'	系数 b	检验结果
2010	父代收入（$\ln y_i^f$）	0.116***	—	—	—	
	家庭金融性资产（*financial_assets*）	—	0.095***	0.165***	0.092***	部分中介
	家庭住房资产（*housing_assets*）	—	0.068***	0.347***	0.111***	部分中介
	家庭保险与保障（*insurance_assets*）	—	0.047**	0.202***	0.047*	部分中介
	固定资产（*fixed_assets*）	—	0.075***	0.082***	0.115***	部分中介
	家庭负债（*liabilities_assets*）	—	0.035***	0.172***	0.152***	部分中介

续表

年份	变量	系数 c	系数 a	系数 c'	系数 b	检验结果
2014	父代收入（$\ln y_i^f$）	0.310***	—	—	—	
	家庭金融性资产（*financial_assets*）	—	0.031***	0.164**	0.282***	部分中介
	家庭住房资产（*housing_assets*）	—	0.074***	0.449***	0.272***	部分中介
	家庭保险与保障（*insurance_assets*）	—	0.032***	0.056	0.297***	完全中介
	固定资产（*fixed_assets*）	—	0.059***	0.047	0.326***	完全中介
	家庭负债（*liabilities_assets*）	—	0.050***	0.265***	0.317***	部分中介
2018	父代收入（$\ln y_i^f$）	0.171*	—	—	—	
	家庭金融性资产（*financial_assets*）	—	0.036***	0.144***	0.171***	部分中介
	家庭住房资产（*housing_assets*）	—	0.045***	0.301***	0.148***	部分中介
	insurance_assets	—	0.005	-0.076	0.157***	Sobel 检验未通过
	固定资产（*fixed_assets*）	—	0.011***	-0.013**	0.172***	部分中介
	家庭负债（*liabilities_assets*）	—	0.028***	0.148*	0.183***	部分中介

注：***、** 和 * 分别代表的是 10%、5%、1%的显著性水平。

上述结果表明，家庭保险与保障变量的中介效应之所以并不平稳，主要是由于其与保险、保障类资产的转移性收入特质存在关联。保险分为社会保险和商业保险，社会保险基本实现全覆盖，商业保险行业发展缓慢，居民对保险的长远收益意识薄弱；社会保障大部分来源于政府救助等转移性收入，不能使个体持有长久有效的资本，由此可以得出，家庭保险与保障在代际收入传递过程中的中介效应并不显著。

相较于家庭保险与保障，其他家庭财富资本中介效应较为稳定，需要关注的是家庭负债变量的中介效应最为显著。通过对家庭负债来源进行阐述说明，可以发现银行贷款占比达到80%以上，达到家庭负债中的最高占比。目前，我国信贷市场发展现状良好，贷款消费意识深入人心，各种贷款消费也加速推进了资本流通，使家庭负债能力逐渐演变成一种隐形的财富资本，在代际收入传递过程中产生正向的中介效应。考虑到调查数据本身的缺陷以及研究的一致性，家庭保险与保障变量在后续的研讨中予以保留。家庭代际收入传递过程中，中间变量均由五类家庭财富资本变量表示，从而进一步探究代际传递过程中父代财富资本将怎样影响子代收入。

二、家庭财富资本对城乡居民代际收入弹性解释程度

本书详细分析了我国居民分城乡、分地区的家庭代际收入弹性的变动情况，得出我国居民家庭收入存在代际传递的事实，本章不再赘述，仅对代际收入弹性的不同影响因素进行分解，以便得出不同因素的重要程度。

由中介效应检验可知，家庭财富资本在代际传递中起中介桥梁的作用，为了分析代际传递的内在过程，表7-4和表7-5分别考察了家庭财富资本在城乡居民代际收入传递中的贡献率，通过对式（7.1）中的代际收入弹性β进行Blanden分解，计算出城乡居民代际收入传递机制模型中各变量的投资系数$\rho_{j,t}$和回报系数$\theta_{j,t}$，详细分析家庭财富资本对城乡居民代际收入传递产生的差异性程度，测量各家庭财富资本变量的可解释程度$\lambda_{j,t}$以及各变量可解释程度之和，即总占比（%），通过分析城乡居民代际传递在家庭财富资本方面的差异，为后续的政策建议提供依据。

表7-4　2010年、2014年及2018年我国城镇居民代际收入弹性分解

年份	系数	家庭金融性资产	家庭住房资产	家庭保险与保障	固定资产	家庭负债	总占比/%
2010	$\rho_{j,t}$	0.125	0.022	0.001	0.148	0.004	—
	$\theta_{j,t}$	0.008	0.026	0.007	0.021	0.051	—
	$\lambda_{j,t}$/%	0.000	2.200	0.000	12.10	0.800	15.1

续表

年份	系数	家庭金融性资产	家庭住房资产	家庭保险与保障	固定资产	家庭负债	总占比/%
2014	$\rho_{j,t}$	0.027	0.035	0.030	0.042	0.041	—
	$\theta_{j,t}$	0.279	0.310	0.302	0.313	0.353	—
	$\lambda_{j,t}$/%	2.300	3.400	2.800	4.100	4.500	17.2
2018	$\rho_{j,t}$	0.018	0.013	0.007	0.000	0.014	—
	$\theta_{j,t}$	0.175	0.173	0.170	0.192	0.226	—
	$\lambda_{j,t}$/%	1.700	1.200	0.600	0.000	1.700	5.3

表 7-5　2010 年、2014 年及 2018 年我国农村居民代际收入弹性分解

年份	系数	家庭金融性资产	家庭住房资产	家庭保险与保障	固定资产	家庭负债	总占比/%
2010	$\rho_{j,t}$	0.063	0.051	0.042	0.042	0.038	—
	$\theta_{j,t}$	0.129	0.147	0.119	0.133	0.172	—
	$\lambda_{j,t}$/%	5.400	5.100	3.300	3.700	4.400	21.9
2014	$\rho_{j,t}$	0.001	0.053	0.019	0.065	0.044	—
	$\theta_{j,t}$	0.211	0.206	0.224	0.280	0.271	—
	$\lambda_{j,t}$/%	0.100	4.500	1.800	7.500	5.000	18.9
2018	$\rho_{j,t}$	0.022	0.038	0.000	0.009	0.021	—
	$\theta_{j,t}$	0.144	0.110	0.116	0.126	0.132	—
	$\lambda_{j,t}$/%	2.400	3.200	0.000	0.900	2.100	8.5

（一）城镇居民代际收入弹性分解

城镇居民家庭财富资本的可解释程度整体上呈倒“U”形下降趋势，总占比水平从 2010 年的 15.1%下降至 2018 年的 5.3%水平，下降幅度为 9.8%。除固定资产、家庭负债以外，父代的投资系数以及家庭财富资本对子代收入的有效回报大大影响了我国城镇居民代际收入流动性的解释比例，并随着父代的投资系数以及家庭财富资本水平对子代收入的回报程度发生变化。可解释比例是指按照代际传递机制模型式计算出来的，表示各中间变量对城镇居民代际收入弹性变化的影响，用来体现各变量对城镇居民代际收入弹性影响大小的排名。总体来看，城镇居民家庭金融性资产、家庭住房资产、家庭负债具有较高的可解释比例，固定资产的可解释比例下降明显，家庭保险与保障的城镇居民家庭的投资系数、回报系数均表现出下降趋势，使该变量的可解释比例也随之降低。

2014—2018 年家庭金融性资产可在一定程度上对城镇居民的代际收入流动性做出解释，因为城镇居民可选择将闲置资金用来投资与理财，使其增值，以此实现收入增长。家庭住房资产的解释力与父代的投资密不可分，2014 年投资系数为 0. 035，回报系数为 0. 310，2014 年后房地产市场膨胀，居民大幅减少，居民的住房资产投资会向家庭保险与保障和家庭金融性资产转移，使得解释比例明显下降。我国自 2016 年实施的全面二孩政策带动了父代对房地产的投资，但由于这段时期不同省市为保障住房价格健康发展而出台的住房限购政策导致了房地产市场的下滑。在房地产市场下滑的同时，我国城镇居民转向家庭保险与保障的投资（如 2014 年解释比例为 2. 8%），从家庭保险与保障的投资系数和回报系数可以看出，父代对家庭保险与保障进行少量的投资却能获得较大的回报。研究发现，2010 年父代对子代固定资产投资水平较高，与之相应的是该年固定资产的回报系数亦达到较高水平，可解释比例达到 12. 1%并处于峰值。2014—2018 年固定资产的投资系数呈下降趋势，可解释比例也随之降低，可以看出，固定资产投资已经逐渐形成投资饱和趋势。父代对家庭负债的投资系数较小，家庭负债对子代产生的回报在 2014 年达到最高，可解释比例达到 4. 5%，有较高的解释度。

（二）农村居民代际收入弹性分解

基于前文的研究，为了详细说明家庭财富资本的五个变量在农村居民家庭代际传递中的贡献程度，以及居民家庭财富资本的代际传递对居民收入差距的作用，通过代际传递机制模型进行回归分析，计算出家庭财富资本各个变量对农村居民代际传递的影响情况。

农村居民家庭财富资本代际传递作用始终高于城镇家庭，并且农村居民家庭财富资本的可解释程度呈下降趋势，从 2010 年的 21. 9%下降至 2018 年的 8. 5%。代际收入弹性解释力降低主要是由于父代投资系数和子代有效回报的减少。近年来，我国居民家庭生活水平普遍提升，城镇化进程加快，城乡融合程度不断提高，在代际传递过程中，家庭财富资本的作用越来越小。

在农村地区，家庭住房资产的解释力在2010—2018年均较高，都在3%以上，表明农村居民家庭收入水平提升之后在不断加大住房的投资力度，既满足了住房的基本需求，也提高了家庭准资产水平。固定资产也是对农村居民代际传递解释力较大的家庭财富资本，农村居民大多需依靠农业生产来提高自身的收入水平，除家庭住房资产外，父代便通过对农业机械等固定资产的投资来提高自己以及后代的收入水平。相比城镇居民，我国农村居民对家庭保险与保障的投资系数不超过0.05。回报系数水平低的现象与农村居民落后的生活水平与淡薄的投保意识有关，没有正确认识家庭保险与保障的长远意义，致使因病致贫、因病返贫等不利于子代经济提升的问题出现。家庭负债在2010—2018年也具有较高的解释比例，其中2014年可解释比例达到5%，农村居民的负债主要用来生产经营，家庭负债对子代收入的促进作用也较为明显。

综上所述，通过对比我国城镇居民与农村居民家庭财富资本对代际收入弹性的影响，研究发现，家庭住房资产在城镇居民和农村居民中均有较高的解释力，这也是我国居民传统观念的体现；随着经济的稳步增长，居民收入水平不断提高，除保障居民基本生活开支外，家庭闲置资金明显增加，金融性资产在代际传递过程中的解释力也逐渐得到提升；城镇居民与农村居民代际传递过程中最明显的不同表现在人们对家庭保险与保障的正确认识上，农村居民只注重眼前利益而忽视了保险与保障的长远好处，致使在大病面前不得不支付昂贵的医疗费，拉低了后代的经济收入，此问题也折射出农村居民"看病难"的背后原因。

三、家庭财富资本对各地区居民代际收入流动性的贡献

从地区家庭财富资本变量的中介作用可以看出，东部地区家庭财富资本中介作用最强且降幅最大，各变量对收入代际弹性的可解释比例从2010年的31.1%下降至2018年的9.5%，中部地区的可解释程度从30.0%降至7.2%，

西部地区从 24.9%下降至 10.7%。

（一）东部地区居民代际收入弹性分解

家庭金融性资产、家庭住房资产、固定资产在东部地区可解释力度较高，这与东部地区经济发展水平较高密不可分。家庭金融性资产始终占有较高的可解释比例，这与其较高的父代投资水平和子代回报水平有关。固定资产的可解释比例在 2010 年占有 11.8%的可解释比例，随后投资系数下降明显，这与城镇居民在固定资产方面的代际收入弹性分解特征相似，东部地区居民固定资产投资趋于饱和。家庭负债对子代收入的促进作用略低于家庭住房资产，排在第 3 位或第 4 位，这与东部地区信贷市场较为成熟，居民收入稳定，使用银行贷款的方式购买房屋或车产等资产有关。家庭保险与保障由于投资系数和回报系数较低，可解释比例较低，尤其是 2010 年，投资系数仅为 0.001（见表 7-6）。

表 7-6　2010 年、2014 年及 2018 年我国东部地区居民家庭代际收入弹性分解

年份	系数	家庭金融性资产	家庭住房资产	家庭保险与保障	固定资产	家庭负债	总占比/%
2010	$\rho_{j,t}$	0.089	0.051	0.001	0.087	0.053	—
	$\theta_{j,t}$	0.068	0.091	0.000	0.102	0.073	—
	$\lambda_{j_t^t}$/%	8.000	6.200	0.000	11.80	5.100	31.1
2014	$\rho_{j,t}$	0.062	0.067	0.049	0.064	0.057	—
	$\theta_{j,t}$	0.271	0.246	0.253	0.284	0.260	—
	$\lambda_{j_t^t}$/%	6.100	6.000	4.600	6.600	5.400	28.6
2018	$\rho_{j,t}$	0.029	0.041	0.011	0.000	0.019	—
	$\theta_{j,t}$	0.148	0.145	0.152	0.165	0.196	—
	$\lambda_{j_t^t}$/%	2.600	3.600	1.000	0.000	2.300	9.5

（二）中部地区居民代际收入弹性分解

中部地区家庭金融性资产、家庭保险与保障、固定资产可解释力度较高。尤其是家庭保险与保障，2010 年可解释比例达到 7.7%，略低于金融性资产和固定资产。2010—2018 年家庭金融性资产从 9.2%下降至 1.1%，下降幅度过快，主要是由于父代投资系数快速降低引起的。固定资产从 8.2%下降至 2.7%，比家庭金融性资产更为平缓，与金融性资产不同，固定资产的可解释比例下降主要是由子代的回报系数不足引起的。随着居民信贷消费的发展，2014 年家庭负债投资系数达到 0.026，家庭负债在子代收入代际传递过程中的可解释比例为 2.9%，虽然始终低于东部地区，但在逐步提高（见表 7-7）。

表 7-7　2010 年、2014 年及 2018 年我国中部地区居民家庭代际收入弹性分解

年份	系数	家庭金融性资产	家庭住房资产	家庭保险与保障	固定资产	家庭负债	总占比/%
2010	$\rho_{j,t}$	0.144	0.048	0.101	0.111	0.003	—
	$\theta_{j,t}$	0.084	0.127	0.102	0.098	0.180	—
	$\lambda_{j_t^t}$/%	9.200	4.500	7.700	8.200	0.300	30.0
2014	$\rho_{j,t}$	0.034	0.032	0.031	0.020	0.026	—
	$\theta_{j,t}$	0.200	0.207	0.220	0.185	0.235	—
	$\lambda_{j_t^t}$/%	3.200	3.100	3.200	1.700	2.900	14.0
2018	$\rho_{j,t}$	0.009	0.013	0.008	0.037	0.015	—
	$\theta_{j,t}$	0.119	0.088	0.080	0.067	0.095	—
	$\lambda_{j_t^t}$/%	1.100	1.300	0.700	2.700	1.500	7.2

（三）西部地区居民代际收入弹性分解

家庭金融性资产、家庭住房资产、固定资产在西部地区具有较高解释力。金融性资产的可解释比例维持在 3%左右，其中 2014 年回报系数最高达到 0.395。家庭住房资产可解释比例波动较小，2018 年可解释比例为 4.1%，在几种家庭财富资本中可解释比例最高。固定资产波动较大，从 1.6%上升至 7.1%再下降至 2.7%，这与其父代的投资系数和子代的回报系数波动较大有关。家庭保险与保障虽然在 2010 年可解释比例达到 10.7%，但是 2014 年以后保险与保障对子代收入的影响作用不明显。家庭负债的可解释比例低于东部地区，这与西部地区经济欠发达，居民家庭负债较少，且主要用于生产经营有关（见表 7-8）。

表 7-8　西部地区居民家庭代际收入弹性分解

年份	系数	家庭金融性资产	家庭住房资产	家庭保险与保障	固定资产	家庭负债	总占比/%
2010	$\rho_{j,t}$	0.040	0.073	0.115	0.019	0.027	—
	$\theta_{j,t}$	0.140	0.135	0.154	0.142	0.203	—
	$\lambda_{j_t^t}$/%	3.400	5.900	10.700	1.600	3.300	24.9
2014	$\rho_{j,t}$	0.031	0.075	0.000	0.063	0.048	—
	$\theta_{j,t}$	0.395	0.327	0.335	0.416	0.366	—
	$\lambda_{j_t^t}$/%	3.300	6.600	0.000	7.100	4.800	21.7
2018	$\rho_{j,t}$	0.030	0.046	0.000	0.026	0.007	—
	$\theta_{j,t}$	0.194	0.170	0.175	0.198	0.209	—
	$\lambda_{j_t^t}$/%	3.000	4.100	0.000	2.700	0.800	10.7

住房资产在西部地区解释力度较大，在中部地区整体解释力度较小，东部地区金融性资产投资系数与回报系数均较高，使其可解释程度较高，2018年金融性资产投资系数下降至0.029，回报系数下降至0.148，可解释程度仅为2.6%；西部地区投资系数小幅度下降，回报系数先升后降，可解释程度维持在3%左右，可见，金融性资产在东部地区的投资逐渐减弱，在西部地区略微下降。固定资产在东部呈现明显的下降趋势，2018年可解释程度为0；在西部则呈现先上升、后下降的趋势，从1.6%上升至7.1%，后下降至2.7%，波动范围较大，在此期间，西部地区固定资产的投资系数于2014年达到0.063，略低于东部地区，但其回报系数远低于东部地区，高投入低回报，使固定资产在西部地区出现持续下降的趋势。随着居民消费观念的转变，房贷、车贷市场日渐成熟，一般来说，居民家庭负债主要来源于房贷、车贷等银行贷款，较高的贷款能力也是较高的还款能力的体现。东部地区负债投资系数较高，可解释程度在2014年上升至5.4%，后降至2.3%，但仍高于同期的中西部地区，这与东部地区经济水平发达和居民偿债能力较强有关。西部地区的投资系数与回报系数均较高，使得住房资产解释力略高于东部地区，但差距不大。

第四节　本章小结

本章在财富资本理论基础上对财富资本变量进行定义，首先对家庭财富资本代际收入弹性值进行测算，其次家庭财富资本进行中介效应检验，最后用 Blanden 分解法对家庭财富资本对城乡及各地区居民代际收入流动性的贡献进行探究。具体分析结论如下：

第一，用 OLS 回归测算出财富资本的代际收入弹性值，得到 2010—2018 年父代收入对子代收入的回归系数值为先升高、后降低的趋势，说明我国居民的代际收入弹性经历了先升后降的过程。

第二，使用中介效应检验，引入中间变量来研究父代向子代传递过程中家庭财富资本的中介桥梁作用。从 2010—2018 年五个家庭财富资本变量的影响结果可以发现，由于保险与保障的转移性收入特质，不能使个体持有长久有效的资本，故家庭保险与保障在代际收入传递过程中的中介效应并不显著。与之不同的是，家庭负债作为一种隐性的家庭财富资本，表现出较为显著的中介效应，这是因为目前我国信贷市场发展现状良好，贷款消费意识深入人心，各种贷款消费行为亦加速推进了资本流通。

第三，用 Blanden 分解法得到家庭财富资本在城乡居民代际收入传递中的贡献率。通过代际传递机制模型对家庭财富资本的五个变量在城镇居民家庭代际传递中的贡献程度，得到我国城镇居民家庭财富资本的可解释程度为先上升、后下降，从 15.1%上升至 17.2%又下降至 5.3%。通过计算家庭财富资本各个变量对农村居民代际传递的影响情况，得到农村居民家庭财富资本代际传递作用始终高于城镇家庭，从 2010 年的 21.9%下降至 2018 年的 8.5%。代际收入弹性解释力下降主要由于父代的投资系数与子代的有效回报的降低，家庭住房资产的解释力在 2010 年、2014 年及 2018 年均较高。

第四，分地区对家庭财富资本在东、中、西各地区居民代际收入流动性的贡献进行对比分析。首先，对东部地区居民代际收入弹性进行分解，得到家庭金融性资产、家庭住房资产、固定资产在东部地区可解释力度较大，这与其较高的父代投资水平和子代回报水平有关。其次，对中部地区居民代际收入弹性进行分解，得到中部地区家庭金融性资产、家庭保险与保障、固定资产在中部地区可解释力度较大。最后，对西部地区居民代际收入弹性进行分解，得到金融性资产、住房资产、固定资产在西部地区具有较高解释力，保险与保障对子代收入的影响作用不明显，家庭负债的可解释比例低于东部地区，这与西部地区经济欠发达、居民家庭负债较少且主要用于生产经营有关。

第八章　居民家庭收入差距代际传递影响因素测度：自然禀赋

本章主要探讨自然禀赋对我国居民家庭收入差距代际传递的影响。结合自然禀赋代际传递机制理论和自然禀赋指标体系，采用分位数回归模型、随机森林模型以及决策树模型的理论，通过构建自然禀赋决策树嵌套分位数回归模型，对我国居民家庭自然禀赋对收入差距代际传递的影响程度进行实证分析。首先，使用决策树模型进行自然禀赋对收入差距影响分析；其次，使用随机森林模型进行自然禀赋变量重要度分析；最后，通过自然禀赋决策树嵌套分位数回归模型研究子代不同收入阶层受自然禀赋影响程度。

第一节　数据说明与变量描述

一、数据说明

本章从微观层面上分析自然禀赋对我国居民收入差距代际传递的影响，数据来源于CFPS2010年、2014年和2018年三个年份的数据。样本配对的总体思路是：将子代作为参照点并分离出对应的父代数据，并根据相应的家庭和个体编号对子女样本进行配对，最终整合出以子代为核心变量、以父代和家庭为对应变量的样本。本章剔除父代退休和子女仍在上学的样本，以及年龄小于16岁、大于65岁的样本。对缺失值的处理有三种方式，子代收入和父代收入变量中缺失值使用均值来代替，城乡、地区、经济地位变量缺失值进行删除处理，饮水、燃料、家庭规模、父代认知、子代认知变量使用众数来代替处理。最后得出三个年份的样本量分别是3930对、2304对、2941对。

二、变量选取

（一）子代收入和父代收入

自我国20世纪70年代推行计划生育政策以来，我国居民家庭对女儿的各项投资也大幅提高，女儿在父代与子代间的传递作用也越来越显著，故将儿子或女儿作为研究对象。在代际传递的研究中，父代收入主要以父亲的收入为主，为与现有研究相一致，本书中将父亲收入作为一个家庭的父代收入。父代和子代的收入既包含实物或货币形式的个人收入，又包含个人的奖金福利。

（二）自然禀赋

自然禀赋一级指标分为区域环境、生存环境、家庭禀赋、个人禀赋四个指标。区域环境是导致我国城乡和地区经济发展不平衡的重要因素，而这种不平衡势必通过代际传递导致子代收入产生差距。城乡分为城镇和乡村，地区分为东、中、西三个地区。地貌变量的数据可以通过CFPS数据库提取2010年的村居样本库，但该样本库未对2013年及以后的数据进行统计，因此在实证过程中，将地貌变量剔除。

（三）生存环境

生存环境指居民家庭周边环境及地势地貌。生存环境与出行便利相关，良好的出行环境对子代外出工作、求学、开阔眼界有极大帮助。由于道路数据的不可获得性，本章仅使用居民家庭做饭饮水和做饭燃料变量进行分析。随着居民生活水平的提高，做饭的用水和燃料便利状况可以反映出居民家庭周边环境的便利性。居民饮水包括自来水、桶装水、纯净水、过滤水、江河湖水、井水、雨水、窖水、池塘水、山泉水等，其中自来水、桶装水、纯净水、过滤水可以归结为具有安全便利性，其他归结为安全不便利；做饭燃料包括罐装煤气、液化气、天然气、管道煤气、太阳能、沼气、电、柴草、煤炭等，其中罐装煤气、液化气、天然气、管道煤气、太阳能、沼气、电是清洁、安全便利的燃料，其他为不便利的燃料。

（四）家庭禀赋

家庭禀赋包括经济地位、家庭规模、父代认知。经济地位是家庭人均收入四分位数，将经济地位分成低、中低、中高、高四个收入阶层；家庭规模即家庭人口数，值得注意的是，该人口数指经济状况计入家庭的人口数，比如户口虽在但已嫁人的女儿不应计算在内，户口独立但一起生活的老人应当计算在内；父代认知是父亲认知测试的得分，该测试为 7 分制，仅反映一般社会认知水平，高于或远高于社会认知水平均为 7 分。

（五）个人禀赋

个人禀赋是子代的个人特征，包括性别和子代认知水平。性别是影响收入差距的普遍性因素。在代际传递过程中，子代的性别对收入差距产生不同程度的促进作用。子代的认知水平对子代的就业及生活等多方面产生影响，从而影响子代收入。

自然禀赋指标具体变量的定义见表 8-1。

表 8-1　自然禀赋指标具体变量定义

指标	变量	指标内容
收入	*income*	收入定义为工资、奖金、补贴在内的工资性收入
城乡	*urban*	城镇=1，乡村=0
地区	*region*	东=1，中=2，西=3
饮水	*water*	便利=1，不便利=0
燃料	*fuel*	便利=1，不便利=0
经济地位	*economy-status*	家庭人均收入四分位数
家庭规模	*population-size*	家庭人口数
父代认知	$cognition^f$	父代认知测试得分，7 分制
性别	*gender*	男=1，女=0
子代认知	$cognition^c$	子代认知测试得分，7 分制

三、描述性统计

2010—2018 年我国居民家庭收入大幅度上升，子代收入从 11473 元上升至 27566 元，增加了 1.4 倍。父代收入从 11754 元上升至 15227 元，增加了 0.3 倍，子代收入的增长速度远超过父代收入的增长速度。子代年龄平均为 26 岁左右，父代年龄平均为 53 岁左右（见表 8-2）。

表 8-2　变量的描述性统计分析

变量名称	2010 年		2014 年		2018 年	
	均值	标准差	均值	标准差	均值	标准差
子代收入/元	11473	20713	17437	21877	27566	35991
父代收入/元	11754	26625	11380	22053	15227	26383
子代年龄/岁	26.2	5.500	25.8	4.940	27.8	4.900
父代年龄/岁	53.5	6.340	52.3	5.690	54.2	5.550
子代认知	5.28	0.960	5.79	1.040	6.38	6.460
父代认知	4.78	1.130	5.48	1.010	5.94	1.880
城乡	0.42	0.490	0.38	0.490	0.44	0.500
地区	—	—	—	—	—	—
饮水	0.55	0.500	0.65	0.480	0.72	0.450
燃料	0.48	0.500	0.62	0.490	0.70	0.460
经济地位	—	—	—	—	—	—
家庭规模/人	5.16	1.450	5.48	1.550	5.63	2.030
性别	0.51	0.500	0.57	0.490	0.54	0.500
样本量	3930	2304	2941			

注：表中数据是对 CFPS 的调查数据进行整理后得到的结果。

城乡的均值在 0.42 附近波动，城镇化水平变动不太明显。饮水和燃料是反映居民家庭生活的重要变量，饮水的便利性从 55%上升至 72%，上升了 17 个百分点；燃料的便利性从 48%上升至 70%，上升了 22 个百分点。这与我国政府扶持农村发展政策和一系列改善民生的利好政策有极大关系且成效显著。家庭规模平均从 5.16 人上涨至 5.63 人，2012 年以后在 5.5 人左右波动，整体状况较为稳定。父代认知水平从 4.78 分上涨至 5.94 分（满分 7 分），子代认知水平从 5.28 分上涨至 6.38 分，子代认知水平高于父代认知水平，两者的增长速度较为接近。社会科技发展使得居民从网络获取更多信息，居民的普遍认知水平在提高。

第二节　模型构建

一、自然禀赋决策树模型与随机森林模型

本章根据决策树模型与随机森林模型建模的相关理论，研究自然禀赋对居民家庭收入差距代际传递的影响程度。决策树模型与随机森林模型均为机器学习模型群，决策树模型的优越性表现在对离散型变量和连续型变量都可以建模，对离散型变量建模效果更加明显。自然禀赋中的指标大多为离散型变量，因此本章使用决策树模型分析各项二级指标内容，根据决策树模型得出子代平均收入构建一级指标值，然后对一级指标值进行分位数回归建模，从子代收入分位数角度分析自然禀赋因素的影响大小。通过随机森林模型对自然禀赋二级指标进行变量重要度测度，排名得出收入差距代际传递过程中最重要的影响因素。

决策树模型将特征空间分成若干矩形的终节点，进行预测时，每个终节点上只有一个共同的预测值。对于分类问题，此预测值为该终节点所有训练样本的最常见类别；对于回归问题，此预测值为该终节点所有训练样本的平均值。区域环境、生存环境、家庭禀赋、个人禀赋的回归平均值如式（8.1）~式（8.4）所示。

$$\bar{y}_{area,r,k}=f(x_{i,k})=\{x_{urban,k},x_{region,k},x_{landforms,k}\} \tag{8.1}$$

$$\bar{y}_{existence,r,k}=f(x_{i,k})=\{x_{water,k},x_{fuel,k},x_{road,k}\} \tag{8.2}$$

$$\bar{y}_{family,r,k}=f(x_{i,k})=\{x_{eco-status,k},x_{pop-size,k},x_{pat-cognition,k}\} \tag{8.3}$$

$$\bar{y}_{person,r,k}=f(x_{i,k})=\{x_{gender,k},x_{off-cognition,k}\} \tag{8.4}$$

其中，$\bar{y}$ 表示子代收入的回归平均值，下标 r 表示可能分裂出的 r 个终节

点，下标 k 表示数据的年份。*area* 表示区域环境变量、*existence* 表示生存环境、*family* 表示家庭禀赋变量，*person* 表示个人禀赋变量。*urban*、*region*、*landforms*、*water*、*fuel*、*road*、*eco-status*、*pop-size*、*pat-cognition*、*gender*、*off-cognition* 分别表示城乡、地区、地貌、饮水、燃料、道路、经济地位、家庭规模、父代认知、性别、子代认知特征变量。

二、自然禀赋决策树嵌套分位数回归模型

分位数回归模型是在最小二乘回归基础上发展出的一种计量模型，它的优点在于放宽正态性与齐方差性的假设提高模型的实际应用能力。[①] 分位数回归可以捕捉收入分布偏斜、厚尾等特征，更适用于对不同收入群体自然禀赋因素影响度的测量。采用由决策树模型得出的子代平均收入构建一级指标值，然后对一级指标值进行分位数回归建模。决策树模型、随机森林模型与分位数回归模型之间彼此递进，嵌套使用，为基于自然禀赋的居民收入代际传递分析提供统计模型支撑。

自然禀赋指标体系的数据类型以离散型为主，通过决策树模型分析，不同的指标内容有不同的选择路径，每一个终节点都可以得到一个自然禀赋一级指标变量值，即区域环境变量 $x_{area}=\bar{y}_{area,r}$，生存环境变量 $x_{existence}=\bar{y}_{existence,r}$，家庭禀赋变量 $x_{family}=\bar{y}_{family,r,k}$，个人禀赋变量 $x_{person}=\bar{y}_{person,r}$。其中，下标 r 表示决策树的终节点数，则决策树嵌套分位数回归的数学模型如下：

$$\ln y_{i,k}=\alpha_{\tau,k}+\beta_{1,\tau,k}\ln x_{area,k}+\beta_{2,\tau,k}\ln x_{exirstence,k}+ \beta_{3,\tau,k}\ln x_{family,k}+\beta_{4,\tau,k}\ln x_{person,k}+\varepsilon_{i,\tau} \tag{8.5}$$

式中，$y_{i,k}$ 表示第 i 个子代收入，下标 k 表示数据年份；$\beta_{1,\tau,k}$、$\beta_{2,\tau,k}$、$\beta_{3,\tau,k}$、$\beta_{4,\tau,k}$ 分别表示各自然禀赋变量在 τ 分位数上对应的回归系数。模型的经济含义是在子代收入的 τ 分位数时，自然禀赋因素每提升 1%，子代收入便会提升 β%（部分数据展示参见附录 20~22）。

---

① 徐晓红，曹宁．部门分割视角下的收入差距代际传递变动趋势［J］．贵州财经大学学报，2018（3）：93-101.

第三节　结果分析

一、自然禀赋对收入差距影响分析

由代际收入弹性分析结果可知，子代收入对父代收入有极大依赖性，自然禀赋对收入差距代际传递过程的影响，则需要通过回归树模型进行建模分析。自然禀赋对子代收入的影响回归树模型，以子代收入为因变量（输出变量），以自然禀赋因素为自变量（输入变量）。决策树模型没有具体的数学模型，以更为直观的“树”形来呈现，子代收入变量是连续型变量，因此生成的是回归树，每一节点都可观察到各因素不同指标内容选择下的样本占比以及该分类下子代收入平均值，便于对子代收入的差距进行比较分析。

（一）区域环境决策树

决策树使用“最小化残差平方和”作为节点的分裂准则，分裂后，残差平方和下降最多，此时变量的异质性最高。2010 年区域环境中城乡因素异质性高于地区因素（见图 8-1），即把城乡因素作为节点的分裂准则可使得子代收入的残差平方和下降最多，子代收入之间的差异更大。就城乡差异而言，乡村居民家庭占比为 58%，子代平均收入为 8200 元；城镇居民家庭占比为 42%，子代平均收入为 16000 元，城镇约为乡村的 1.95 倍。东部地区异质性高于中部地区和西部地区，即东部地区的子代收入与中部地区和西部地区子代收入的残差平方和差异较大，使用东部地区与中、西部地区进行分割，可使得子代收入之间的残差平方和下降最多；西部乡村子代人均收入仅为 6300 元，东部乡村子代平均收入为 10000 元，东部乡村是西部乡村的 1.58 倍；西部城镇子代平均收入为 11000 元，东部城镇子代平均收入为 20000 元，东部城镇是西部城镇的 1.82 倍。可见，东西部城镇的子代平均收入差距（0.82 倍）高于乡村子代平均收入差距（0.58 倍）。

2014 年区域环境决策与 2010 年表现出不同的特点。地区因素的异质性高于城乡因素。西部地区居民家庭子代收入明显低于中、东部地区，西部家庭占比 29%，平均收入为 11000 元，其中城镇子代平均收入为 15000 元，乡村子代平均收入为 10000 元，城镇是乡村的 1.5 倍，收入差距较小；中部地区城镇家庭子代平均收入为 20000 元，乡村子代平均收入为 16000 元，城镇是乡村的 1.05 倍，收入差距较小；东部城镇子代平均收入为 28000 元，乡村子代平均收入为 18000 元，城镇是乡村的 1.56 倍，收入差距为 10000 元，收入差距较大。西部地区子代平均收入水平整体较低，其次是中部地区，东部地区收入水平最高。就城乡差异而言，西部地区和中部地区城乡差异较小，东部地区城乡差异（1.61 倍）较大。

2018 年区域环境与 2014 年相类似，地区差异高于城乡差异。西部地区城镇居民家庭的子代收入平均为 21000 元，乡村的子代收入为 19000 元，城镇是乡村的 1.1 倍，收入差距较小；中部地区城镇子代平均收入为 33000 元，乡村子代平均收入为 27000 元，城镇是乡村的 1.22 倍，收入差距略高于西部地区；东部城镇子代平均收入为 39000 元，乡村子代平均收入为 26000 元，城镇是乡村的 1.5 倍。东部地区子代平均收入最高，同时城乡收入差距也最大，中部地区次之，西部地区子代收入最低，城乡收入差距最小。

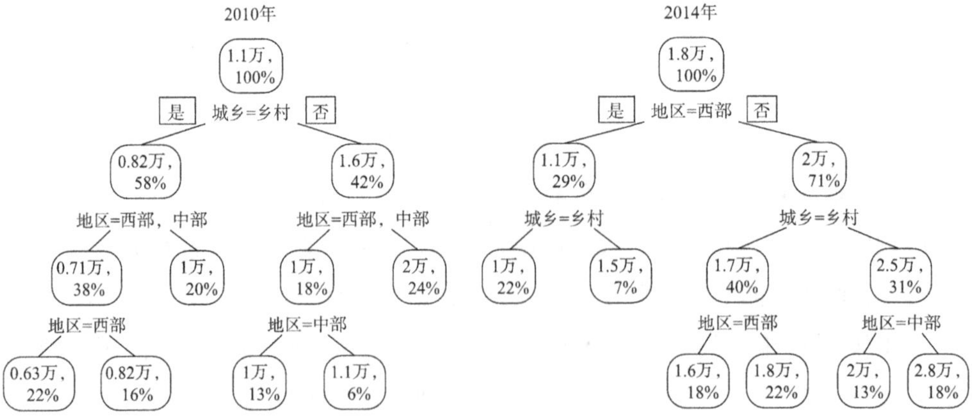

图 8-1　2010—2018 年区域环境决策树

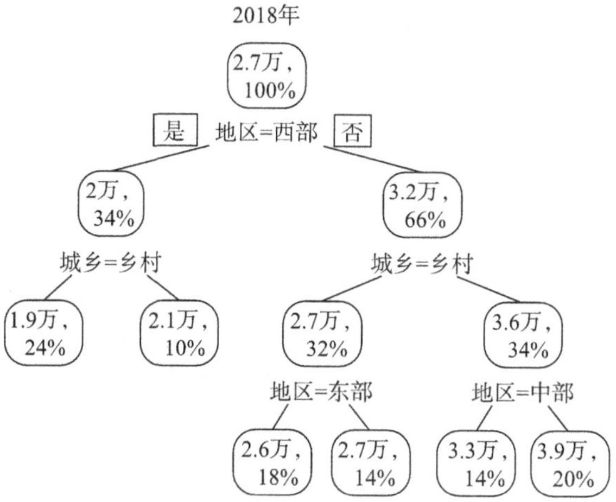

图 8-1 2010—2018 年区域环境决策树（续）

注：为了便于图形显示，图中子代收入回归均值的单位为元。

（二）生存环境决策树

2010—2018 年生存环境决策树如图 8-2 所示。由图 8-2 可见，在居民家庭做饭饮水和燃料方面，2010 年燃料的异质性高于饮水，燃料作为根节点的分裂准则可使得子代收入的残差平方和下降最多，子代收入之间的差异更大。燃料不便利的家庭占比为 51%，其中 34%饮水不便利，子代平均收入为 6600 元；燃料便利的家庭占比为 49%，其中 39%饮水便利，即燃料与饮水均便利的家庭占比为 39%，子代平均收入为 17000 元，饮水和燃料都便利的家庭是都不便利家庭的 2.58 倍。可见，2010 年我国居民家庭生活水平较低，自来水和天然气等便利资源的普及率较低，日常做饭饮水和燃料存在极大的不便利，而这种家庭生存环境的不便通过代际传递产生作用，导致子代收入差距扩大。

2014 年居民家庭饮水和燃料现状较 2010 年明显改善。燃料便利的家庭占比为 62%，提升了 13 个百分点，子代平均收入为 20000 元。燃料不便利的家庭占比为 38%，收入为 13000 元，燃料便利的家庭子代平均收入是不便利的 1.54 倍，低于 2010 年（2.25 倍）的差异水平，差异明显缩小。燃料和饮水都便利的家庭占比达到 45%，比 2010 年上升了 6 个百分点，子代平均收入达到 22000 元，燃料和饮水都不便利的占比仅为 18%，比 2010 年的 34%下降了

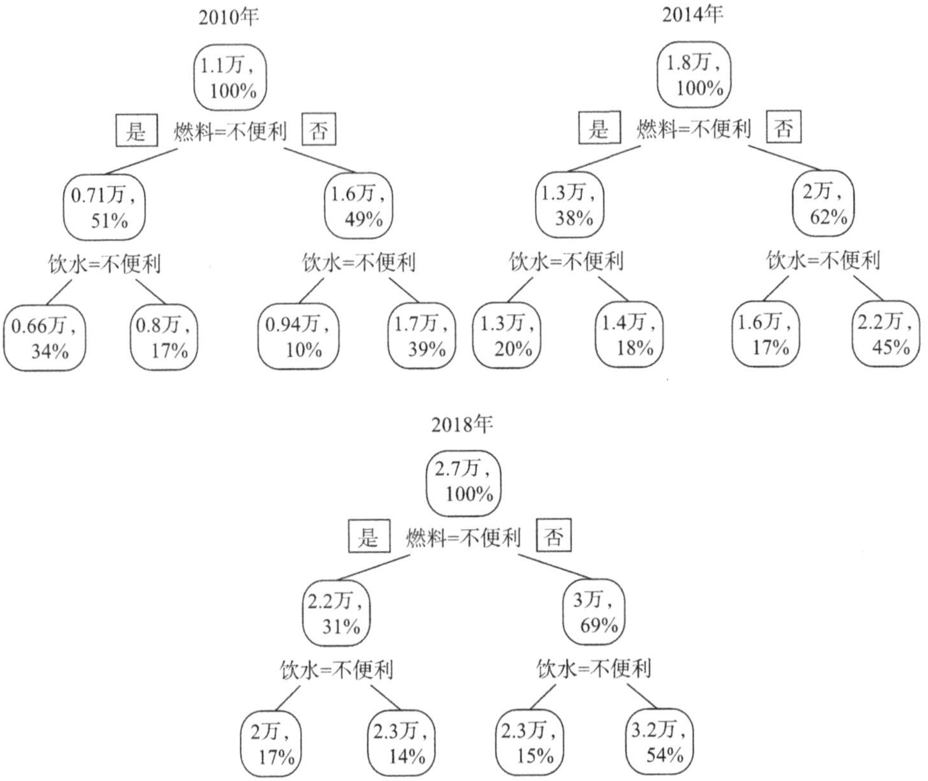

图 8-2　2010—2018 年生存环境决策树

注：为了便于图形显示，图中子代收入回归均值的单位为元。

16 个百分点，子代平均收入为 14000 元，燃料和饮水都便利的家庭子代平均收入是都不便利的 1.57 倍，也明显低于 2010 年（2.58 倍）的差异水平。可见，居民家庭饮水和燃料都便利的占比在提升，饮水和燃料都不便利的家庭占比在降低，尤其是都不便利的状况出现大幅度的下降。随着居民家庭饮水和燃料现状的改善，子代平均收入差距缩小明显（由 2.58 倍下降至 1.57 倍），使得子代平均代际收入传递过程中的生存环境因素作用减弱。

2018 年，居民家庭饮水和燃料对子代收入的代际传递作用进一步减弱。燃料便利的居民家庭占比为 69%，子代平均收入为 30000 元；不便利的家庭占比 31%，子代平均收入为 22000 元，燃料便利是不便利的 1.4 倍，比 2014 年的 1.54 倍进一步缩小。燃料和饮水都便利的居民家庭占比为 54%，子代平均收入为 32000 元；都不便利的家庭占比为 14%，子代平均收入为 23000 元，燃料和饮水都便利的是都不便利的 1.4 倍，比 2014 年的 1.6 倍进一步缩小。2018 年居民做饭饮水和燃料现状在 2014 年的基础上进一步改善，子代收入代际传递中生存环境的作用正在逐步降低。

（三）家庭禀赋决策树

2010—2018 年家庭禀赋决策树如图 8-3 所示。由图 8-3 可见，家庭禀赋因素中，家庭经济地位为主要影响因素，其次是父代认知水平，家庭规模异质性较低。2010 年高收入家庭子代平均收入达到 25000 元，低收入家庭子代平均收入为 5100 元，中低收入家庭子代平均收入为 7700 元，中高收入家庭子代平均收入为 11000 元；高收入家庭子代平均收入是低收入家庭子代的 4.9 倍，收入差距达到 19900 元，经济地位造成的收入差距远超于区域环境（1.82 倍）和生存环境（2.58 倍）造成的差异。高收入家庭中，父代认知影响较小，父代认知小于 6 的子代平均收入为 23000 元，父代认知大于等于 6 的子代平均收入为 27000 元，收入差距为 4000 元；在中高收入家庭中，家庭规模有一定影响，但差异较小，家庭规模小于 5 人的子代平均收入为 10000 元，家庭规模大于等于 5 人的子代平均收入为 12000 元，收入差距为 2000 元。家庭经济地位对子代平均收入影响过大，导致父代认知和家庭规模的影响不明显。

2014 年经济地位依然是家庭禀赋中最重要的因素，家庭规模因素异质性略高于父代认知水平。高收入家庭子代平均收入达到 32000 元，中高收入家庭子代平均收入为 20000 元，中低收入家庭子代平均收入为 12000 元，低收入家庭子代平均收入仅为 4500 元。高收入家庭子代平均收入是低收入家庭的 7.27 倍，经济地位导致子代平均收入之间差距巨大并且这种差距还在扩大，高低收入家庭子代平均收入差距远高于 2010 年的 4.9 倍。家庭规模与父代认知对子代平均收入影响较小；低收入家庭父代认知水平大于等于 5，子代平均收入为 5000 元，父代认知水平小于 5，子代平均收入为 3200 元；高认知水平是低认知水平的 1.56 倍，收入差距为 1800 元。中低收入家庭中，家庭规模小于 7 人，子代平均收入为 11000 元，家庭规模大于等于 7 人，子代平均收入为 13000 元，收入差距为 2000 元；中高收入家庭中，家庭规模小于 8 人，子代平均收入为 20000 元，家庭规模大于等于 8 人，子代平均收入为 22000 元，收入差距为 2000 元；高收入家庭中，家庭规模小于 4 人，子代平均收入为 19000 元，家庭规模大于等于 4 人，子代平均收入为 23000 元。在中低和中高收入家庭中，家庭规模较大，子代平均收入反而略高，但在高收入家庭中，家庭规模较小子代平均收入反而更高，家庭规模对子代平均收入的影响与家庭经济地位有较大关系。

2018 年，家庭禀赋中家庭经济地位依旧是最主要的影响因素且收入差距巨大，高收入家庭子代平均收入达到 49000 元，中高收入家庭子代平均收入为 31000 元，中低收入家庭子代平均收入为 22000 元，低收入家庭子代平均收入为 15000 元。高收入家庭子代平均收入是低收入家庭的 3.27 倍，低于 2010 年的 4.9 倍，这是由于低收入家庭子代收入增长 2.94 倍，高收入家庭子代收入增长 1.96 倍，低收入家庭子代平均收入增长速度快于高收入家庭。高收入家庭中，父代认知水平对子代平均收入有较大影响，并表现为反向作用。中高收入家庭中，家庭规模大于等于 7 人时子代平均收入为 36000 元，家庭规模小于 7 人时，子代平均收入为 30000 元，收入差距为 6000 元，即中高收入家庭中，家庭规模略大对子代平均收入的提高有正向作用，但这种作用有限，家庭规模差异造成的子代平均收入差距较小。

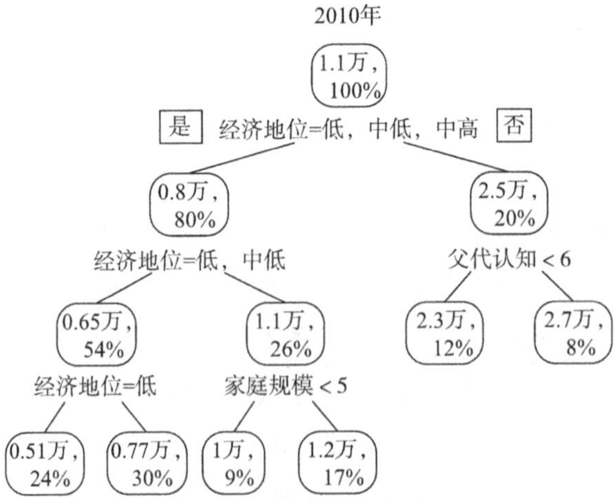

图 8-3　2010—2018 年家庭禀赋决策树

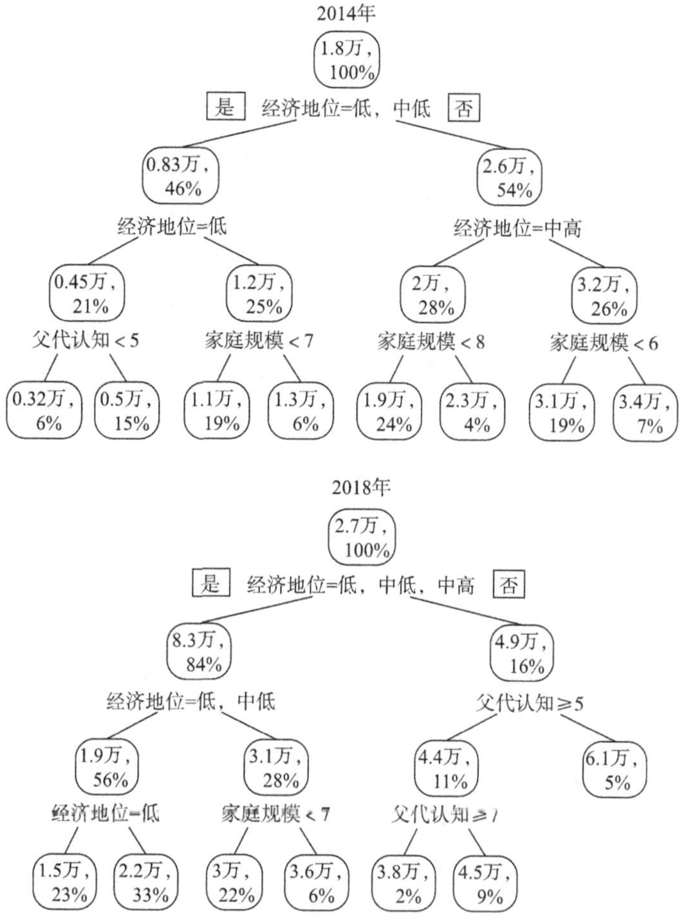

图 8-3　2010—2018 年家庭禀赋决策树（续）

注：为了便于图形显示，图中子代收入回归均值的单位为元。

（四）个人禀赋决策树

2010—2018 年个人禀赋决策树如图 8-4 所示。由图 8-4 可见，2010 年个人禀赋因素中，性别因素异质性高于子代认知。男性平均收入为 15000 元，女性平均收入为 7900 元，男性是女性收入的 1.9 倍。在子代认知方面，认知水平低于 5 的子代平均收入较低，男性收入为 10000 元，女性收入为 4100 元，男性收入是女性的 2.44 倍；认知水平大于等于 5 时，男性收入是女性收入的 1.8 倍。当子代认知水平较低时，女性的收入低于男性的收入水平，这意味着适当提高女性的认知水平可以减少性别给子代平均收入所带来的差异。

2014 年个人禀赋中性别因素的影响高于子代认知因素。男性收入为 20000 元，女性收入为 14000 元，男性收入是女性的 1.43 倍，差异水平低于 2010 年的 1.9 倍。随着社会发展，男女之间的收入差距在逐渐缩小。男性中，子代认知水平低于 5 占比为 6 %，子代平均收入为 13000 元；认知水平等于 5，收入为 20000 元；认知水平大于 5，收入为 21000 元，当认知水平较低时，子代收入较低，但随着认知水平的提高，男性收入整体趋于稳定。女性中，子代认知水平等于 7，收入为 18000 元；认知水平为 6，收入为 13000 元；认知水平小于 5 时，收入为 8500 元，随着认知水平的提高，女性收入略有提高。子代认知水平较低时，男女收入差距较小，子代认知水平较高时，男女收入差距随之扩大，可见，子代认知水平提高会导致男女之间收入差距扩大。

2018 年个人禀赋中性别差异造成的子代平均收入最为显著。男性平均收入为 33000 元，女性平均收入为 21000 元，男性平均收入是女性的 1.57 倍，与 2014 年的 1.5 倍持平。男性中，子代认知水平低于 4 的子代收入达到 23000 元，认知水平等于 7 的子代收入达到 38000 元，高认知水平是低认知水平的 1.65 倍。女性中，子代认知水平低于 5 的平均收入为 18000 元，认知水平等于 7 的平均收入为 24000 元，高认知水平是低认知水平的 1.33 倍。认知水平造成的收入差距中，男性高于女性。

总结 2010—2018 年自然禀赋决策树的结果，区域环境中，地区的异质性高于城乡，尤其是西部地区收入水平明显低于中、东部地区，这也导致西部地区城乡差异低于中、东部地区的城乡差异。生存环境中，燃料对收入差距的影响始终高于饮水，这与燃料便利性的普及率低于饮水便利性有关，但随着生存环境的不断改善，饮水与燃料造成的收入差距均在逐年降低。家庭禀赋中，经济地位是造成收入差距的主要因素，甚至远超于区域环境因素与生存环境因素造成的收入差距，这也导致父代认知与家庭规模对收入差距的影响难以衡量，本章将在后文通过变量重要度进行分析。个人禀赋中，性别造成的收入差距高于子代认知水平，在考虑子代认知变量后，发现认知水平造成的收入差距男性高于女性，即子代认知水平会加剧这种性别造成的收入差距。

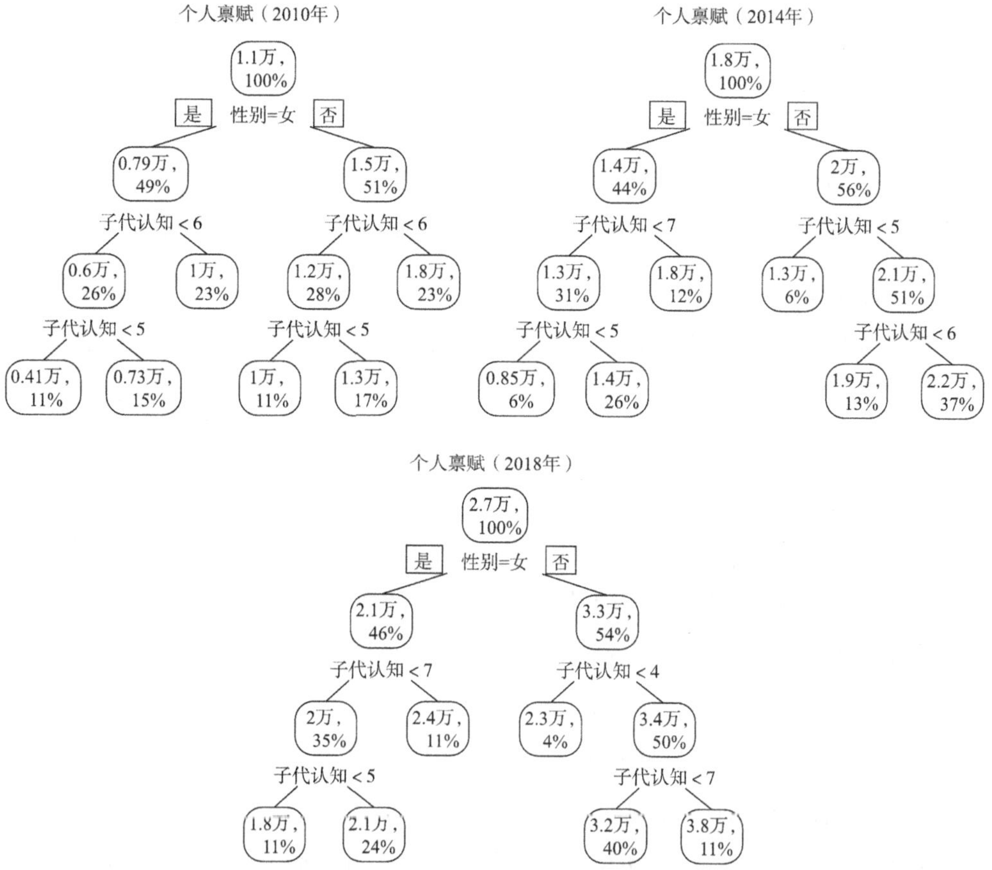

图 8-4　2010—2018 年个人禀赋决策树

二、自然禀赋变量重要性分析

从随机森林模型中去掉某个变量，使得袋外误差上升，袋外误差上升百分比是衡量变量在模型中的重要性的一个重要指标，异质性是基于训练样本残差平方和计算的变量重要性。袋外误差上升百分比和异质性从两个不同角度，对自然禀赋在收入差距代际传递过程中的重要性进行分析。从自然禀赋的袋外误差上升百分比来看，2010 年的袋外误差上升百分比均值仅为 2. 97%，2014 年上升到 18. 09%，2018 年下降到 11. 43%，这一变化趋势与收入代际弹性系数的变化趋势相似，呈现出先上升、后下降的趋势。自然禀赋的异质性

(残差平方和) 从9.5万下降到7.0万又上升到15.5万。自然禀赋的袋外误差上升百分比与异质性变化明显，可见自然禀赋对收入差距代际传递作用影响明显，虽有波动但整体作用在增强。

(一) 自然禀赋袋外误差上升百分比

2010—2018年自然禀赋袋外误差上升情况如表8-3、图8-5所示。从自然禀赋袋外误差上升百分比来看，2010年自然禀赋对收入差距代际传递作用较低，其中燃料的影响最高；去掉燃料因素，自然禀赋模型整体的袋外误差上升百分比为10.03%，袋外误差上升越多，表明变量越重要。其次是家庭经济地位袋外误差上升百分比为6.08%，城乡、地区、性别因素在3%左右，饮水、家庭规模、子代认知因素影响最低。

2014年自然禀赋对收入差距代际传递作用较强，从2.97%涨到18.09%，整体作用的增强源于各影响因素都有不同幅度的提升。经济地位袋外误差上升百分比从6.08%提升至71.82%，成为最重要的影响因素，经济地位袋外误差百分比上升的原因在于高低收入家庭阶层的子代收入差距过大（2014年高收入家庭子代平均收入是低收入家庭的7.27倍，子代收入差距远高于2010年的4.9倍）。性别袋外误差上升百分比增加了12.32个百分点，达到15.48%，成为第二大影响因素。城乡袋外误差上升百分比达到12.02%，家庭规模袋外误差上升百分比为11.82%，略高于父代认知的9.63%，燃料袋外误差上升百分比为9.75%，饮水袋外误差上升百分比增加了7.71个百分点。2014年经济地位、性别因素袋外误差上升百分比2010年增加明显，燃料略有下降，饮水、城乡、地区、家庭规模、父代认知均增加10%左右，自然禀赋对收入差距代际传递作用在增强。

表8-3　2010年、2014年、2018年自然禀赋袋外误差上升百分比

自然禀赋	2010年		2014年		2018年	
	袋外误差上升百分比	排名	袋外误差上升百分比	排名	袋外误差上升百分比	排名
城乡	3.03	5	12.02	4	6.22	8

续表

自然禀赋	2010 年		2014 年		2018 年	
	袋外误差上升百分比	排名	袋外误差上升百分比	排名	袋外误差上升百分比	排名
地区	3.90	3	12.73	3	6.40	7
饮水	1.66	6	9.37	9	3.19	9
燃料	10.03	1	9.75	7	6.67	6
经济地位	6.08	2	71.82	1	33.50	1
家庭规模	0.89	7	11.82	5	9.45	4
父代认知	0.40	8	9.63	8	8.66	5
性别	3.16	4	15.48	2	17.65	2
子代认知	-2.40	9	10.22	6	11.09	3
均值	2.97	—	18.09	—	11.43	—

2018 年自然禀赋对收入差距的代际传递作用有所降低，主要来自家庭经济地位变量作用的降低，城乡、地区、饮水和燃料也有不同程度的下降。家庭经济地位袋外误差上升百分比下降了 38.32 个百分点，低至 33.50%，但在自然禀赋变量中依旧是最重要的影响因素。性别和子代认知袋外误差百分比略有上升，是较为重要的影响因素。家庭规模和父代认知下降至 9%左右，排名居中。城乡、地区和燃料下降至 6%左右，下降明显，饮水下降至 3.19%。

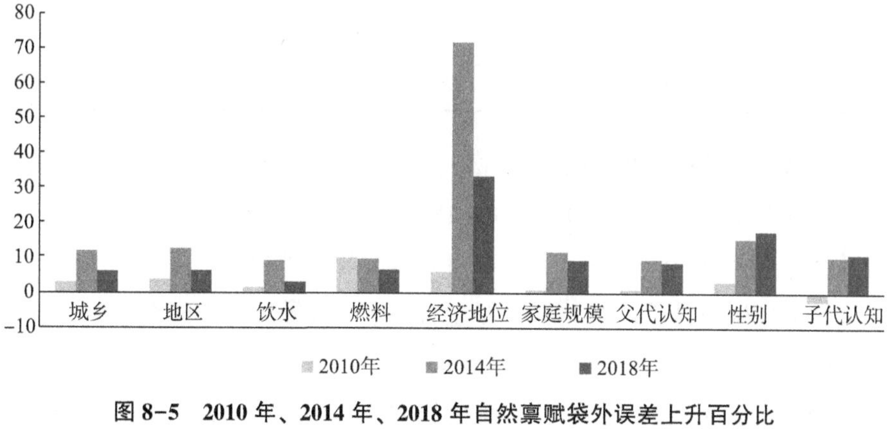

图 8-5　2010 年、2014 年、2018 年自然禀赋袋外误差上升百分比

综上，区域环境和生存环境的袋外误差上升百分比略有上涨，在自然禀赋对收入差距的代际传递过程中影响作用较小。家庭禀赋和个人禀赋的袋外误差上升百分比涨幅较大，在自然禀赋对收入差距的代际传递过程中着重要的作用。

（二）自然禀赋异质性

从自然禀赋的异质性来看（见表 8-4、图 8-6），2010 年的家庭经济地位异质性达到 19 万，是异质性最高的因素。其次是家庭规模的异质性，达到 15 万。地区的异质性达到 10 万，这三个因素异质性最高。

表 8-4　2010 年、2014 年、2018 年自然禀赋异质性

自然禀赋	2010 年		2014 年		2018 年	
	异质性	排名	异质性	排名	异质性	排名
城乡	47399. 50	9	36270. 37	6	66551. 37	7
地区	106831. 50	3	55591. 71	5	120112. 70	6
饮水	53924. 88	8	27750. 17	8	51610. 04	8
燃料	81249. 51	5	27605. 91	9	47434. 01	9
经济地位	190532. 70	1	208115. 40	1	378594. 50	1
家庭规模	150056. 70	2	101507. 00	2	197876. 40	3
父代认知	84983. 08	4	70787. 17	4	239985. 30	2
性别	80573. 10	6	33941. 73	7	121055. 40	5
子代认知	65563. 38	7	71045. 59	3	176722. 20	4
均值	95679. 37	—	70290. 56	—	155549. 10	—

父代认知、燃料、性别的异质性均在 8 万左右，子代认知、饮水、城乡的异质性均在 5 万左右。2014 年自然禀赋的异质性普遍略有下降。经济地位的异质性上涨至 20 万，居第 1 位，家庭规模异质性下降了 5 万居第 2 位，子代认知、父代认知异质性变动至 7 万左右，地区的异质性下降至 5 万，排名从第 3 位跌至第 5 位，城乡、性别、饮水、燃料的异质性均在 3 万左右，这四个因素异质性最低。2018 年自然禀赋的异质性大幅度增加，家庭经济地位的异质性上涨至 37. 86 万，父代认知的异质性上涨至 24 万，成为第二重要的影

响因素。家庭规模的异质性上涨至 19.79 万，子代认知的异质性上涨至 17.67 万。性别和地区的异质性上涨至 12 万左右，城乡、饮水、燃料的异质性均在 5 万左右。

经济地位、家庭规模、父代认知的异质性排名靠前，性别和子代认知的异质性上升明显，城乡和地区的异质性排名靠后，饮水和燃料的排名最低。可见，自然禀赋在收入差距的代际传递过程中，按照家庭禀赋、个人禀赋、区域环境、生存环境的顺序发挥作用。

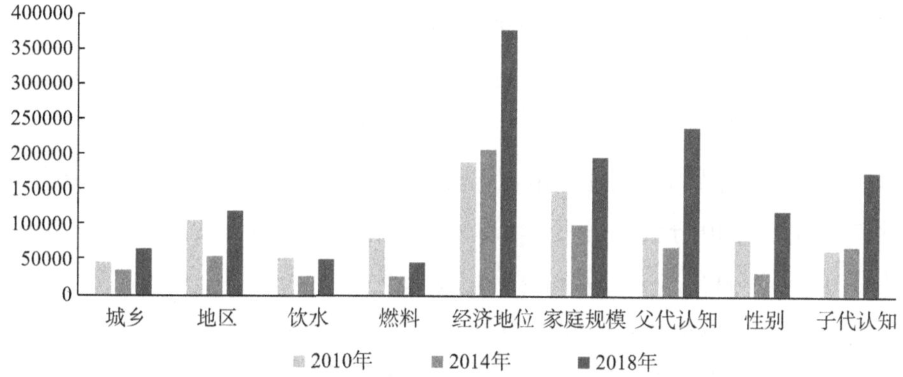

图 8-6 2010 年、2014 年、2018 年自然禀赋异质性

三、自然禀赋嵌套分位数回归结果分析

决策树模型和随机森林模型对自然禀赋的各指标具体内容与二级指标进行分析，对更为抽象的一级指标无法分析。本章根据决策树各指标内容，得出子代收入的一级指标值（具体数据见附录 20~22）。以 2018 年为例，家庭编号 100051 区域环境特征为东部城镇，区域环境决策树结果显示，这一特征的子代平均收入为 39000 元；生存环境特征为饮水和燃料均便利，这一特征的子代平均收入为 32000 元；家庭禀赋为高经济地位、家庭规模 3 人、父代认知水平 5 分，这一特征的子代平均收入为 44000 元；个人禀赋为子代认知水平为 6 分的男性，这一特征的子代平均收入为 32000 元。家庭编号 101129 区域环境为东部乡村，这一特征的子代平均收入为 26000 元；生存环境为饮

水和燃料均便利，这一特征的子代平均收入为 32000 元；家庭禀赋特征为低经济地位、家庭规模 7 人、父代认知水平 7 分，这一特征的子代平均收入为 15000 元；个人禀赋为子代认知水平 6 分的女性，这一特征的子代平均收入为 21000 元。决策树嵌套分位数回归模型，二级指标的不同指标内容经过决策树的路径选择，得出一级指标的不同指标内容，不仅实现数据类型从离散型到连续型的转换，还实现了二级指标内容和一级指标不同层级的数据分析，使得基于自然禀赋对居民收入差距代际传递的实证分析更加完善。

如表 8-5 所示，2010 年四项自然禀赋系数在子代收入的各分位点上均显著且随着分位数的增加，自然禀赋的影响在加强。其中家庭禀赋和个人禀赋的影响最强，两极分化也最严重，家庭禀赋在 20 分位点上影响系数是 0. 236，即家庭禀赋因素每增加一个单位时，子代收入增加 23. 6%；60 分位点时上涨至 0. 725，即子代收入阶层提升至 60 分位点，家庭禀赋对子代收入的影响增加至 72. 5%，比 40 分位点提升了 0. 226 个百分点，80 分位点上涨至 1. 034，提升了 0. 309 个百分点，可见在高分位点家庭禀赋对子代收入的增加作用明显。个人禀赋在 20 分位点影响系数是 0. 213，40 分位点和 60 分位点上涨较慢，80 分位点陡然上涨至 0. 741，个人禀赋对子代收入的两极分化影响明显，尤其是在高分位点个人禀赋的重要性尤为明显。区域环境的影响作用略高于生存环境，两者上升趋势相似，在低分位点影响较弱，在高分位点影响明显。区域环境在 20 分位点影响系数为 0. 055，在 40 分位点陡然上升至 0. 283，80 分点上升至 0. 431；40 分位点后区域环境对子代收入影响较大，但趋势较平缓，即区域环境较差的家庭子代收入差距较小，区域环境较好的家庭子代收入差距较大。生存环境对子代收入的影响较弱，20 分位点时生存环境因素每增加一个单位时，子代收入增加 4. 9%；40 分位点时子代收入增加 12. 1%，到 80 分位点时子代收入增加速度放缓。综上，生存环境因素在各分位点上的影响作用有限，家庭禀赋和个人禀赋在子代收入的各分位点上作用明显。

表 8-5　2010 年自然禀赋分位数回归模型

变量	分位点				趋势
	20	40	60	80	
截距项	-4.037*** (0.213)	-7.973*** (0.451)	-9.631*** (0.456)	-12.060*** (0.698)	—
区域环境	0.055** (0.014)	0.283*** (0.030)	0.328*** (0.044)	0.431*** (0.070)	上升
生存环境	0.049*** (0.016)	0.121*** (0.033)	0.291*** (0.037)	0.3844*** (0.052)	上升
家庭禀赋	0.236*** (0.010)	0.499*** (0.021)	0.725*** (0.049)	1.034*** (0.033)	上升
个人禀赋	0.213*** (0.014)	0.378*** (0.029)	0.474*** (0.564)	0.741*** (0.045)	上升

注：***、** 分别代表 1%、5%的显著性水平；括号中的数值代表系数对应的标准误差。

如表 8-6 所示，随着居民生活水平的提高，居民家庭饮水和燃料等方面条件改善明显，2014 年生存环境对子代收入的影响不再显著，各分位点子代收入差距不再明显。家庭禀赋的影响作用强于个人禀赋和区域环境。与 2010 年相比，这三项因素的影响作用都体现出不同幅度的上涨。具体来看，如表 8-6 所示，家庭禀赋在子代收入的 20 分位点每增加一个单位时，子代收入增加 37.40%；在 40 分位点时，家庭禀赋提升至 73.1%；在 80 分位点时家庭禀赋提升至 125.8%，家庭禀赋对子代收入的影响在高分位点比低分位点多 0.884 个百分点。个人禀赋对子代收入的影响在 40 分位点时，个人禀赋因素每增加一个单位时，子代收入增加 7.8%；在 80 分位点时，个人禀赋对子代收入的影响提升至 102.4%，个人禀赋对子代收入的影响在高分位点比低分位点多 0.946 个百分点。个人禀赋在分位点上对子代收入的差距略大于家庭禀赋。区域环境因素对子代收入的影响较弱，在高分位点比低分位点高 0.500 个百分点，区域环境因素造成的子代收入差距比个人禀赋和家庭禀赋低。

表 8-6　2014 年自然禀赋分位数回归模型

变量	分位点				趋势
	20	40	60	80	
截距项	-5.937*** (0.961)	-8.087*** (1.117)	-16.073*** (2.272)	-25.239*** (2.589)	—
区域环境	0.188*** (0.030)	0.234*** (0.035)	0.429*** (0.071)	0.688*** (0.081)	上升
生存环境	0.021 (0.038)	0.000 (0.044)	-0.031 (0.090)	0.111 (0.102)	平稳
家庭禀赋	0.374*** (0.017)	0.731*** (0.020)	1.036*** (0.040)	1.258*** (0.045)	上升
个人禀赋	0.030 (0.040)	0.078* (0.047)	0.557*** (0.095)	1.024*** (0.109)	上升

注：***、* 分别代表 1%、10%的显著性水平；括号中的数值代表系数对应的标准误差。

2018 年家庭禀赋与个人禀赋对子代收入分位数回归系数较 2014 年变动大，尤其在子代收入的低分位数变化较大，这表明自然禀赋对子代低收入群体的作用在增强。如表 8-7 所示，家庭禀赋在 40 分位数影响系数为 0.793，即自然禀赋因素每增加一个单位，子代收入增加 0.793%，较 2014 年提升 0.062 个百分点，家庭禀赋因素在子代收入的其他分位点变动较小。个人禀赋在 40 分位数影响系数为 0.766，比 2014 年的 0.078 提升了 0.695 个百分点；60 分位数影响系数为 1.001 提升了 0.445 个百分点，子代收入较低分位数个人禀赋因素增强明显。生存环境因素在各分位点的系数略有下降，但系数在 0 附近波动且均不显著，表明生存环境因素的提升对子代收入的增加作用不明显。区域环境的影响整体降低，尤其在高分位数下降明显呈现出较为平稳的态势。区域环境在子代收入的 80 分位数上影响系数为 0.281，比 2014 年下降 0.407 个百分点，在 40 分位数系数不显著，表明子代收入低时，区域环境因素的提升子代收入不会变动。综上，2018 年个人禀赋和家庭禀赋因素在子代收入低分位数影响作用增强，生存环境因素持续不显著，区域环境因素在子代收入各分位数的影响系数整体出现下降，体现出自然禀赋对子代收入的影响较 2014 年朝着更公平的方向发展。

表 8-7 2018 年自然禀赋分位数回归模型

变量	分位点				趋势
	20	40	60	80	
截距项	-7.759 (9.661)	-31.374*** (3.853)	-32.446*** (4.739)	-29.544*** (5.5779)	—
区域环境	0.000 (0.206)	0.179** (0.082)	0.280*** (0.101)	0.281** (0.119)	平稳
生存环境	0.000 (0.291)	0.000 (0.116)	0.007 (0.143)	-0.050 (0.168)	平稳
家庭禀赋	0.517*** (0.127)	0.793*** (0.051)	0.999*** (0.062)	1.235*** (0.073)	上升
个人禀赋	0.000 (0.212)	0.766*** (0.084)	1.001*** (0.104)	1.283*** (0.122)	上升

注：***、**、* 分别代表 1%、5%及 10%的显著性水平；括号中的数值代表系数对应的标准误差。

分位数回归模型可以体现子代不同收入阶层受自然禀赋影响程度，从 2010—2018 年的结果来看，家庭禀赋和个人禀赋因素作用在增强，区域环境与生存环境因素作用在下降；从不同分位数来看，家庭禀赋和个人禀赋在低分位数作用增长较快，高分位数增长较慢，这也表明自然禀赋造成的子代收入差距向缩小的趋势发展。但值得注意的是，个人禀赋在 20 分位数影响作用在下降，这表明自然禀赋造成的子代收入差距虽然在缩小，个人禀赋却可能会推动子代陷入贫困陷阱。

第四节 本章小结

本章基于理论和模型，实证分析自然禀赋对居民收入差距代际传递的机制，同时对收入差距代际传递现象进行分析，一方面是样本数据的描述性统计分析，另一方面是收入差距代际传递的回归分析，即通过双对数收入模型测算代际收入弹性系数。得出以下结论：

第一，使用决策树模型进行自然禀赋对收入差距影响进行分析。总结2010年、2014年、2018年自然禀赋决策树的结果，西部地区收入水平明显低于中、东部地区，这也导致西部地区城乡差异低于中、东部地区的城乡差异。生存环境中，燃料对收入差距的影响始终高于饮水，但随着生存环境的不断改善，饮水与燃料造成的收入差距均在逐年降低。家庭禀赋中，经济地位是造成收入差距的主要因素，甚至远超于区域环境与生存环境造成的收入差距。

第二，使用随机森林模型对自然禀赋变量重要度进行分析。自然禀赋对收入差距代际传递作用影响明显，虽有波动但整体作用在增强。经济地位、家庭规模、父代认知排名靠前，性别和子代认知的重要性上升明显，城乡和地区排名靠后，饮水和燃料的排名最低。

第三，分位数回归模型可以体现子代不同收入阶层受自然禀赋影响程度。家庭禀赋和个人禀赋作用在增强，区域环境与生存环境作用在下降。

第九章　居民家庭收入差距代际传递：因素分解与贡献

本章在人力资本、社会资本、财富资本及自然禀赋对居民收入差距代际传递影响研究的基础上，选取各因素中具有代表性的指标，进一步采用 Fields 法和 Shapley 值分解法探究不同因素对居民收入差距影响的贡献程度。此外，本章还按照子代出生年代进行分组，以探讨不同年代群体下各因素对我国居民家庭收入差距影响的贡献程度。在差异性分析中进行城乡、地区分类，以探究我国居民家庭收入差距代际传递的特性，为缩小国内居民家庭收入差距的代际传递提供理论依据。

第一节　数据说明与变量描述

一、数据说明与变量选取

本章从人力资本、社会资本、财富资本以及自然禀赋四个方面选取代表性指标，通过对收入差距代际传递影响因素进行分解，分析各因素的贡献程度，通过 2010 年、2014 年和 2018 年的 CFPS 数据库中个人数据表和家庭数据表进行样本匹配。本章仅选取父亲数据与子代收入进行配对，并将样本年龄限制在 16~65 岁，去掉父代、子代年龄差小于 18 的样本，剔除数据缺失或者关键信息不匹配的样本。本章基于 2010 年 CPI 对所有收入和财富资本数据进行消除通货膨胀处理，并删除了上下各1%的极端值，最终得到2010年3776对样本、2014年2424对样本、2018年2541对样本。

根据前面关于不同因素对居民收入差距代际传递的影响分析，本章选取各因素中重要的且具有代表性的指标，来研究各因素在居民收入差距代际传递中的贡献，具体指标选取及变量说明见表9-1。

表9-1 代际传递影响因素代表性指标及变量定义

一级指标	二级指标	变量定义
基本信息	收入	定义为工资、奖金、补贴在内的工资性收入
	城乡	城镇=1，乡村=0
	性别	男性=1，女性=0
	年龄	16~65岁
人力资本	教育资本	包含子代受教育年限、教育培训支出
	健康资本	包含子代健康状况、医疗保健支出
社会资本	职业资本	包含职业类型、求职渠道、单位性质、政治面貌
财富资本	住房资产	包括房屋和土地
	固定资产	包含用于农业、工商业的生产经营性资产、车辆、耐用品和其他固定资产
自然禀赋	家庭禀赋	包含家庭地位、家庭规模、饮水、燃料、父代认知水平
	个人禀赋	包含子代性别、子代认知水平

（一）人力资本

人力资本主要包括四个方面，即受教育年限、自评健康状况、教育培训支出、医疗保健支出。教育状况和健康状况是影响人力资本的重要因素，在代际传递中起着重要作用。

（二）社会资本

社会资本主要包含职业类型、求职渠道、单位性质、政治面貌。

（三）财富资本

财富资本包含两个方面，即家庭住房资产、固定资产。其中，住房资产主要包含自有住房与拥有使用权、租赁权的土地；固定资产主要是指非货币性资产，包括房屋、建筑物以及与生产经营活动有关的设备等。

（四）自然禀赋

自然禀赋包括家庭禀赋和个人禀赋。自然禀赋中家庭禀赋和个人禀赋影响最大，所以本章建模时使用家庭禀赋和个人禀赋作为自然禀赋的变量。

二、描述性分析

从表 9-2 中可以看出，在教育培训支出和健康资本方面，家庭的教育培训支出和健康资本投资呈上升趋势，说明人们越来越重视对子代教育和健康的投资。同时也可以看出，人们对健康投资的增长速度要高于对教育培训的投资。从单位性质来看，父代所工作的单位性质在 0.2 上下，说明父代在体制内任职的占比较小。从职业类型来看，父代的职业类型波动比较大，呈先上升、后下降的趋势，说明我国居民职业类型中高级劳动者占比不稳定。从家庭住房资产来看，每个家庭的住房资产均呈上升趋势，说明我国居民占有的房屋和土地在增多。固定资产呈现先下降、后上升的趋势，值得注意的是，下降幅度较小而上升幅度较大，说明我国居民的房屋、建筑物以及与生产经营活动有关的设备等非货币性资产占比波动较大；从饮水和燃料来看，我国居民饮水和燃料取用的便利性的均值较大且呈上升趋势，说明我国居民家庭饮水和燃料越来越方便，生活环境也越来越好。

表 9-2　样本描述性统计分析

变量名称	2010 年		2014 年		2018 年	
	均值	标准差	均值	标准差	均值	标准差
子代收入/元	12553	14913	27104	23290	39544	34178
父代收入/元	16392	36983	25140	27190	29924	25902
教育培训支出/元	7.660	1.460	8.130	1.220	8.550	1.220
健康状况	4.640	0.630	5.680	0.400	7.920	1.310
单位性质	0.230	0.420	0.200	0.400	0.220	0.410
职业类型	0.030	0.180	0.180	0.390	0.110	0.310
对数家庭住房资产/元	11.480	1.780	12.330	1.540	12.730	1.450

续表

变量名称	2010 年		2014 年		2018 年	
	均值	标准差	均值	标准差	均值	标准差
对数固定资产/元	8.440	2.450	8.310	1.760	10.30	1.700
饮水	0.590	0.490	0.700	0.460	0.770	0.420
燃料	0.500	0.500	0.760	0.430	0.820	0.380

第二节　各影响因素贡献程度的测度

本章采用 Fields 法与 Shapley 值分解法估计不同影响因素对我国居民家庭收入差距的贡献程度，并按照子代出生年代进行分组，探讨不同年代群体下各因素对我国居民收入差距产生的影响程度。分组中，本章按照子代出生年代将样本划分为三个年龄段，分别为 16~25 岁年龄组、26~32 岁年龄组以及 33~40 岁年龄组。

一、Fields 法结果分析

（一）回归结果分析

根据 Fields 法相关理论，本章在进行因素分解前先通过半对数模型对各变量进行回归分析，然后在此基础上进行 Fields 分解。根据式（3.88）建立半对数回归模型，回归结果见表 9-3。

表 9-3　半对数回归模型

变量名称	2010 年	2014 年	2018 年
教育支出	0.093*** (0.011)	0.127*** (0.017)	0.142*** (0.018)
健康状况	0.074 (0.064)	−0.130** (0.059)	0.056 (0.060)

续表

变量名称	2010 年	2014 年	2018 年
单位性质	0.208** (0.104)	0.021 (0.170)	0.252* (0.152)
职业类型	-0.198 (0.230)	-0.020 (0.174)	0.314 (0.200)
对数家庭住房资产	0.001 (0.001)	0.001 (0.001)	0.088* (0.045)
对数固定资产	0.001* (0.001)	0.001 (0.001)	-0.053 (0.036)
饮水	0.301*** (0.092)	-0.089 (0.137)	0.198 (0.145)
燃料	0.568*** (0.093)	0.504*** (0.147)	0.005 (0.161)
_cons	6.581*** (0.310)	7.853*** (0.286)	6.799*** (0.601)
N	3776	2424	2423
R^2	0.071	0.038	0.042

注：在1%、5%和10%的水平上显著性分别用***、**、*表示；括号内是对应标准误。

从表9-3中可以看出，教育培训支出对子代收入的影响程度表现出逐年递增的趋势，说明教育培训支出对子代收入具有显著的正向影响；与此同时，父代单位性质对子代收入也存在较高的影响关系，2010年的父代单位性质对子代收入相关系数为0.208，并且表现出上升趋势，2018年增长至0.252，可以看出其对子代收入水平的形成具有显著的影响。从表9-4中可以发现，在所有影响因素中，财富资本的家庭住房资产与家庭固定资产对子代收入的影响较小。此外，自然禀赋中的家庭燃料对子代收入造成了显著影响，表现出下降趋势但于2010年达到最高的影响程度（0.568）。

综上可知，人力资本、社会资本、财富资本、自然禀赋四个因素都对子代收入水平产生了一定的影响，并为本章后半部分探索代际收入传递影响因素贡献分解做铺垫。

（二）全样本情况

如表 9-4 所示，全样本情况下，人力资本在收入差距代际传递过程中的影响占较高比例，解释程度超过了 50%且呈上升趋势，并于 2018 年达到 69.55%，说明随着社会的发展，人力资本投资对子代的收入具有重要且直接的影响。社会资本对收入差距代际的解释程度较低并且波动较大，呈先下降、后上升的趋势，2010 年与 2014 年较为接近，2018 年的解释程度达到 12.50%，表明社会资本在收入差距代际传递过程中起着不容忽视的作用。财富资本因素对收入差距代际传递的解释程度相较于其他社会资本相对较低并且波动较大，呈上升的趋势，2010—2014 年，居民所拥有的财富资本对收入差距的影响迅速增加，2018 年增速变缓且对收入差距代际传递的解释程度为 11.59%，说明财富资本对收入差距代际传递的影响越来越重要。自然禀赋对收入差距的解释程度呈下降趋势且下降的速度较快，在 2010 年解释力达到 41.37%，仅次于人力资本，到 2018 年的解释力最小，说明随着居民生活条件的普遍改善，居民的生活环境相较其他影响因素的重要性逐渐下降。可以看出，人力资本对子代的收入具有直接影响，自然环境决定了子代所具备的特性以及拥有的自然资源，家庭财富资本的积累为子代的生活提供了保障，社会资本也是子代收入至关重要的影响因素，这些都将直接或间接地影响子代的收入。

表 9-4 基于 Fields 居民家庭收入差距代际传递影响因素贡献程度 单位：%

年份	子代年龄段	人力资本	社会资本	财富资本	自然禀赋
2010	全样本	54.45	3.10	1.21	41.37
	16~25 岁	55.60	4.66	5.97	33.77
	26~32 岁	56.75	1.39	0.86	41.01
	33~40 岁	40.92	27.17	16.75	15.17
2014	全样本	61.90	2.60	9.52	25.97
	16~25 岁	50.80	1.90	38.83	8.47
	26~32 岁	55.92	2.31	31.02	10.75
	33~40 岁	53.00	12.18	9.96	25.01

续表

年份	子代年龄段	人力资本	社会资本	财富资本	自然禀赋
2018	全样本	69.55	12.50	11.59	7.05
	16~25 岁	57.02	15.74	10.64	16.17
	26~32 岁	62.06	12.58	4.33	21.03
	33~40 岁	31.75	17.97	21.17	29.11

（三）以不同年龄段分组

根据年龄分组可以看出，2010 年，对于年龄在 16~25 岁的子代来说，人力资本对其收入差距的解释力较强，其次是自然禀赋、财富资本，最后是社会资本。对于 25~26 岁、23~32 岁的子代来说，贡献程度较大的是人力资本，其次是自然禀赋、社会资本，最后是财富资本。子代年龄为 33~40 岁，其人力资本对收入差距代际传递的贡献程度最大，高于社会资本和财富资本，贡献程度最低的是自然禀赋。可见，人力资本的贡献程度始终居于第 1 位，而社会资本的解释力越来越大。2014 年，对于年龄段为 16~25 岁、23~32 岁的子代来说，贡献程度最大的是人力资本，其次是财富资本、自然禀赋，最后是社会资本。子代年龄为 33~40 岁，其人力资本对收入差距代际传递的贡献程度最大，高于自然禀赋和社会资本，贡献程度最低的是财富资本。2018 年，对于年龄段为 16~32 岁的子代来说，贡献程度最大的是人力资本，其次是社会资本、自然禀赋，最后是财富资本。子代年龄为 33~40 岁，其人力资本对收入差距代际传递的贡献程度最大，高于自然禀赋和财富资本，贡献程度最低的是社会资本。

从纵向来看，随着子代年龄的增加，人力资本对收入差距代际传递的贡献程度呈先上升、后下降的趋势，人力资本对子代年龄为 26~32 岁的贡献程度最高，2018 年达到 62.06%；社会资本对收入差距代际传递的贡献程度在 2010 年和 2018 年呈先下降、后上升的趋势，2014 年呈上升趋势。社会资本对于子代年龄为 33~40 岁的贡献程度最高；财富资本对收入差距代际传递的贡献程度在 2010 年和 2018 年呈先下降、后上升的趋势，2014 年呈下降趋势；自然禀赋对收入差距代际传递的贡献程度在 2010 年呈先上升、后下降的趋势，2014 年和 2018 年呈上升趋势。由此可以看出，人力资本随着子代年龄的增加，其潜在的影响程度最大，说明人力资本投资对子代收入具有隐性影响。随着教育年限的增加，子代收入不断提高，从而使得子代收入差距在不断缩小。父代对子代进行社会资本投资，当子代刚步入社会，其父代的社会关系网会在为子代找工作、提供就业机会方面发挥重要作用。

二、Shapley 值分解法结果分析

结合李莹和吕光明（2016）的相关研究可知，Fields 法所建回归方程为对数线性形式，在不平等分解时收入的对数化会扭曲分布形态。此外，由于微观数据的横截面估计中拟合优度较小，不能作为评判模型优劣的主要标准，而 Fields 法会低估解释变量对不平等的引致程度。[①] 为克服 Fields 法引起的上述问题，本章采用 Shapley 值分解法。相比 Fields 法，Shapley 值分解法对我国居民收入差距的分解更加合理准确，因此更适用于估计各因素对我国居民收入差距的引致程度，结果见表 9-5。

表 9-5 基于 Shapley 值分解法的居民家庭收入差距代际传递影响因素贡献程度

单位：%

年份	子代年龄段	人力资本	社会资本	财富资本	自然禀赋
2010	全样本	49.24	6.98	7.25	36.53
	16~25 岁	43.52	15.19	11.76	29.53
	26~32 岁	50.29	3.92	9.06	36.73
	33~40 岁	54.79	16.54	10.59	18.08
2014	全样本	33.30	22.00	12.46	32.24
	16~25 岁	38.20	1.34	39.89	20.58
	26~32 岁	60.91	1.69	20.81	16.60
	33~40 岁	50.10	18.16	25.76	5.98

① 李莹，吕光明．机会不平等在多大程度上引致了我国城镇收入不平等［J］．统计研究，2016（8）：63-72.

续表

年份	子代年龄段	人力资本	社会资本	财富资本	自然禀赋
2018	全样本	64.59	13.36	13.45	8.60
	16~25岁	33.90	32.24	10.21	23.65
	26~32岁	76.42	13.09	8.24	2.26
	33~40岁	33.87	19.12	33.07	13.94

（一）全样本情况

全样本情况下，人力资本对收入差距的解释程度占比相对较大，高于自然禀赋和社会资本的解释力。人力资本对子代的收入具有直接影响，同时，人力资本随年份的递进而表现出所占比例先减小、后增大的趋势。社会资本对收入差距代际传递的解释程度较低，其解释程度表现出先上升、后下降的趋势。虽然2014—2018年社会资本对收入差距代际传递的解释比例从22.00%下降至13.36%，但总体仍表现出上升趋势。财富资本对收入差距代际传递的解释程度相对较低，但是存在明显的上升趋势。2014—2018年财富资本对收入差距代际传递的贡献程度相差不大，基本保持在13%水平上下，说明随着时代的发展，财富资本对子代收入的影响存在变大的趋势。自然禀赋对收入差距代际传递的解释程度呈下降趋势。

（二）以不同年龄段分组

在不同年龄段各因素对收入差距代际传递影响的解释程度存在明显的差异。对于16~25岁年龄段的子代而言，人力资本对其收入具有直接影响，所占贡献程度也是最大的，其次是自然禀赋、财富资本，最后是社会资本，这种趋势与Fields法得到的结果基本一致。对于26~32岁年龄段的子代而言，基本保持和16~25岁年龄段相似的贡献程度排序，但是这一样本的子代在2018年却表现出自然禀赋占比低于社会资本和财富资本占比的现象。这表明随着居民生活条件的普遍改善，居民生活环境的重要性逐渐下降，与此同时，职业的、工作的重要性在不断上升，家庭住房资产以及固定资产等财富资本的重要性也不断显现出来。33~40岁年龄段的子代作为社会发展的中流砥柱，表现为人力资本和自然禀赋贡献占比逐渐下降，社会资本和财富资本贡献占比逐渐上升。值得注意的是，财富资本的占比增长极为迅猛，这也说明了对于此段年龄的子代而言，其收入受其家庭住房资产以及固定资产的影响较大，说明一定程度上财富资本的影响力较其他年龄区间而言影响更为深远。

此外，研究发现人力资本在不同年份对收入差距的影响程度基本呈现出先上升、后下降的趋势，在不同年份中，26~32 岁的子代收入受人力资本影响最大，并且随着时间的增加而不断上升，其中影响力最大的是 2018 年，子代人力资本的贡献程度达到了 76.42%。社会资本对收入差距代际传递的贡献程度在 2010—2018 年呈先下降、后上升的趋势，2014 年在 16~25 岁子代样本和 26~32 岁子代呈现出微弱的增加趋势。可以看出，各年份社会资本对子代收入的影响程度仍在不断发生变化。但总体而言，社会资本的影响程度在子代年龄为 33~40 岁的区间上贡献程度最高；财富资本对收入差距代际传递的贡献程度在 2010 年和 2014 年表现出上升的趋势，虽然在 16~25 岁子代和 26~32 岁子代表现出下降趋势，但是总体趋势仍以上升为主。同时财富资本于 2018 年的影响的上升幅度最大，这表明父代对子代进行的社会资本投资对子代职业形成以及自身收入存在不小的影响。自然禀赋表现出下降趋势，这与此前得到的结论高度一致，同时也在不同年龄段子代区间内存在相似的下降特征。

三、Fields 法和 Shapley 值分解法结果对比

为了更直观地对比 Shapley 值分解法与 Fields 法的区别与联系，本书通过表 9-6 对全样本以及三个子代年龄分组的数据进行整理。

表 9-6　两种方法对居民家庭收入差距代际传递影响因素贡献程度对比　单位：%

子代年龄段	年份	人力资本		社会资本		财富资本		自然禀赋	
		Fields法	Shapley值分解法	Fields法	Shapley值分解法	Fields法	Shapley值分解法	Fields法	Shapley值分解法
全样本	2010	54. 45	49. 24	3. 10	6. 98	1. 21	7. 25	41. 37	36. 53
	2014	61. 90	33. 30	2. 60	22. 00	9. 52	12. 46	25. 97	32. 24
	2018	69. 55	64. 59	12. 50	13. 36	11. 59	13. 45	7. 05	8. 60
16~25 岁	2010	55. 60	43. 52	4. 66	15. 19	5. 97	11. 76	33. 77	29. 53
	2014	50. 80	38. 20	1. 90	1. 34	38. 83	39. 89	8. 47	20. 58
	2018	57. 02	33. 90	15. 74	32. 24	10. 64	10. 21	16. 17	23. 65
26~32 岁	2010	56. 75	50. 29	1. 39	3. 92	0. 86	9. 06	41. 01	36. 73
	2014	55. 92	60. 91	2. 31	1. 69	31. 02	20. 81	10. 75	16. 60
	2018	62. 06	76. 42	12. 58	13. 09	4. 33	8. 24	21. 03	2. 26
33~40 岁	2010	40. 92	54. 79	27. 17	16. 54	16. 75	10. 59	15. 17	18. 08
	2014	53. 00	50. 10	12. 18	18. 16	9. 96	25. 76	25. 01	5. 98
	2018	31. 75	33. 87	17. 97	19. 12	21. 17	33. 07	29. 11	13. 94

由表 9-6 可知，第一，从全样本各因素贡献程度的变化趋势可以发现，虽然两种方法得出的数值略有差异，但各因素贡献程度的变化趋势却基本一致，都表现为人力资本和自然禀赋的贡献程度相对较高。第二，就子代各年龄分组而言，虽然不同子代年龄组在各年间的因素数值差异有些许不同，但均表现为人力资本的贡献程度最大，其次为自然禀赋与财富资本，最后为社会资本。第三，相较于 Fields 法中各因素的贡献程度差异较大，Shapley 值分解法中得到的居民家庭收入差距代际传递影响因素的分解结果更加均衡，各因素的贡献程度之间不会出现差距过大而导致分析结果不准确的现象发生。

综上可知，相比 Fields 法，Shapley 值分解法对我国居民收入差距的分解更加合理准确，因此下文使用 Shapley 值分解法估计各因素对居民代际收入传递的差异性。

第三节　各影响因素贡献程度的差异性分析

本节探讨城乡及地区各因素对我国居民收入差距的影响分析。表 9-7 给出了城乡视角下各因素的 Shapley 值分解法的分解结果，表 9-8 给出了三大地区视角下 Shapley 值分解法的分解结果，并以这两个视角分别对 2010 年、2014 年和 2018 年的我国居民收入差距代际传递的贡献程度进行分析。

一、分城乡各影响因素贡献程度差异性分析

根据表 9-7 可知，城乡居民各因素解释程度存在较大差异，除社会资本城乡差异较小外，其余因素都表现出较大差异。此外，由 2010—2018 年城乡居民各因素解释程度变化趋势可以看出，除人力资本因素呈现下降趋势外，其余因素均呈现上升趋势，并且财富资本的上升趋势最为明显。

表 9-7　基于 Shapley 值分解法的城乡居民影响因素贡献程度

年份	地区	人力资本	社会资本	财富资本	自然禀赋
2010	城镇	46.55	38.72	1.38	13.36
	农村	28.39	52.64	14.56	4.41
2014	城镇	2.51	33.34	18.10	46.04
	农村	49.03	39.94	1.24	9.79
2018	城镇	13.48	66.43	4.94	15.16
	农村	5.91	55.28	28.88	9.93

（一）各因素对城乡居民收入差距贡献程度存在较大差异

除社会资本城乡差异较小外，其余因素都表现出较大差异。对于城镇居民来说，自然禀赋和社会资本的贡献程度相对较高，高于人力资本和财富资本。以 2014 年为例，体现为 46.04%>33.34%>18.10%>2.51%。对于农村居民来说，人力资本和社会资本的贡献程度相对较高，高于自然禀赋和财富资

本。以 2014 年为例，体现为 49.03%>39.94%>9.79%>1.24%。总体而言，人力资本、社会资本的解释程度占比相对较大，高于财富资本和自然禀赋的解释力。所有因素中，最具明显趋势性的因素是社会资本和自然禀赋。可以发现，大体上农村居民的社会资本解释程度要大于其对城镇居民样本的解释程度。以 2010 年为例，农村居民样本的社会资本贡献程度为 52.64%，高于同年城镇居民样本的贡献程度（38.72%）。由此可以看出，社会资本对农村居民的潜在影响程度最大，说明社会资本投资对农村居民子代收入具有隐性影响。此外，还可以看出自然禀赋的解释力表现出城镇居民样本高于农村居民样本的现象。以 2014 年为例，城镇居民样本的自然禀赋贡献程度为 46.04%，而农村居民样本的自然禀赋贡献程度仅为 9.79%，这说明相对农村居民子代而言，城镇居民的子代拥有更好的生活条件，即拥有更好的个体社区环境。好的环境因素会对个体行为会产生“同伴效应”，也就是说，城镇居民的父代为子代提供了更好的自然环境，从而使子代间产生相应的收入差距。与前两种具有明显趋势性的代际因素相比，人力资本和财富资本的贡献程度均表现出较强的波动性。2014 年城镇居民样本的人力资本贡献程度表现为 2.51%，社会资本的贡献程度为 33.34%，说明人力资本和财富资本共同影响了城乡居民家庭子代的收入水平。

（二）各因素对城乡居民家庭收入差距代际传递的解释程度增长趋势存在差异

由 2010—2018 年城乡居民各因素解释程度变化趋势可以看出，对于人力资本而言，随着时间的推移，它对城乡居民收入差距代际传递的解释程度呈下降趋势。2010—2018 年，城镇居民样本表现出先减小、后增大的趋势，但总体仍表现出下降趋势，并由 2010 年的解释程度 46.55%下降至 2018 年的 13.48%，同样地，农村居民样本亦表现出明显的下降趋势。从社会资本的变化趋势可以发现，社会资本对城乡居民收入差距代际传递的解释程度较高，而且各年间变化程度不大，其解释程度基本表现出先下降、后上升的特征。2018 年城镇居民的社会资本解释程度为 66.43%，同年农村居民的社会资本解释程度为 55.28%，相较于其他因素，表现出较高的收入差距代际传递的贡献程度。这一现象在某种程度上体现了社会资本独特的同质互动原则，即父代社会资本水平在一定程度上能增加子代工作获取途径的多样性，对子代的就业产生影响，进而影响子代收入。通过对财富资本的分析可以发现，2010—2018 年城乡居民家庭子代的收入受财富资本的影响程度在逐渐增大，城镇居民子代收入的财富资本解释程度在 2014 年达到最高（18.10%），而农村居民子代收入的财富资本解释程度在 2018 年达到最高（28.88%），这可能与近年来财富资本对子代收入的影响存在变大趋势有关。对于城镇居民样本而言，自然禀赋对收入差距代际传递的解释程度呈先增加、后下降的趋势，并于 2014 年达到最大解释程度（46.04%），但总体仍表现出上升趋势，而农村居民样本的自然禀赋对收入差距代际传递的解释程度呈现上升趋势。可以明显看出，城乡间居民自然禀赋对收入差距代际传递的解释程度差异巨大，说明城乡居民子代的个体社区环境存在明显差异，城镇居民的生活环境体现出个体自然环境具有较高的影响程度，同时也证明环境因素对个体行为会产生“同伴效应”，从而导致收入差距代际传递。

二、分地区各影响因素贡献程度差异性分析

从表 9-8 中可以看出，东部、中部、西部地区居民各因素解释程度存在较大差异。除人力资本因素差异较小外，其余因素都表现出较大差异。对于东部地区和中部地区居民来说，社会资本因素的贡献程度相对较高，高于人力资本、财富资本和自然禀赋；而西部地区居民的自然禀赋对子代收入代际传递的解释程度较大。

表 9-8　基于 Shapley 值分解法的不同地区居民影响因素贡献程度　单位：%

年份	地区	人力资本	社会资本	财富资本	自然禀赋
2010	东部地区	49.13	38.68	2.19	10.01
	中部地区	42.51	34.07	17.77	5.64
	西部地区	19.63	64.60	14.96	0.82

续表

年份	地区	人力资本	社会资本	财富资本	自然禀赋
2014	东部地区	23.34	21.71	51.99	2.97
	中部地区	13.56	25.10	6.25	55.09
	西部地区	73.92	2.01	9.44	14.63
2018	东部地区	30.56	40.43	3.31	25.70
	中部地区	5.36	43.04	28.28	23.33
	西部地区	19.31	26.63	10.49	43.57

（一）东部、中部、西部地区居民各因素贡献程度存在较大差异

除人力资本因素差异较小外，其余因素都表现出较大差异。对于东部地区和中部地区居民来说，社会资本因素的贡献程度相对较高，高于人力资本、财富资本和自然禀赋。以 2018 年为例，东部地区表现为 40.43%>30.56%>25.70%>3.31%，中部地区表现为 43.04%>28.28%>23.33%>5.36%。对于西部地区居民而言，自然禀赋的贡献程度相对较高，高于人力资本、社会资本和财富资本，分别体现为 43.57%>26.63%>19.31%>10.49%。总体而言，东部地区居民家庭的人力资本和社会资本对子代收入代际传递的解释程度较大。可以看出，2010 年东部地区家庭样本的子代收入受人力资本影响解程度为 49.13%；社会资本的影响程度次之，为 38.68%。除此之外，2018 年东部地区居民的社会资本对子代收入代际传递的解释程度最大，为 40.43%，这表明东部地区居民家庭的子代更容易受到人力资本和社会资本的影响。即由于东部地区经济发展较好且大部分家庭的父代自身人力资本水平积累较为丰富，从而在某种程度上能影响其对子代未来发展能力期望水平，进而可能会产生对子代人力资本相对强烈的投资意愿。此外，父代社会资本与子代收入的关联性在社会资本影响子代获得工作的途径中得以体现，拥有就业机会的父代可以通过对子代职业选择的指导或者协助来影响子代的就业和收入，从而影响子代收入水平。研究还发现，中部地区和西部地区居民家庭的自然禀赋因素对子代收入代际传递的解释程度较大。从表 9-8 中可以看出，2014 年中部地区的居民家庭子代受自然禀赋的影响程度最大，为 55.09%，而 2018 年西

部地区的自然禀赋影响程度则达到 43.57%。西部地区经济发展相对落后，西部地区居民家庭子代收入受到个体社区环境的影响。

（二）不同地区居民各因素贡献程度变化趋势存在差异

对于人力资本而言，东部地区人力资本对家庭子代收入的影响程度表现出先减小、后增大的趋势，并且总体呈减小的趋势。从表 9-8 中可以看出，2010 年东部地区居民子代收入影响程度的人力资本因素为 49.13%，而 2018 年则下降至 30.56%，这表明随着时代的发展，东部地区居民子代收入受人力资本影响的程度在不断降低。与之相对的是其受到社会资本影响程度在不断上升，从 2010 年的 38.68%增加到 2018 年的 40.43%，上涨幅度为 4.32%。从社会资本的影响程度变化趋势可以发现，东部地区以及中部地区居民子代收入受社会资本影响的程度在不断升高，2010 年、2014 年及 2018 年东部地区的社会资本影响程度分别为 38.68%、21.71%以及 40.43%，而中部地区的社会资本影响程度分别为 34.07%、25.10%以及 43.04%，都表现出相对和缓的增长趋势，这说明对于我国东部地区以及中部地区的子代而言，其收入与父代受教育水平以及健康程度的影响程度较大的同时，还容易受到父代社会资本累计水平的影响，说明一定程度上社会资本因素的影响力较其他影响因素而言，能够对子代收入产生更加深远的影响。研究发现，财富资本的影响程度在中部地区较为深远，并表现出增加趋势，从 2010 年的 17.77%增加到 2018 年的 28.28%；而财富资本在西部地区的影响程度较为均衡，2010 年、2014 年及 2018 年分别为 14.96%、9.44%以及 10.49%；西部地区居民的子代收入受自然禀赋因素影响程度呈显著的上升趋势，表明西部地区居民受自然禀赋因素影响较大，环境因素对西部地区居民的收入差距产生代际传递影响差异。

第四节　本章小结

本章在人力资本、社会资本、财富资本及自然禀赋对居民收入差距代际传递影响研究的基础上，选取各因素中的代表性指标，进一步采用 Fields 法和 Shapley 值分解法探究各因素对子代收入的影响程度。一方面，按照子代出生年代进行分组，以探讨不同年代群体下的各因素对我国居民收入差距产生的影响；另一方面，在代际收入传递因素分解的差异性分析中按照城乡以及地区进行分类，并以这两个视角分别对 2010 年、2014 年和 2018 年我国居民收入差距代际传递的贡献程度进行测度。研究得出以下结论：

第一，对全样本以及不同子代出生群体代际传递影响因素贡献程度进行分析。一方面，对于全样本而言，人力资本对收入差距代际传递的解释相对较高，高于自然禀赋、社会资本和财富资本的解释力；另一方面，人力资本对于 26~32 岁年龄段子代的贡献程度最高，并于 2018 年达到 62.06%；社会资本对子代年龄在 33~40 岁的贡献程度最高；财富资本对收入差距代际传递的贡献程度在 2010—2018 年呈上升趋势；自然禀赋对收入差距代际传递的贡献程度在 2010 年呈先上升、后下降的趋势，2014 年和 2018 年呈上升趋势。

第二，城乡居民各因素贡献程度存在较大差异。除社会资本的城乡差异较小外，其余因素都表现出较大差异。对于城镇居民而言，优越的生活环境在一定程度上可以对子代收入产生积极作用，而对于农村居民而言，自然禀赋就成为贡献程度较小的因素，这充分印证了第八章的结论，即自然禀赋在收入差距代际传递中起主要作用，父代为子代提供的自然环境属性会直接影响子代收入，且无论是城镇居民还是农村居民，社会资本都呈现出较大的贡献程度；同时也印证了第七章的研究结论，即父代的职业类型影响子代未来职业类型的选择，进而间接地影响子代的工资性收入。此外，本章研究 2010—2018 年城乡居民各因素解释程度变化趋势。

第三，东部、中部、西部地区居民各因素贡献程度存在较大差异。除人力资本差异较小外，其余因素都表现出较大差异。对于东部、中部地区居民而言，社会资本中父代职业类型对子代收入存在较大影响，而对于西部地区居民而言，自然禀赋会对子代收入造成影响，并导致地区间子代收入存在较大差距。此外，本章研究 2010—2018 年各地区居民各因素解释程度变化趋势。可以看出，除自然禀赋在各地区间呈现上升趋势外，其余因素均呈现出地区间变化差异，其中人力资本以及财富资本对东部地区、中部地区居民呈下降趋势，社会资本对东部地区、中部地区居民呈下降趋势。这表明西部地区居民受自然禀赋影响较大，说明环境因素对西部地区居民的收入差距产生代际传递影响差异。

第十章　对策建议与研究展望

长期以来，党和政府高度重视民生问题，特别是其中的收入分配差距问题，颁布了一系列改革和完善收入分配制度、缩小收入差距的政策措施。这对于遏制收入差距不断扩大起到了积极作用，推动了经济和社会的和谐发展，但从目前来看，我国收入差距持续扩大的趋势还没有得到根本性扭转。面对收入差距带来的生产效率、社会公平、社会和谐稳定、可持续发展等问题，需要理性思考和科学探索，提出解决收入差距问题的对策和办法。本书基于家庭、社会、国家三个层面并结合各章结论，对如何更好地协调收入分配关系，缩小收入分配差距，推进社会公平进行思考和探究。

第一节　对策建议

一、家庭层面：充分发挥家庭和个人的主体作用

影响个体收入的两个主要因素分别为先赋因素和自致因素。先赋因素是个体生来就客观存在的，是由其原生家庭直接带来的，是个人无法选择的；自致因素则是个体根据自身努力所获得的，由个体本身控制。个人及家庭自身的努力和改变对提升代际流动性具有重要影响，在研究家庭资本代际传递时，不能忽略家庭和个人通过后天努力得到阶层的提升，因此，家庭对子代的各方面投资及子代自身主动提高、努力奋斗有助于提升各阶层特别是落后地区的代际流动性，使低收入阶层呈向上流动的良好趋势，通过打破阶层固

化的方式缩小居民家庭收入差距。

（一）不断提升家庭教育投资水平

通过 Thomas 基尼系数的测算可以看出，近年来我国教育不平等情况逐渐改善，但是这种不平等还在持续。教育在个体成长中起着基础性和决定性作用，公民个体在保证接受完整的九年义务教育的同时要争取更高层次的教育，不断提高自身竞争力。同时，积极参加各种专业技能培训，培养个体适应社会的新技能，从而有更多的求职机会。父代对子代进行教育投资时，可以有效地选择高质量的学习平台和优质教育资源。对于不同区域的居民而言，受教育水平直接影响子代的收入，特别是在贫困落后地区，教育是改善贫困地区代际传递的最直接途径。因此，贫困落后地区的低收入家庭更应该重视对子代的教育培训投入，为子代创造良好的学习环境和条件，而公民个人应该充分利用这样的平台和机会，为改变家庭状况和提升自身收入打下坚实的基础。中等收入群体是全样本中占比最大的群体，也是各类资本相对较为丰富的群体，代际流动性从理论上应该是相对稳定的。根据第四章的实证分析，2010—2018 年父代处于中等阶层时子代也处于中等阶层的概率趋于充分流动水平。但子代收入向下流动的概率大于向上流动的概率，因此，对于中等收入家庭，在对教育和健康进行人力投资时，更应该重视投资的质量，保证子代接受最优的教育资源，提升自身各方面综合素质，为进入社会谋取高收入职业提供条件，增加向上的流动性，实现阶层跨越。针对高收入家庭，父代处于高收入阶层，子代也处于高收入阶层的占比较大，因此，父代在对子代投资时应该更有针对性和目的性，子代应该强化社会责任感意识，在完成自己人生目标的同时多为社会做贡献，在提升社会整体效率的同时，积极投身公益事业，促进社会公平。

（二）不断转变就业和择业观念，增强自主创业意识

通过社会资本对居民代际收入传递的影响可以看出，子代就业情况受父代社会资本的影响较大，收入水平较高的家庭为子代积累的社会资本、财富资本较为充分，对子代的就业发展产生重要影响。对比而言，出生在普通家

庭甚至贫困家庭的子代在就业选择以及发展前景上处于弱地位，可以看出，家庭背景差异对代际收入传递影响较大。因此，无论是低等收入群体还是中等收入群体，都应该合理利用各种公共就业平台选择职业，并积极响应国家“大众创业、万众创新”的择业创业政策。对于公民个体而言，应当合理利用国家为下岗失业人员、自主择业创业人群、高校毕业生提供的免收行政事业性费用以及提供小额担保贷款等各种创业帮扶政策，转变就业和择业观念，积极主动投身于自主创业行列，努力实现个人价值，成为社会发展的中坚力量。对于高收入群体，子代应该在充分利用父代资本优势的同时自主创业，提升社会整体就业水平。在人才选拔中，坚决抵制“定制招聘”的占取就业资源行为，使获取就业机会和晋升渠道变得更加公平、透明，进而加快社会资本流动。

（三）逐步提高居民的理财意识及参保意识

在金融业快速发展的大背景下，普通居民家庭和个人应积极掌握必要的投资理财常识，强化现代理财意识和参保意识，广开收入渠道，通过适当的投资性理财来提高家庭收入水平。因受教育程度、地区经济发展程度的不同，个体理财的观念也不同，必然会对理财方式的选择产生影响。中低收入阶层的居民应积极了解金融业务，拓展理财路径，除工资性收入外，还可以通过储蓄、股票、基金、衍生品、银行及其他理财产品等方式获取投资收益。居民应转变传统理财方式，提高自有资金使用效率，获得更多的财产性收入。由于我国人口老龄化问题在全国尤其是农村地区更为突出，子代对父母的供养压力越来越大，传统的养老方式已不能满足养老需求。除了养老问题，农村地区看病问题也是至关重要的。居民应该提升自身对投资风险和理财保险的认知，充分认识参与保险的优越性和未参保的风险及损失。积极参与居民风险管理教育与培训活动，强化自身风险感知能力，提高风险管理综合技能。近年来，国家养老保险和医疗保险政策趋于完善，居民应该充分利用国家提供的各种福利，积极了解国家的各种保险政策，提升自身风险防范意识，响应“早参保实惠、晚参保吃亏，不参保后悔”的参保政策。

（四）培育和树立人与自然和谐共处意识

居民应该提高自身对整体环境保护的理念，不断增强人与自然和谐共处的意识。居民是生态文明建设的主体，公民保护环境意识的培养与强化是一个复杂而漫长的过程，这需要各方面的共同努力。作为生态文明建设进程中的重要参与者，居民生产生活方式的转变是生态环境保护的有效途径，居民践行绿色消费、选择低碳生活、参与监督举报，能够为减少生态环境污染和破坏发挥积极作用。

通过生存环境决策树分析可以发现，饮水和燃料是居民生活的基础保障，基础环境设施的改善对缩小居民收入差距作用明显。无论经济发展水平如何，居民都应积极使用太阳能、天然气等清洁能源，减少使用煤炭等对环境污染严重的燃料，低碳生活。居民应积极响应政府生态环境保护政策，广大农村地区要提高自来水普及率，加大电网建设力度，城镇扩大“煤改气”范围，并在城乡一体化和乡村振兴过程中推广使用，推动城乡生态文明建设更上台阶。环境建设和每个人息息相关，环境建设不仅在于国家的投入，更是需要每个个体共同努力。环境建设是经济社会发展的基本保障和重要内容，不仅表现在城乡环境建设上，还表现在城乡管理上。为了营造出宜居的生产生活环境，需要政府和居民共同发力，完善各项有利于环境建设的整治活动，为居民创造出具有公共空间的活动场所和生态屏障建设区，彰显“绿水青山就是金山银山”的生态文明理念，通过改变自然环境来改善生存和发展环境，实现生态文明的共同富裕。

二、社会层面：创造公平合理、竞争有序的社会环境

从第六章的实证研究中可以发现，子代可以凭借父代的人际关系网络和资本优势在就业中具有明显竞争力，不完全竞争和就业歧视等现象在一定程度上阻碍了社会公平的实现，这也会导致居民收入的不平等，使低收入阶层改变命运的机会越来越少。由个体无法控制的社会环境所导致的收入差距是社会建设中需要不断化解的矛盾和问题，相对于结果的不平等，个体需要更多思考的是发展中的机会不平等。因此，从社会视角来看，从企业的用人制

度、教育制度、用人选人机制等方面来创造公平的竞争环境是至关重要的。

（一）规范企事业单位用人制度

企事业在选拔录用人才时，一方面要根据自身发展的规模、性质、岗位制定严格的人才选聘和录用规章制度，根据岗位性质制定合理的录取标准，遵循公开透明的录取原则，从而达到就业公平；另一方面，企事业单位要转变用人观念，通过建立多维度的人才选拔体系，从发展的角度对人才进行培养和储备，改变唯经验论、唯文凭的做法，纠正性别和地域偏见的做法，切实坚守公平、公正、公开三项原则。企事业单位要注重招聘形式多样化，吸纳一些理论基础扎实、有理想、有干劲的专业对口学生，并且制定向边远地区、贫困家庭、农村生源倾斜的优惠政策。加大对新选聘人才的岗前培训，尤其要降低困难家庭教育培训方面的成本，使所选人才能尽快适应工作岗位需求，在体现自身价值的同时，也能够为企业为社会创造价值。同时，企事业要加强与学校的交流互动和合作，实现政校合作、校企合作，为普通家庭尤其是低收入家庭子女搭建就业平台。企事业单位要了解学校的专业特色及人才培养方向，学校要掌握企事业的人才需求，实现人才供需的对接、协调和平衡。

（二）完善人才培养机制，积极适应社会人才需要

各类学校和培训机构应调整专业设置和人才培养模式，以适应社会职业需求。第一，不断进行教育改革。各类学校和社会培训机构应该结合市场对人才的需求，紧密联系社会发展的实际，专业和技能培训应该适应我国经济结构的调整及社会发展的需要，及时调整已开设的专业课程和技能培训，合理配置优化教育资源，不断提升教育教学和技能培训水平，为社会输送各类优秀人才。第二，提高教学水平，拓宽人才培养渠道。各类学校和培训机构要顺应教育国际化的潮流，转变人才培养的观念，加强与世界高校教育的交流合作，公派留学生进修，进而促进人才培养的多样化。同时，高校应该制定正确的人才培养目标，不仅要培养学生理论学习的能力，还要培养学生敢于创新、敢于接受挑战、不断追求进步、自立自强的精神。第三，建立健全

大学生就业指导服务体系。高校应该建立以服务学生为主体的就业指导体系，建立并维护用人单位和毕业生之间的桥梁关系，引导大学生树立正确的就业观念，为毕业生就业创造良好、公平的就业条件。

（三）拓宽就业渠道，引导理性择业

近年来，服务行业的就业率呈现上升趋势。服务业在吸纳大量劳动力的同时也明显缓解了社会就业压力，提升了就业水平，起到了“蓄水池”的作用。全社会应高度重视和扶持服务业的快速发展，充分发挥服务业在保证就业、增加居民收入方面的重要作用。2020 年新冠疫情的暴发，催生了线上办公、线上教育新模式，这种“线上”形式也给就业求职提供了新途径，就业“云平台”应运而生。用人部门可以通过就业平台发布招聘信息，就业者可以通过平台获取招聘信息及服务咨询等，并且可以通过平台进行云面试，建立起就业者和用人单位之间的桥梁，进而节约时间，降低就业成本，实现招聘信息对称化、透明化、平等化。家庭职业代际传递影响使子代职业阶层流动不畅，导致社会阶层固化，因此，培养理性的择业观是增强职业代际流动性的关键因素。低收入群体的子代应当尽可能降低父代的职业对其职业选择的影响，理性择业，大胆创业，不断拓宽就业渠道和路径，将新兴职业纳入就业方向的选择中，重视自身职业技能的培养，积极参加岗前培训，提升自身综合素养，弥补“输在起跑线”的先天不足，增强自身就业竞争力，带动收入水平提升。

三、国家层面：完善均衡的调控政策

代际收入流动性的改善不仅受劳动者自身因素和社会环境因素的影响，还与公共政策的完善息息相关。提升代际收入流动需要进一步优化资源配置，发挥市场机制在资源配置中的主体作用的同时，还要积极发挥政府在资源配置中的调控作用，实现资源的最佳利用。建立健全社会保障制度，协调区域、城乡均衡发展。作为社会治理核心主体和社会价值的权威分配者，在经济社会政策的制定和实施过程中，政府加大宏观调控力度，制定合理的公共政策，在增加地方财富积累的同时提高居民的人均可支配收入，尤其是经济欠发达地区和广大农村地区，应尽力避免经济阻滞和居民收入增长放缓的情况发生，以此提高居民生活满意度和幸福感。此外，政府还应发挥好社会价值权威分配者的角色，着力建立和完善居民收入分配机制和教育医疗体系，进一步缩小城乡、区域和行业之间的收入差距和贫富分化。

（一）拓宽居民收入渠道，完善收入分配制度

就业是大多数居民家庭获得稳定收入的重要途径，提高就业水平、实现家庭和居民收入的稳定增长，是缩小贫富差距的直接有效出路。为促进就业水平稳健增长，政府需要保护市场主体，优化商业环境，实施促进民营经济发展的优惠政策，保障民营以及个体营业者的合法权益，优化民营经济和个体经济发展的法律法规和相关保护政策。针对广大农村地区，政府要持续推进乡村振兴战略，努力打造特色乡村模式，根据乡村自身特色增加针对性创新创业项目，提高乡村经济发展速度以及城乡融合发展水平，不断释放农村农业发展潜力。完善收入分配制度是实现共同富裕的重要路径，中央财经委员会第十次会议进一步阐明了共同富裕的内涵和要求，明确提出“构建初次分配、再分配、三次分配协调配套的基础性制度安排”，强调要着力扩大中等收入群体规模，推动更多低收入群体迈入中等收入行列。由于我国存在较为显著的代际收入流动性问题，因此，解决低收入群体的增收问题成为完善收入分配制度的着力点。从目前来看，低收入群体体量较大，占总人口的60%以上。能否实现共同富裕，在很大程度上取决于能否较快解决低收入群体收入水平的大幅提升，其中税收就是国家宏观调控收入的重要手段。税收是政府财政的主要来源，是对社会财富进行再分配的主要手段，因此，国家通过健全各项税收制度改善收入差距现状，弹性提高个人所得税起征点、打击偷税漏税等违法行为，适当地减少或取消低收入群体的税务缴纳，利用高收入群体的收入税收有效地援助弱势群体，保证社会最基本的公平性和稳定性。在保证高收入群体资产增进的同时提高社会弱势群体的基本生活水平，鼓励高收入群体积极开展社会公益和慈善活动，形成良好的社会风尚，促进物质文明和精神文明协调发展。

（二）激活城镇化潜力，促进城乡一体化发展

近年来，随着我国城市化发展速度加快，城乡间人口迁移率提高，为持续促进城乡地区间经济流动性，政府要在强化“都市圈”强大人口聚集力的同时，大力推动中心城市外圈区县地区的经济发展，形成以中心城市为核心的向乡村辐射的发展格局，避免“大城市病”。政府应采取相关政策措施引导人口自由流动，尤其要解决乡村振兴和城镇化过程中劳动力资源短缺问题，加大农村地区基础设施建设，促进公共服务均等化，着力解决居民家庭子女异地上学的难题，解决异地之间的医疗保障问题、住房问题等。此外，政府还应继续深化户籍制度改革，打破城乡二元结构，加快城乡一体化步伐。

（三）加大乡村医疗基础设施建设力度，推动城乡医疗的均衡发展

为缩小城乡医疗技术水平存在的过大差距和医疗资源配置不均衡问题，政府需要制定适合不同群体的弹性政策，医疗保险制度与财政政策相结合，并在此基础上建立高质量乡村的医疗服务体系。第一，针对欠发达地区财政转移支付力度较弱的状况，政府需要加大贫困地区的医疗基础设施的建设力度，提高地区医疗基础建设的财政支持，提高地区救助水平，满足贫困地区和贫困家庭患者就医需求。当地政府也应引入社会资金，充分发挥社会资源在改善农村医疗环境、拓宽地方筹资渠道、助力乡村医疗事业发展方面的作用。第二，不断完善农村合作医疗保险制度。农村合作医疗保险是我国社会保障的重要组成部分，要完善由政府支持、农民群众与农村经济组织共同筹资、在医疗上实行互助互济的农村健康保障制度。地方财政适当向乡村医疗倾斜，有效地解决农民“看病难”的问题。第三，政府应鼓励将地方医疗与互联网技术创新融合。在创造“互联网+”的医疗多元化发展平台的同时，做到监督管理“互联网+”。此外，政府还应制定支持乡村医疗水平高质量发展的相关政策，结合医疗人工智能技术使我国医疗资源的配置效率及医疗服务质量得到有效提高；不断推动乡村医疗机构的信息化、精细化和科学化管理，促进乡村医疗事业的快速发展，不断适应农村居民对高质量医疗的需求，破解“因病致贫，因贫致病”难题，实现城乡医疗事业均衡发展。

（四）不断完善教育体系，大力发展教育事业

政府应通过增加对公共教育性支出的投放，使处于教育资源劣势的群体得到更多的义务教育投资。此外，政府还应在履行保护居民受教育权的同时建立并完善多层次、高质量的教育体系，提升学校师资水平，并通过缓解过度教育投资竞争的方式，促进社会公平以及优质教育资源的均衡发展。第一，调整我国现有的教育经费投入机制，充分发挥国家在经费投入中的主导作用，有针对性地照顾偏远欠发达地区，优化教育资源配置，缩小教育资源差距。与此同时，还应积极推动教育管理体制优化改革，推动“省级统筹，以县为主”的新型管理模式，为全面贯彻落实相关教育改革提供政策保障。第二，关注贫困家庭失学儿童，教育是个人走向未来的基础，严格保证适龄儿童接受完整九年义务教育至关重要。政府应承担对农村儿童受教育权的维护工作并做好相关调查，定期开展维权意识的宣传活动，保障学生的平等接受教育维权途径。此外，政府还应做好对家长和学校的监督工作，能为全体学生创造良好的学习环境，为学生健康成长以及社会均衡发展提供保障。第三，由于父代对子代的教育投资水平正在不断增长，在我国现有选拔人才机制的大背景下，居民家庭越来越重视子代教育资源的优化问题。许多家庭选择对子代进行超额“影子教育”（即校外培训），但教育的过度市场化会引起社会不平等，增加普通家庭教育支出。政府应制定能改善教育投入竞争失衡的合理政策，正视市场经济规律和家庭经济状况的差异性，避免由于教育竞争而带来普通家庭教育投入负担。此外，政府应加大公共教育财政支出，以减轻家庭教育投资压力，缓解教育不平等带来收入不平等。

（五）实施多样化住房政策，抑制房地产投机

为保障房屋价格稳定，政府需要制定有效的管理调控政策，并针对各收入群体创设不同的住房供应系统。此外，还应结合住房金融制度真正做到惠及大众，避免房地产投机的情况发生。第一，政府应建立稳地价、稳房价、稳预期的长效管理调控机制。当市场调整机制不能充分发挥作用时，政府应以行政限制手段为主进行政策调控，对目前房地产调控政策的问题进行纠正。

此外，政府还可以对土地经营制度和土地管理制度进行改进与完善，对商业用地和住宅用地的转让方式加以区分。第二，全面落实因地制宜的弹性政策，促进房地产市场平稳健康发展。政府要尽快调整住房政策，针对差异化的收入群体创设不同的住房供应系统，提高空置房的使用成本，颁布限购令，推进房地产税收改革，在减少富有家庭通过投资房地产行业获取不合理收益的同时，为部分低收入群体制定廉租房、公租房等福利政策，加大在低收入阶层居民房屋建设上的投入，减少低收入阶层居民在住房上的成本支出，削弱房产价值对居民收入增长的阻碍性。第三，政府要优化住房金融制度和保障制度，对住房金融制度进行完善，使居民家庭充分享受制度改革红利，促进社会公平发展。

第二节　研究展望

本书针对我国居民家庭收入差距代际传递进行了较为详尽的研究，达到了预期研究目标。本书的研究数据主要源于 CFPS、CHNS 和 CHIP 三大微观数据库中历年调查数据，这些数据库涵盖我国居民个体、家庭及社会等领域的数据资料，其极强的代表性已成为学者们研究代际传递问题最常用的数据来源。

但是，就本研究而言，仍然存在一些不足。一方面，在研究时所使用的数据库中因部分指标缺失以及不同年份部分调查内容的调整，会使分析结果产生偏差；另一方面，现有调查数据缺乏长期的跟踪性，导致居民的终身收入数据难以获取，在研究时使用单年收入代替长期收入，会导致部分居民由于当年失业、待业或者因病年收入出现零收入的现状，会对测量精度造成一定影响。当然，本书在研究中尽可能使用不同方法来克服此类客观因素带来的偏差。

基于以上不足，笔者下一步研究将针对如何使用短期收入来估算长期收入，解决使用单年收入对衡量收入差距带来的偏差，或借用数据库融合等方法弥补数据不全面带来的不足；加强对居民家庭收入差距代际传递情况的实地考察，在现有问卷的基础上针对现有研究成果进行实地访谈，验证或补充现有数据得出的结论。

参考文献

[1] Anderberg D, Andersson F. Stratification, social networks in the labour market, and intergeneration mobility [J]. The Economic Journal, 2007, 117 (520): 782-812.

[2] Atkinson A B. Social Justice and Public Policy [M]. Cambridge: MIT Press, 1983.

[3] Atkinson A B, Trinder C G, Mlaynard A K. Evidence on intergenerational income mobility in Britain [J]. Economic Letters, 1978, 1 (4): 383-388.

[4] Becker G. Human Capital [M]. New York: Columbia University Press, 1964.

[5] Becker G S, Tomes N. An equilibrium theory of the distribution of income and intergenerational mobility [J]. Journal of Political Economy, 1979, 87 (6): 1153-1189.

[6] Becker G S, Tomes N. Human capital and the rise and fall of families [J]. Journal of Labour Economics, 1986, 4 (3): 1-39.

[7] Behrman J R, Schott W, Mani S, et al. Intergenerational transmission of poverty and inequality: Parental resources and schooling attainment and children's human capital in Ethiopia, India, Peru, and Vietnam [J]. Economic Development and Cultural Change, 2017, 65 (4): 657-697.

[8] Behrman J, Taubman P. Intergenerational earnings mobility in the United States: Some estimates and a test of Becker's Intergenerational Endowments Model [J]. The Review of Economics and Statistics, 1985, 67 (1): 144-151.

[9] Bian Y. Guanxi and the allocation of urban jobs in China [J]. China

Quarterly, 1994 (140): 971-999.

[10] Blanden J. International Evidence on Intergenerational Mobility [R]. London: Annual Conference, London School of Economics, 2005.

[11] Breiman L I , Friedman J H , Olshen R A, et al. Classification and regression trees: Wadsworth [J]. Biometrics, 1984, 40 (3): 358.

[12] Breiman L I. SpringerLink [J]. Machine Learning, 2001, 45 (1): 5-32.

[13] Bia Z Kim, Dipika V Patel, Trevor Sherwin, et al. The Auckland cataract study: Assessing preoperative risk stratification systems for phacoemulsification surgery in a teaching hospital [J]. American Journal of Ophthalmology, 2016 (171): 45-150.

[14] Blau P M, Duncan O D. The American Occupational Structure [M]. New York: Wiley, 1967.

[15] Bowles S, Gintis H. The inheritance of inequality [J]. Journal of Economic Perspectives, 2002 (16): 3-30.

[16] Cardak B A, Johnston D W, Martin V L. Intergenerational earnings mobility: A new decomposition of investment and endowment effects [J]. Labour Economics, 2013 (24): 39-47.

[17] Chevalier A, Denny K, McMahon D. A multi-country study of inter-generational educational mobility [R]. Centre for Economic Research Working Paper Series, 2003.

[18] Costas-Fernndez J, José-Alberto G, Mohnen M. Train to opportunity: The effect of infrastructure on intergenerational mobility [J]. Documentos Cede, 2020 (48): 1-86.

[19] Coleman J S . Social capital in the development of human capital: The ambiguous position of private schools [J]. Catholic Schools, 1988, 94 (20): 95-120.

[20] Cohen J. Statistical power analysis for the behavioral sciences [J]. Technometrics , 1988, 31 (4): 499-500.

［21］ Corak M. Income inequality, equality of opportunity and intergenerational mobility ［J］. The Journal of Economic Perspectives, 2013, 27 (3): 79-102.

［22］ Coyle T R, Bjorklund D F. Age differences and consequences of multiple- and variable-strategy use on a multitrial sort-recall task ［J］. Developmental Psychology, 1997, 33 (2): 372-380.

［23］ Currie J. Inequality at birth: Some causes and consequences ［J］. American Economic Review, 2011, 101 (3): 1-22.

［24］ Deaton A. The analysis of household surveys: A Micro Econometric Approach to Development Policy ［M］. Washington D C: World Bank Publications, 1997.

［25］ De Gregorio J, Lee J W. Education and income inequality: New evidence from cross-country data ［J］. Review of Income and Wealth, 2002, 48 (3): 395-416.

［26］ Dahl M W, DeLeire T. The Association between Children's Earnings and Fathers' Lifetime Earnings: Estimates Using Administrative data ［M］. Wisconsin: University of Wisconsin-Madison Press, 2008.

［27］ Durlauf S N. Social influence and inequality: A memberships theory perspective on poverty traps ［J］. Working Papers from Wisconsin Madison-Social Systems, 2002 (18): 21-35.

［28］ Duarte T, Carolina S. Discovering the optimal set of ratios to use in accounting-based models ［J］. International Journal of Society Systems, 2018, 10 (2): 110-131.

［29］ Eicher T S, Garcia-Penalosa. Inequality and growth: The dual role of human capital in developing countries ［J］. Journal of Development Economics, 2001, 66 (1): 173-197.

［30］ Engelhardt G. The use of touch for a patient experiencing laryngospasm ［J］. British Journal of Perioperative Nursing (United Kingdom), 2000, 10 (12): 602-608.

［31］ Erikson R, Goldthorpe J H. Intergenerational inequality: A sociological perspective [J]. Journal of Economic Perspectives, 2002, 16 (3): 31-44.

[32] Erreygers G. Beyond the Health Concentration Index: An Atkinson Alternative for the Measurement of the Socioeconomic Inequality of Health [M]. Antwerp: University of Antwerp Press, 2006.

[33] Ferreira P C, Pessoa S D, Veloso F. The evolution of international output differences (1960-2000): From factors to productivity [J]. The B. E. Journal of Macroeconomics, 2008, 8 (1): 1-34.

[34] Fields G S, Efe A. The meaning and measurement of income mobility [J]. Journal of Economic Theory, 1996, 71 (2): 349-377.

[35] Galor O, Zeira J. Income distribution and macroeconomics [J]. The Review of Economic Studies, 1993, 60 (1): 35-52.

[36] Gallagher R, Kaetner R, Persky J. The geography of family differences and intergenerational mobility [J]. Journal of Economic Geography, 2019, 19 (3): 589-618.

[37] Granovetter M S. The strength of weak ties [J]. American Journal of Sociology, 1973, 78 (6): 1360-1380.

[38] Greenwood J, Jovanovic B. Financial development, growth and distribution of income [J]. Journal of Political Economy, 1990, 98 (5): 1076-1107.

[39] Haider S J, Solon G. Life-cycle variation in the association between current and lifetime earnings [J]. American Economic Review, 2006, 96 (4): 1308-1320.

[40] Heidrich J, Liese A D, Lwel H, et al. Self-rated health and its relation to all-cause and Cardiovascular mortality in Southern Germany: Results from the MONICA Augsburg Cohort study 1984-1995 [J]. Annals of Epidemiology, 2002, 12 (5): 338-345.

[41] Hertz T, Jayasundera T, Piraino P, et al. The inheritance of educational inequality: International comparisons and fifty-year trends [J]. The B. E. Journal of Economic Analysis & Policy, 2007, 7 (2): 3-9.

[42] Hyytinen A, Ilmakunnas P, Johansson E, et al. Heritability of lifetime earnings [J]. The Journal of Economic Inequality, 2019, 17 (3): 319-335.

[43] Jantti M, Bratsberg B, Roed K, et al. American exceptionalism in a new light: A comparison of intergenerational earnings mobility in the Nordic Countries, the United Kingdom and the United States [J]. The Warwick Economics Research Paper Series (TWERPS), 2006, 6 (2): 1-43.

[44] Jin H, Min chao J, Suo D, et al. Asset poverty in urban China: A study using the 2002 Chinese household income project [J]. Journal of Social Policy, 2013, 42 (4): 763-781.

[45] Kaldor N. Capitalist evolution in the light of Keynesian Economics [J]. The Indian Journal of Statistics, 1957, 18 (1/2): 173-182.

[46] Kent J M. The American occupational structure [J]. American Political Science Review, 1968, 62 (2): 596-597.

[47] Koenker R W, Bassett G. Regression quantile [J]. Econometrica, 1978, 46 (1): 33-50.

[48] Loury G C. A dynamic theory of racial income differences [R]. Discussion Paper, 1976.

[49] Kristian H. Fast and accurate relatedness estimation from high-throughout sequencing data in the presence of inbreed [J]. Giga Science, 2019, 8 (5): 1-9.

[50] Lin N, Westcott J, Eckenrode J. Marital Engagement/Disengagement, Social Networks and Mental Health [M]. New York: Springer US, 1991.

[51] Liu Z. The economic impact and determinants of investment of in human and political capital in China [J]. Economic Development and Cultural Change, 2003, 51 (4): 823-849.

[52] Luigi G, Tullio J. Private transfers, borrowing constraints, and timing of home ownership [J]. Journal of Money, Credit and Banking, 2002, 34 (2): 315-339.

[53] Mulligan A, Hall L, Raphael E. Peer review in a changing world: An international study measuring the attitudes of researchers [J]. Journal of the American Society for Information Science & Techology, 2012, 64 (1): 132-161.

[54] Ostrom E. Social capital: A fad or a fundamental concept [C]// Dasgupta P, Serageldin I. Social Capital: A Multifaceted Perspective [M]. Washington D. C: The World Bank Publication, 2000: 195-198.

[55] Pekkarinen. Changes in reindeer herding work and their effect on occupational accidents [J]. Arctic Medical Research, 2006, 65 (4): 357-364.

[56] Persson T, Tabellini G. Is inequality harmful for growth? [J]. The American Economic Review, 1994, 84 (3): 600-621.

[57] Peters H E. Patterns of intergenerational mobility in income and earnings [J]. Review of Econmics and Statistics, 1992, 74 (3): 456-466.

[58] Petri B, Jutta V, Jari V, et al. Stature and long-term labour market outcomes: Evidence using Mendelian randomization [J]. Economics and Human Biology, 2017, 24: 18-29.

[59] Prais S J. Measuring social mobility [J]. Journal of the Roy Statistical Society, 1955, 118 (1): 56 - 66.

[60] Qin X, Wang T, Zhuang C C. Intergenerational transfer of human capital and its impact on income mobility: Evidence from China [J]. China Economic Review, 2016, 38 (5): 306-321.

[61] Reynolds S J. Flammable Australia: Fire regimes, biodiversity and ecosystems in a changing world [J]. Northern Territory Naturalist, 2013 (24): 89-91.

[62] Rietveld C A, Patel P C. ADHD and later-life labour market outcomes in the United States [J]. The European Journal of Health Economics, 2019 (7): 949-967.

[63] Roemer J E. Equality of Opportunity [M]. Cambridge: Harvard University Press, 1998.

[64] Rowan A. Equity inequity: Housing wealth inequality, inter and intra-generational divergences, and the rise of private landlordism [J]. Housing Theory and Society, 2017, 34 (2): 176-200.

[65] Ryan G, Robert K, Joseph P. The geography of family differences and intergenerational mobility [J]. Journal of Economic Geography, 2019, 19 (3): 589-618.

[66] Schultz T W. Reflections oninvestment in man [J]. NBER Chapters, 1962, 70 (5): 1-8.

[67] Shorrocks A F. Themeasure of mobility [J]. Econometrica, 1978, 46 (5): 1013-1024.

[68] Smith D E, Lewis Y S, Svihla G. Prolongation of clotting time in the Dormant Bat (myotis lucifugus) [J]. Experientia, 1954, 10 (5): 218.

[69] Solon G. Intergenerational income mobility in the Unite States [J]. The American Economic Review, 1992, 82 (3): 393-408.

[70] Solon G. Intergenerational mobility in the labour market [J]. Labour E-conomics, 1999 (3): 1761-1800.

[71] Sorokin P A. Social and Cultural Mobility [M]. New York: Free Press, 1964.

[72] Sukiassyan G. Inequality and growth: What does the transition economy data say? [J]. Journal of Comparative Economics, 2006, 35 (1): 35-56.

[73] Thierry A. Une approche originale de logistique urbaine: l'expérimentation Déméter - Bordeaux Métropole [J]. Logistique & Management, 2017, 24 (3/4): 164-170.

[74] Thomas V, Wang Y, Fan X. A New Dataset on Inequality in Education: Gini and Theil Indices of Schooling for 140 Countries 1960-2000 [C]. The World Bank, 2002.

[75] Wagstaff A, Paci P, Doorslaer E V. On the measurement of inequalities in health [J]. Social Science & Medicine, 1991, 33 (5): 545-557.

[76] Wang M, Feng C. The win-win ability of environmental protection and economic development during China's transition [J]. Technological Forecasting and Social Change, 2021 (166): 1-12.

[77] William H. Book review: Urbanization and social welfare in China [J]. China Information, 2006, 20 (2): 318-320.

[78] Wolkin A, Sanfilipo M, Wolf A P, et al. Negative symptoms and hypofrontality in Chronic Schizophrenia [J]. Archives of General Psychiatry, 1992, 49 (12): 959-965.

[79] Woolcock M. Social capital and economic development: Toward a theoretical synthesis and policy framework [J]. Theory and Society, 1998, 27 (2): 151-208.

[80] Zimmerman S. Recent trends in criminal law reform [J]. Les Cahiers de droit, 1992, 33 (3): 857-884.

[81] [法] 布迪厄. 文化资本与社会炼金术 [M]. 包亚明, 译. 上海: 上海人民出版社, 1997.

[82] 边燕杰. 城市居民社会资本的来源及作用: 网络观点与调查发现 [J]. 中国社会科学, 2004 (3): 136-146, 208.

[83] 曹亚丽, 刘润芳, 李频. 居民家庭收入差距代际传递影响因素研究——基于中国家庭追踪调查 (CFPS) 的实证分析 [J]. 环渤海经济瞭望, 2021 (2): 152-154.

[84] 陈杰. 代际收入流动性、传递机制与收入不平等 [D]. 南京: 南京农业大学, 2015.

[85] 陈强. 高级计量经济学及 Stata 应用 [M]. 北京: 高等教育出版社, 2010.

[86] 车延, 刘润芳. 基于 CFPS 的居民代际收入流动性变动趋势研究 [J]. 当代经济, 2021 (9): 110-115.

[87] 成伟, 牛喜霞, 迟丕贤. 社会资本代际传递之研究 [J]. 华东理工大学学报 (社会科学版), 2013 (1): 1-9.

［88］陈芳．社会转型期职业流动的性别分化——以江苏省为例［J］．南方人口，2008（3）：59-64．

［89］陈杰，苏群，周宁．农村居民代际收入流动性及传递机制分析［J］．中国农村经济，2016（3）：36-53．

［90］陈杰，周宁．中国农村居民收入差距与代际传递效应［J］．湖南农业大学学报（社会科学版），2017，18（5）：1-10．

［91］陈凯，温慧博．一种基于 K-means 聚类技术的快速选择性 Bagging Trees 集成算法研究［J］．统计与信息论坛，2008（9）：23-27．

［92］陈丽华．社会资本对农村居民代际收入流动性的影响效应与机制研究［D］．重庆：西南大学，2020．

［93］陈琳．中国代际收入流动性的实证研究：经济机制与公共政策［D］．上海：复旦大学，2011．

［94］陈丽华，张卫国，于连超．农民工代际收入流动性的迁移效应研究［J］．农村经济，2019（12）：114-121．

［95］陈琳，袁志刚．中国代际收入流动性的趋势与内在传递机制［J］．世界经济，2012（6）：115-131．

［96］陈薇．山东省主要农产品虚拟水时空匹配分析［J］．经济研究导刊，2017（20）：30-34．

［97］陈怡，谈碧云，李海玲．中国收入流动性的变动及影响因素研究——基于 CHNS 数据的分析［J］．金融教育研究，2020，33（2）：25-32．

［98］陈宗胜，周云波．城镇居民收入差别及制约其变动的某些因素——就天津市城镇居民家户特征的影响进行的一些讨论［J］．经济学（季刊），2002（2）：563-574．

［99］邓大松，杨晶，孙飞．收入流动、社会资本与农村居民收入不平等——来自中国家庭追踪调查（CFPS）的证据［J］．武汉大学学报（哲学社会科学版），2020，73（3）：103-114．

［100］段景辉，陈建宝．城乡收入差距影响因素的非参数逐点回归解析［J］．财经研究，2011，37（1）：101-111．

[101] 丁亭亭，王仕睿，于丽．中国城镇代际收入流动实证研究——基于 Jorgenson-Fraumeni 未来终生收入的估算 [J]. 经济理论与经济管理，2016 (7)：83-97.

[102] 范悍彪．顾客对超市满意度的结构方程模型分析 [J]. 合作经济与科技，2011 (3)：36-37.

[103] 冯雪琴，郝东明，车延．社会资本对居民家庭代际收入传递的影响——基于 CFPS2018 调查数据分析 [J]. 统计与管理，2021，36 (11)：103-109.

[104] 方静．我国贫富差距代际传承问题及对策研究 [D]. 大连：东北财经大学，2016.

[105] 方鸣，应瑞瑶．中国城乡居民的代际收入流动及分解 [J]. 中国人口·资源与环境，2010，20 (5)：123-128.

[106] 方鸣，应瑞瑶．中国农村居民代际收入流动性研究 [J]. 南京农业大学学报（社会科学版），2010，10 (2)：14-18，26.

[107] 高嵩，王士君，谭亮．东北振兴以来吉林省区域经济差异的时空演变研究 [J]. 地理科学，2017，37 (11)：1712-1719.

[108] 高艳云，王曦璟．中国代际收入流动特点及变迁——基于收入分布分解的视角 [J]. 财经科学，2017 (1)：83-92.

[109] 龚明远，周京奎，张朕．要素禀赋、配置结构与城乡收入差距 [J]. 农业技术经济，2019 (6)：57-69.

[110] 郭建军，王磊，苏应生．样本选择性偏误、TS2SLS 估计与我国代际收入流动性水平 [J]. 统计研究，2017，34 (8)：120-128.

[111] 韩军辉．机会不等与收入不均：城乡家庭收入的代际流动 [J]. 华南农业大学学报（社会科学版），2010，9 (3)：72-78，142.

[112] 韩军辉．基于面板数据的代际收入流动研究 [J]. 中南财经政法大学学报，2010b (4)：21-25.

[113] 韩军辉．我国居民代际收入流动性实证研究 [D]. 成都：西南交通大学，2011.

［114］ 韩军辉．自助多水平统计模型在代际收入流动研究中的应用［J］．兰州学刊，2009（9）：68-70.

［115］ 何金财，王文春．关系与中国家庭财产差距——基于回归的夏普里值分解分析［J］．中国农村经济，2016（5）：29-42.

［116］ 何石军，黄桂田．中国社会的代际收入流动性趋势：2000—2009［J］．金融研究，2013（2）：19-32.

［117］ 何珊珊．农民工的家庭禀赋与代际收入流动的关系分析［J］．湖北农业科学，2018，57（19）：117-120.

［118］ 洪兴建．基于S基尼系数的中国行业工资差距分析［J］．统计研究，2010，27（5）：18-24.

［119］ 胡祖光．基尼系数理论最佳值及其简易计算公式研究［J］．经济研究，2004（9）：60-69.

［120］ 侯渊博，曹晓丽．大学生手机消费和手机选择的差异化研究——以西安交通工程学院为例［J］．知识经济，2018（19）：81-82.

［121］ 胡咏梅，李佳丽．父母的政治资本对大学毕业生收入有影响吗［J］．教育与经济，2014（1）：22-30，52.

［122］ 黄静，崔光灿．住房财富视角下的代际资源传递效应研究——来自CFPS的经验证据［J］．中国软科学，2020（6）：65-76.

［123］ 黄泰岩，王检贵．居民收入差距测量指标体系的选择［J］．当代经济研究，2000（9）：42-72.

［124］ 姜明辉，陈昊洁，袁天琪．基于SEM模型的个人住房抵押贷款违约影响因素实证研究［J］．中国软科学，2012（1）：170-175.

［125］ 江求川，任洁，张克中．中国城市居民机会不平等研究［J］．世界经济，2014，37（4）：111-138.

［126］ 简新华，许辉．产业结构调整与扩大内需［J］．首都经济贸易大学学报，2003（1）：58-62.

［127］ 李任玉，陈悉榕，甘犁．代际流动性趋势及其分解：增长、排序与离散效应［J］．经济研究，2017，52（9）：165-181.

[128] 李涛，陈斌开．家庭固定资产、财富效应与居民消费：来自中国城镇家庭的经验证据 [J]．经济研究，2014 (3)：62-75.

[129] 陆学艺．当代中国社会阶层的分化与流动 [J]．紫光阁，2006 (9)：54-56.

[130] 刘志国，范亚静．教育与居民代际收入流动性的关系研究 [J]．统计与决策，2014 (22)：101-105.

[131] 刘向哲，郭蕾，王新志．论禀赋的先天实质和后天表现 [J]．北京中医药大学学报，2007 (9)：587-589.

[132] 李金叶，郝雄磊．机会不平等的测度：回归树模型的应用与比较 [J]．统计与信息论坛，2019，34 (10)：3-13.

[133] 刘建和，胡跃峰．基于家庭金融性资产与借贷规模的居民代际收入传递研究 [J]．理论探讨，2014 (3)：5-8.

[134] 刘润芳，郝一格，邵鑫鑫．家庭资产对居民代际收入传递的影响——基于 CFPS 经验数据分析 [J]．西北人口，2021，42 (4)：82-92.

[135] 林志伟．经济增长、金融发展与城镇居民收入不平等 [J]．山西财经大学学报，2007 (1)：56-60.

[136] 兰丽辉．基于向量模型的加权社会网络发布隐私保护方法研究 [D]．镇江：江苏大学，2015.

[137] 李群峰．基于分位数回归的面板数据模型估计方法 [J]．统计与决策，2011 (17)：24-26.

[138] 李涛．健康、收入与民族地区居民幸福感——基于 (CGSS) 2015 数据的实证分析 [J]．广西财经学院学报，2020，33 (5)：107-120.

[139] 李莹，吕光明．机会不平等在多大程度上引致了我国城镇收入不平等 [J]．统计研究，2016，33 (8)：63-72.

[140] 李勇辉，李小琴．人力资本投资、劳动力迁移与代际收入流动性 [J]．云南财经大学学报，2016，32 (5)：39-50.

[141] 李晚莲．社会变迁与职业代际流动差异：基于社会分层的视角 [J]．求索，2010 (6)：62-64.

[142] [美] 林南．社会资源与社会流动：一种地位获得的理论 [M]//南开大学社会学系，编．昆明：云南人民出版社，1989.

[143] [美] 林南．社会资本——关于社会结构与行动的理论 [M]．张磊，译．上海：上海人民出版社，2005.

[144] 龙翠红，吴福象，洪银兴．收入不平等与经济增长——基于中国省际面板数据的实证分析 [J]．世界经济文汇，2010 (5)：25-37.

[145] 陆学艺. 协调好社会阶层关系 构建和谐社会 [J]．我国党政干部论坛，2005 (4)：1-10.

[146] 刘建和，邢慧敏，黄林峰．我国居民金融性资产代际收入传递影响因素研究 [J]．商业研究，2016 (9)：54-63.

[147] 刘慧，杨舒．社会资本视角下的可持续发展 [J]．鄱阳湖学刊，2017 (2)：46-53，126.

[148] 刘润芳，施金桥．教育不平等、健康不平等的测度及其对居民家庭收入的影响 [J]．统计与决策，2021，37 (21)：76-80.

[149] 罗曼利．中国城镇居民收入差距代际传递分析——基于职业流动的视角 [J]．时代金融，2018 (11)：247-249.

[150] 吕炜，杨沫，王岩．收入与职业代际流动性研究前沿——测度、比较及影响机制 [J]．经济学动态，2016 (6)：109-119.

[151] 刘敏，朱亚鹏，辜良烈．双边政治关系与中国企业跨国并购成功率——基于联合国大会投票数据的研究 [J]．南方经济，2020 (7)：18-38.

[152] 李芳芝，张焕明．中国城乡居民多代际收入流动研究 [J]．统计与信息论坛，2019，34 (12)：50-57.

[153] 李春玲．中国城镇社会流动 [M]．北京：社会科学文献出版社，1997.

[154] 苗红娜．社会资本研究：分类与测量 [J]．重庆大学学报（社会科学版），2015，21 (6)：123-131.

[155] 马岩，王道理，陈洪桃．雇主品牌、情感承诺与员工忠诚度关系的实证研究 [J]．现代商业，2019 (30)：12-15.

［156］牟欣欣．中国公共教育支出对代际收入流动性的影响研究［D］．沈阳：辽宁大学，2018.

［157］［德］马克思．资本论（第一卷）［M］．北京：人民出版社，1975.

［158］马继迁，郑宇清．家庭禀赋如何影响就业？——对失地农民的考察［J］．华东经济管理，2016，30（10）：116-122.

［159］孟宪红，张晨明．社会保障视角下缩小城乡居民收入差距的对策研究［J］．西部学刊，2020（23）：147-153.

［160］马占利，邹薇．中国机会不平等的测算与分解——基于“反事实”收入分布方法［J］．经济问题探索，2018（11）：1-9.

［161］秦雪征．代际流动性及其传导机制研究进展［J］．经济学动态，2014（9）：115-124.

［162］亓寿伟．中国代际收入传递趋势及教育在传递中的作用［J］．统计研究，2016，33（5）：77-86.

［163］［英］斯密．国富论（珍藏版）［M］．唐日松，等，译．北京：华夏出版社，2012.

［164］孙敬水，董立锋．居民收入差距适度性测度研究［J］．经济学家，2012（3）：27-36.

［165］宋山梅，刘文霞．代际差异视角下资本禀赋对农民工就业选择影响研究［J］．贵州社会科学，2014（10）：129-135.

［166］孙涛．农村不同收入群体收入差距代际传递及其变动［D］．合肥：安徽大学，2016.

［167］孙猛，许世存．流动人口就业收入的禀赋效应与地区效应分析［J］．人口学刊，2018，40（6）：52-61.

［168］孙永强，颜燕．我国教育代际传递的城乡差异研究——基于中国家庭追踪调查（CFPS）的实证分析［J］．北京师范大学学报（社会科学版），2015（6）：59-67.

［169］施正政．中国代际收入流动性与传递机制［D］．广州：暨南大学，2016.

［170］宋扬．中国的机会不均等程度与作用机制——基于CGSS数据的实证分析［J］．财贸经济，2017，38（1）：34-50.

［171］王会娟．代际影响视角下的子代收入差距研究［D］．天津：天津财经大学，2016.

［172］汪燕敏，金静．我国教育对代际收入流动的影响——基于代际数据的观察［J］．管理现代化，2013（3）：123-125.

［173］汪燕敏，金静．代际收入流动、教育与儿童护理［J］．中国青年研究，2012（8）：77-82.

［174］魏万青，陆淑珍．禀赋特征与机会结构——城市外来人口社会融合的代际差异分析［J］．中国农村观察，2012（1）：13-21.

［175］温忠麟，刘红云，侯杰泰．调节效应和中介效应分析［M］．北京：教育科学出版社，2012.

［176］王婷，李科宏．家庭背景对城镇居民收入差距的影响与贡献——基于代际流动模型的Shapley值分解［J］．云南财经大学学报，2018，34（8）：40-53.

［177］王艳莉．商业银行电子货币推广方略［J］．金融理论与实践，2001（7）：38-40.

［178］万相昱，石雪梅，唐亮．中国城镇居民家庭收入流动性研究［J］．劳动经济研究，2019，7（2）：42-59.

［179］吴彩容，吴声怡．欠发达地区农村劳动力自我雇佣行为影响因素分析——以福建沙县为例［J］．技术经济，2012（1）：86-90.

［180］王雷，王圣君．外部社会资本、吸收能力与新产品绩效的关系——基于中国长三角地区企业样本的实证分析［J］．技术经济，2015，34（12）：15-23.

［181］王春光．中国职业流动中的社会不平等问题研究［J］．中国人口科学，2003（2）：31-40.

［182］王振卯．转型期中国城市社会流动中先赋性影响因素分析——以南京的实证调查为例［J］．浙江社会科学，2007（1）：124-129.

［183］王海港．中国居民收入分配的代际流动［J］．经济科学，2005（2）：18-25.

［184］吴晓刚．中国的户籍制度与代际职业流动［J］．社会学研究，2007（6）：38-65，242-243.

［185］吴卫星，张琳琬．家庭收入结构与财富分布：基于中国居民家庭微观调查的实证分析［J］．东北师范大学学报（哲学社会科学版），2015（1）：62-69.

［186］徐晓红，曹宁．部门分割视角下的收入差距代际传递变动趋势［J］．贵州财经大学学报，2018（3）：93-101.

［187］邢伟，董克用．构建衡量居民收入差距指标体系初探［J］．中国行政管理，2007（1）：38-41.

［188］薛宝贵，何炼成．代际收入传递：一个文献综述［J］．经济资料译丛，2015（1）：64-76.

［189］谢勇．人力资本与收入不平等的代际间传递［J］．上海财经大学学报，2006（2）：49-56.

［190］肖望喜，陶建平，张彩霞．农户禀赋、风险可控制感与农户自然风险认知［J］．统计与决策，2020，36（1）：76-80.

［191］徐晓红．中国城乡居民收入差距代际传递变动趋势：2002—2012［J］．中国工业经济，2015（3）：5-17.

［192］严善平．大城市社会流动的实态与机制——来自天津市居民问卷调查的实证分析［J］．中国社会科学，2000（3）：104-114，205.

［193］杨新铭，邓曲恒．城镇居民代际收入传递现象及其形成机制——基于2008年天津家庭调查数据的实证分析［J］．财贸经济，2016（11）：47-61.

［194］杨娟，赖德胜，邱牧远．如何通过教育缓解收入不平等？［J］．经济研究，2015，50（9）：86-99.

［195］袁志刚，李娜．中国农村劳动力转移对城乡收入差距影响的研究述评［J］．云南财经大学学报，2012（4）：71-79.

［196］袁晓惠，司贺，王纯杰．面板数据分位数回归模型的诱导光滑估计［J］．统计与决策，2018，34（11）：70-72.

［197］杨灿，王辉．社会网络与家庭财产差距——基于中国家庭追踪调查（CFPS）面板数据［J］．经济与管理研究，2020，41（4）：88-101.

［198］杨沫，王岩．中国居民代际收入流动性的变化趋势及影响机制研究［J］．管理世界，2020，36（3）：60-76.

［199］于伟，张鹏．基于 Theil 指数和 Sharpley 值分解的山东省城市土地扩张强度差异及其成因研究［J］．地理与地理信息科学，2015，31（2）：54-59.

［200］［美］詹姆斯·科尔曼．社会理论的基础（上册）［M］．邓方，译．北京：社会科学文献出版社，1999.

［201］张东辉，司志宾．人力资本投资、就业双轨制与个体收入差距——收入差距问题代际间资本转移视角的一种解释［J］．福建论坛（人文社会科学版），2007（10）：14-19.

［202］张晓晨，程博．企业亲环境行为的研究述评与展望［J］．绿色财会，2020（9）：3-10.

［203］张屹山，赵明昊，杨春辉．收入代际传递机制的权力范式解析［J］．吉林大学社会科学学报，2020，60（3）：66-74，236.

［204］赵丹．中国代际收入不平等传递研究［D］．太原：山西财经大学，2017.

［205］郑吉友，李兆友．基于结构方程模型的农村居家养老服务供给水平分析［J］．西北人口，2017，38（5）：65-72.

［206］钟甫宁，刘华．中国城镇教育回报率及其结构变动的实证研究［J］．中国人口科学，2007（4）：34-41，95.

［207］周学忠，彭朝晖，曾杨．基于随机森林模型的上市公司财务失败预警研究［J］．湖南文理学院学报（自然科学版），2017，29（2）：17-20.

［208］周红云．社会资本：布迪厄、科尔曼和帕特南的比较［J］．经济社会体制比较，2003（4）：46-53.

[209] 周兴，王芳．城乡居民家庭代际收入流动的比较研究［J］．人口学刊，2014，36（2）：64-73.

[210] 周俊．问卷数据分析——破解 SPSS 的六类分析思路［M］．北京：电子工业出版社，2017.

[211] 朱涛，葛婷婷，周娜．基于家庭财富视角的收入差距研究［J］．当代经济，2009（12）：145-151.

[212] 邹薇，马占利．中国代际收入流动测度及致因［J］．云南财经大学学报，2018，34（2）：13-23.

[213] 国家统计局．2005 年县（市）社会经济综合发展指数前 100 名（即百强县）［J］．调研世界，2006（10）：4-6.

附　录

附录 1　全国居民按收入五等份分组的人均可支配收入　　单位：元/人

组别	2013 年	2014 年	2015 年	2016 年	2017 年	2018 年	2019 年
20%低收入组家庭人均可支配收入	4402. 4	4747. 3	5221. 2	5528. 7	5958. 4	6440. 5	7380. 4
20%中间偏下收入组家庭人均可支配收入	9653. 7	10887. 4	11894. 0	12898. 9	13842. 8	14360. 5	15777. 0
20%中间收入组家庭人均可支配收入	15698. 0	17631. 0	19320. 1	20924. 4	22495. 3	23188. 9	25034. 7
20%中间偏上收入组家庭人均可支配收入	24361. 2	26937. 4	29437. 6	31990. 4	34546. 8	36471. 4	39230. 5
20%高收入组家庭人均可支配收入	47456. 6	50968. 0	54543. 5	59259. 5	64934	70639. 5	76400. 7
总和	101571. 9	111171. 1	120416. 4	130601. 9	141777. 3	151100. 8	163823. 3

注：全国居民按收入五等份分组是指将所有调查户按人均可支配收入水平从低到高排列，平均分为五个等份，处于最低 20% 的收入群体为低收入组，依此类推，依次为中间偏下收入组、中间收入组、中间偏上收入组、高收入组。本表数据为不同分组家庭的人均可支配收入。附录 2、附录 3 与此相同。

附录 2　城镇居民按收入五等份分组的人均可支配收入　　单位：元/人

组别	2013 年	2014 年	2015 年	2016 年	2017 年	2018 年	2019 年
20%低收入组家庭人均可支配收入	9895. 9	11219. 3	12230. 9	13004. 1	13723. 1	14386. 9	15549. 4
20%中间偏下收入组家庭人均可支配收入	17628. 1	19650. 5	21446. 2	23054. 9	24550. 1	24856. 5	26783. 7

续表

组别	2013 年	2014 年	2015 年	2016 年	2017 年	2018 年	2019 年
20%中间收入组家庭人均可支配收入	24172.9	26650.6	29105.2	31521.8	33781.3	35196.1	37875.8
20%中间偏上收入组家庭人均可支配收入	32613.8	35631.2	38572.4	41805.6	45163.4	49173.5	52907.3
20%高收入组家庭人均可支配收入	57762.1	61615.0	65082.2	70347.8	77097.2	84907.1	91682.6
合计	142072.8	154766.6	166436.9	179734.2	194315.1	208520.1	224798.8

附录 3　农村居民按收入五等份分组的人均可支配收入　　单位：元/人

组别	2013 年	2014 年	2015 年	2016 年	2017 年	2018 年	2019 年
20%低收入组家庭人均可支配收入	2877.9	2768.1	3085.6	3006.5	3301.9	3666.2	4262.6
20%中间偏下收入组家庭人均可支配收入	5965.6	6604.4	7220.9	7827.7	8348.6	8508.5	9754.1
20%中间收入组家庭人均可支配收入	8438.3	9503.9	10310.6	11159.1	11978.0	12530.2	13984.2
20%中间偏上收入组家庭人均可支配收入	11816.0	13449.2	14537.3	15727.4	16943.6	18051.5	19732.4
20%高收入组家庭人均可支配收入	21323.7	23947.4	26013.9	28448.0	31299.3	34042.6	36049.4
合计	50421.5	56273.0	61168.3	66168.7	71871.4	76799.0	83782.7

附录 4　区域划分表

区域	省份
东部	北京、天津、辽宁、上海、江苏、浙江、福建、山东、广东
中部	河北、山西、吉林、黑龙江、安徽、江西、河南、湖北、湖南、海南
西部	四川、重庆、贵州、云南、西藏、陕西、甘肃、青海、宁夏、新疆、广西、内蒙古

注：该表格区域划分根据统计部门的统计口径，按照东、中、西部三大地区划分方法进行划分。

附录 5　东部地区人均可支配收入

单位：元/人

年份	北京	天津	辽宁	上海	江苏	浙江	福建	山东	广东
2005	16853	10255	6979	17738	8712	12093	8042	6860	10150
2006	19296	11526	7937	19647	9947	13550	8948	7795	11147
2007	21458	13116	9421	22459	11574	15351	10138	9085	12238
2008	24371	15444	11125	25385	13237	17073	11785	10411	13605
2009	26571	16967	12183	27500	14653	18528	12985	11398	14728
2010	29228	19266	13953	30436	17006	21159	14566	12922	16579
2011	33176	21714	16429	34731	19820	24195	16909	15077	18916
2012	36817	24030	18761	38550	22432	27020	19141	17127	21268
2013	40830	26359	20818	42174	24776	29775	21218	19008	23421
2014	44489	28832	22820	45966	27173	32658	23331	20864	25685
2015	48458	31291	24576	49867	29539	35537	25404	22703	27859
2016	52530	34074	26040	54305	32070	38529	27608	24685	30296
2017	57230	37022	27835	58988	35024	42046	30048	26930	33003
2018	62361	39506	29701	64183	38096	45840	32644	29205	35810
2019	67756	42404	31820	69442	41400	49899	35616	31597	39014

资料来源：历年《中国统计年鉴》。

附录 6　中部地区人均可支配收入

单位：元/人

年份	吉林	黑龙江	安徽	江西	河南	湖北	湖南	海南
2005	6010	6048	4777	5223	4668	5628	5664	5322
2006	6757	6748	5573	5894	5409	6304	6364	6084
2007	7791	7656	6724	7097	6493	7430	7587	7186
2008	8921	8877	7893	8208	7637	8643	8804	8325
2009	9671	9643	8683	9094	8426	9496	9745	9151
2010	10798	10846	9955	10217	9520	11069	10861	10342
2011	12621	12605	11873	11870	11206	12941	12612	12392
2012	14395	14302	13593	13567	12772	14809	14391	14180
2013	15998	15903	15154	15100	14204	16472	16005	15733
2014	17520	17404	16796	16734	15695	18283	17622	17476
2015	18684	18593	18363	18437	17125	20026	19317	18979
2016	19967	19838	19998	20110	18443	21787	21115	20653

续表

年份	吉林	黑龙江	安徽	江西	河南	湖北	湖南	海南
2017	21368	21206	21863	22031	20170	23757	23103	22553
2018	22798	22726	23984	24080	21964	25815	25241	24579
2019	24563	24254	26415	26262	23903	28319	27680	26679

资料来源：历年《中国统计年鉴》。

附录 7　西部地区人均可支配收入　　单位：元/人

年份	四川	重庆	贵州	云南	西藏	陕西	甘肃	青海	宁夏	新疆	广西	内蒙古
2005	4703	5942	3625	4197	3630	4395	3962	4587	4918	4707	4870	5985
2006	5247	6632	4016	4664	3828	5029	4428	5113	5576	5290	5353	6876
2007	6322	7520	4817	5469	4609	5974	5037	5916	6630	6273	6614	8340
2008	7413	8756	5533	6492	5249	7263	5782	6808	7924	7012	7839	9923
2009	8214	9688	6099	7170	5807	8122	6454	7553	8742	7656	8655	11015
2010	9373	10984	7226	8184	6628	9412	7358	8659	9864	9042	9739	12538
2011	11130	13037	8594	9739	7510	11229	8463	10024	11480	10443	11054	14715
2012	12753	14924	9850	11233	8568	12885	9768	11470	13104	12151	12644	16800
2013	14231	16569	11083	12578	9740	14372	10954	12948	14566	13670	14082	18693
2014	15749	18352	12371	13772	10730	15837	12185	14374	15907	15097	15557	20559
2015	17221	20110	13697	15223	12254	17395	13467	15813	17309	16859	16873	22310
2016	18808	22034	15121	16720	13639	18874	14670	17302	18832	18355	18305	24127
2017	20580	24153	16704	18348	15457	20635	16011	19001	20562	19975	19905	26212
2018	22461	26386	18430	20084	17286	22528	17488	20757	22400	21500	21485	28376
2019	24703	28920	20397	22082	19501	24666	19139	22618	24412	23103	23328	30555

资料来源：历年《中国统计年鉴》。

附录 8　2010 年人力资本一级指标部分原始数据

家庭编号	年龄/岁	收入/元	性别	城乡	自评健康状况	受教育年限/年	医疗保健支出/元	教育培训支出/元	交通通信支出/元
父代									
101129	44	27000	1	1	3	12	200	4000	1200
106335	58	4000	1	1	2	9	500	0	4200
106335	58	12000	1	1	2	12	5000	15000	4800

续表

家庭编号	年龄/岁	收入/元	性别	城乡	自评健康状况	受教育年限/年	医疗保健支出/元	教育培训支出/元	交通通信支出/元
109137	56	52800	1	1	3	12	30000	0	840
110006	54	20160	1	1	3	9	7000	0	14400
110009	57	20160	1	1	3	6	1000	0	3300
110009	57	60000	1	1	3	9	0	0	1800
110040	43	10000	1	1	1	12	1000	0	2400
110040	43	20000	1	0	1	6	800	2000	1200
110043	54	160000	1	0	3	6	2000	0	2400
…	…	…	…	…	…	…	…	…	…
子代									
101129	24	6000	0	1	3	12	200	4000	1200
106335	32	23000	0	1	3	12	500	0	4200
106335	32	6000	1	1	4	12	5000	15000	4800
109137	29	18000	1	1	4	16	30000	0	840
110006	24	25000	0	1	3	12	7000	0	14400
110009	30	16000	1	1	1	12	1000	0	3300
110009	25	25000	1	1	4	12	0	0	1800
110040	23	20000	1	1	4	15	1000	0	2400
110040	24	7500	1	0	3	12	800	2000	1200
110043	29	15000	0	0	3	6	2000	0	2400
…	…	…	…	…	…	…	…	…	…

注：表中的数据是对 2010 年人力资本变量选取后的部分数据。

附录 9　2014 年人力资本一级指标部分原始数据

家庭编号	年龄/岁	收入/元	性别	城乡	自评健康状况	受教育年限/年	医疗保健支出/元	教育培训支出/元	交通通信支出/元
父代									
101129	44	2160	1	0	3	12	9500	500	1200
106335	58	38400	1	1	2	9	5000	0	22800
106335	58	32800	1	0	2	9	5000	20000	22800
109137	56	90400	1	1	3	12	68000	20000	2220

续表

家庭编号	年龄/岁	收入/元	性别	城乡	自评健康状况	受教育年限/年	医疗保健支出/元	教育培训支出/元	交通通信支出/元
110006	54	2000	1	1	3	9	20000	0	3840
110009	57	24000	1	1	3	12	2300	0	6000
110009	57	1900	1	1	3	12	2300	10000	6000
110040	43	1900	1	1	1	9	4000	0	7200
110040	43	1100	1	1	1	9	4000	0	7200
110043	54		1	0	3	12	20000	0	5400
…	…	…	…	…	…	…	…	…	…
子代									
101129	24	24190	1	0	3	6	9500	500	1200
106335	32	40000	0	1	3	12	5000	0	22800
106335	32	45000	1	0	4	12	5000	20000	22800
109137	29	40000	1	1	4	12	68000	20000	2220
110006	24	58200	0	1	3	9	20000	0	3840
110009	30	12500	0	1	1	16	2300	0	6000
110009	25	35000	0	1	4	16	2300	10000	6000
110040	23	18000	1	1	4	9	4000	0	7200
110040	24	36000	0	1	3	12	4000	0	7200
110043	29	25300	0	0	3	15	20000	0	5400
…	…	…	…	…	…	…	…	…	…

注：表中的数据是对 2018 年人力资本变量选取后的部分数据。

附录 10　2018 年人力资本一级指标部分原始数据

家庭编号	年龄/岁	收入/元	性别	城乡	自评健康状况	受教育年限/年	医疗保健支出/元	教育培训支出/元	交通通信支出/元
父代									
100051	52	100000	1	1	4	12	20000	0	10800
101129	48	20000	1	0	3	12	300	1000	3600
109849	51	33000	1	1	3	15	6120	5000	14400
110043	58	35000	1	1	3	12	1000	20000	10800
111065	57	3000	1	1	3	6	4500	8000	6000

续表

家庭编号	年龄/岁	收入/元	性别	城乡	自评健康状况	受教育年限/年	医疗保健支出/元	教育培训支出/元	交通通信支出/元
114130	51	8000	1	0	5	6	0	1000	7800
115395	58	15000	1	0	2	6	200	2000	3120
117517	51	7800	1	1	3	9	0	0	1320
120080	53	16900	1	0	3	12	1000	10000	8400
120091	58	12000	1	0	3	9	2000	3000	14400
…	…	…	…	…	…	…	…	…	…
子代									
100051	24	70000	1	1	4	15	20000	0	10800
101129	28	29700	1	0	1	6	300	1000	3600
109849	27	27600	1	1	4	16	6120	5000	14400
110043	33	85000	1	1	3	16	1000	20000	10800
111065	28	70000	1	1	2	15	4500	8000	6000
114130	23	15000	1	0	5	6	0	1000	7800
115395	27	8900	0	0	3	9	200	2000	3120
117517	27	58600	0	1	5	9	0	0	1320
120080	31	82800	1	0	3	16	1000	10000	8400
120091	25	15200	0	0	4	9	2000	3000	14400
…	…	…	…	…	…	…	…	…	…

注：表中的数据是对 2018 年人力资本变量选取后的部分数据。

附录 11　教育不平等测度结果及区域排序

省市	2010 年		2014 年		2018 年	
	基尼系数	次序	基尼系数	次序	基尼系数	次序
北京	0. 196	25	0. 168	25	0. 146	25
天津	0. 390	14	0. 279	23	0. 229	24
河北	0. 354	18	0. 314	19	0. 283	20
山东	0. 423	11	0. 343	15	0. 347	9
辽宁	0. 319	24	0. 310	20	0. 283	20
浙江	0. 357	17	0. 356	11	0. 293	17
江苏	0. 443	9	0. 356	11	0. 318	13

续表

省市	2010 年		2014 年		2018 年	
	基尼系数	次序	基尼系数	次序	基尼系数	次序
上海	0. 321	23	0. 264	24	0. 258	23
福建	0. 514	5	0. 458	4	0. 410	7
广东	0. 432	10	0. 362	9	0. 322	11
山西	0. 352	20	0. 295	21	0. 295	16
河南	0. 398	12	0. 354	13	0. 321	12
吉林	0. 397	13	0. 360	10	0. 324	10
黑龙江	0. 342	21	0. 291	22	0. 270	22
安徽	0. 491	7	0. 415	7	0. 428	5
江西	0. 487	8	0. 436	6	0. 434	4
湖南	0. 333	22	0. 315	18	0. 284	19
湖北	0. 353	19	0. 336	17	0. 316	14
广西	0. 359	16	0. 337	16	0. 309	15
重庆	0. 517	4	0. 399	8	0. 412	6
四川	0. 540	3	0. 516	3	0. 492	1
贵州	0. 652	1	0. 597	1	0. 475	2
云南	0. 500	6	0. 453	5	0. 394	8
陕西	0. 366	15	0. 345	14	0. 287	18
甘肃	0. 576	2	0. 531	2	0. 465	3

注：本表数据由 Thomas 基尼系数测得，并且按照绝对值大小进行排序。

附录 12　健康不平等测度结果及区域排序

省市	2010 年		2014 年		2018 年	
	Erreygers 指数	次序	Erreygers 指数	次序	Erreygers 指数	次序
北京	0. 134	3	0. 044	23	−0. 059	24
天津	−0. 069	10	0. 432	14	0. 067	22
河北	0. 074	8	0. 486	12	0. 414	8
山东	−0. 036	18	0. 610	7	0. 307	12
辽宁	0. 118	4	0. 404	15	0. 357	9
浙江	−0. 063	11	−0. 016	25	0. 064	23

续表

省市	2010年		2014年		2018年	
	Erreygers指数	次序	Erreygers指数	次序	Erreygers指数	次序
江苏	-0.051	15	0.033	24	0.012	25
上海	-0.074	8	-0.080	22	-0.162	20
福建	-0.077	7	0.734	6	0.434	5
广东	-0.048	16	0.301	19	0.146	21
山西	0.207	1	0.539	8	0.327	10
河南	0.005	24	0.536	9	0.266	13
吉林	0.101	5	0.526	10	0.453	4
黑龙江	0.087	6	0.339	17	0.248	15
安徽	-0.022	20	0.382	16	0.254	14
江西	0.027	19	0.513	11	0.206	16
湖南	-0.040	17	0.302	18	0.184	18
湖北	0.016	23	0.099	21	0.185	17
广西	-0.018	22	0.866	4	0.461	3
重庆	0.136	2	0.277	20	0.324	11
四川	0.002	25	0.787	5	0.428	6
贵州	-0.059	12	1.000	1	0.424	7
云南	0.058	13	1.000	1	0.875	1
陕西	-0.021	21	0.464	13	0.165	19
甘肃	0.057	14	0.905	3	0.578	2

注：本表数据由 Erreygers 指数测得，并且按照绝对值大小进行排序。

附录 13　2010 年社会资本一级指标部分原始数据

家庭编号	年龄/岁	收入/元	性别	城乡	政治面貌	人际关系	单位性质	职业类型	求职渠道
父代									
110005	48	12000	1	0	1	5	1	0	0
110007	48	12000	1	0	1	3	0	0	0
110009	58	15000	1	0	1	3	0	0	1
110009	53	12000	1	1	1	4	0	0	0
110040	37	15000	0	0	1	4	1	0	0

续表

家庭编号	年龄/岁	收入/元	性别	城乡	政治面貌	人际关系	单位性质	职业类型	求职渠道
110051	50	20000	1	0	1	3	0	0	0
110052	50	11000	0	1	1	3	0	0	0
110052	51	9600	1	1	1	5	1	0	0
110060	63	10000	1	1	1	5	0	0	0
110084	52	10000	1	0	1	4	0	0	0
110107	48	20000	0	1	1	5	0	0	0
110108	52	40200	1	0	1	4	0	0	0
110108	52	40200	1	0	1	4	0	0	0
110120	51	8000	1	0	1	4	0	0	0
110120	50	24000	0	0	1	5	0	0	0
110126	57	10000	0	1	1	5	0	0	0
120014	65	10000	1	1	1	5	0	0	0
…	…	…	…	…	…	…	…	…	…
子代									
110005	19	6000	0	1	1	5	1	0	0
110007	20	30000	1	0	1	3	0	0	0
110009	26	6000	1	1	1	5	0	0	0
110009	26	6000	1	1	1	5	0	0	0
110040	19	10000	1	0	1	3	1	0	1
110051	23	30000	0	1	1	5	0	0	1
110052	24	18000	1	0	1	4	0	0	0
110052	24	18000	1	0	1	4	0	0	0
110060	30	35000	0	1	1	5	1	0	0
110084	23	36000	1	0	1	3	0	0	0
110107	23	40000	1	1	1	5	0	0	0
110108	27	30000	1	0	1	4	0	0	0
110108	26	25000	0	0	1	3	0	0	0
110120	25	24000	0	1	1	3	0	0	0
110120	26	30000	1	0	1	4	0	0	0
110126	28	40000	1	0	1	5	0	0	0
120014	40	50000	1	0	1	5	0	0	0

续表

家庭编号	年龄/岁	收入/元	性别	城乡	政治面貌	人际关系	单位性质	职业类型	求职渠道
120022	29	50000	1	0	1	5	0	0	0
120022	27	27000	0	1	1	3	1	0	0
…	…	…	…	…	…	…	…	…	…

注：表中的数据是对2010年社会资本变量选取后的部分数据。

附录14　2014年社会资本一级指标部分原始数据

家庭编号	年龄/岁	收入/元	性别	城乡	政治面貌	人际关系	单位性质	职业类型	求职渠道
父代									
106335	58	20160	1	0	0	7	0	1	1
109137	56	38400	1	1	1	8	0	1	1
110062	56	32800	0	1	0	8	0	1	1
110064	56	90400	1	1	1	6	0	1	0
110107	52	2000	0	1	0	8	0	0	1
110120	55	24000	1	1	0	9	0	0	1
120031	57	1900	1	1	0	7	0	0	1
120031	56	1900	0	1	0	10	0	0	0
120039	54	1100	0	1	0	8	0	1	1
120046	58	37000	1	1	0	6	0	1	1
120077	50	12000	0	0	0	7	0	0	1
120080	49	36000	1	0	1	7	0	0	1
120087	56	1400	1	0	0	8	0	0	0
120096	61	27400	1	0	0	8	1	1	1
120102	64	12000	1	0	0	7	0	0	1
126162	52	180	0	1	0	8	0	0	1
126162	54	32000	1	1	0	8	0	0	1
127689	49	25000	1	1	0	10	0	0	0
…	…	…	…	…	…	…	…	…	…
子代									
106335	32	40000	0	0	0	10	0	0	1
109137	29	40000	1	0	1	10	0	1	1
110062	27	50000	0	0	1	9	0	1	1

续表

家庭编号	年龄/岁	收入/元	性别	城乡	政治面貌	人际关系	单位性质	职业类型	求职渠道
110064	34	55200	1	0	0	7	0	1	1
110107	27	70000	1	0	0	10	0	1	0
110120	30	50000	1	0	0	5	0	1	0
120031	25	50000	0	1	0	8	1	1	0
120031	25	50000	0	1	0	8	1	1	0
120039	31	28800	0	0	0	7	1	1	1
120046	24	600	0	0	1	8	0	1	1
120077	24	3000	1	0	0	7	0	0	0
120080	27	40000	0	0	1	7	0	0	0
120087	23	30000	1	0	0	7	0	0	0
120096	33	12000	0	0	0	8	0	0	1
120102	27	36000	1	0	0	10	0	0	0
126162	30	40000	1	0	0	8	0	1	0
126162	30	60000	0	0	0	8	0	1	0
…	…	…	…	…	…	…	…	…	…

注：表中的数据是对 2014 年社会资本变量选取后的部分数据。

附录 15　2018 年社会资本一级指标部分原始数据

家庭编号	年龄/岁	收入/元	性别	城乡	政治面貌	人际关系	单位性质	职业类型	求职渠道
父代									
100051	49	36000	0	1	1	8	1	0	0
100051	52	100000	1	0	0	5	0	0	1
101129	48	20000	1	1	1	5	1	1	0
104256	50	50000	0	1	1	7	1	1	0
109849	51	33000	1	1	1	8	1	1	0
110009	61	26400	1	1	1	7	0	1	0
110108	60	90000	1	1	0	10	0	0	0
111065	57	3000	1	0	0	3	0	0	0
120092	55	33000	1	0	0	5	0	0	0
120092	55	10000	0	0	0	5	0	0	0
120100	54	20000	1	0	0	8	0	0	0

续表

家庭编号	年龄/岁	收入/元	性别	城乡	政治面貌	人际关系	单位性质	职业类型	求职渠道
120104	64	10800	1	1	0	5	0	0	0
130036	54	4000	0	1	0	5	0	0	0
130037	54	18000	1	0	0	5	0	0	0
130059	45	3000	1	0	0	7	0	0	0
130153	50	40000	1	0	0	10	0	0	0
130164	62	40000	1	1	0	10	0	0	0
…	…	…	…	…	…	…	…	…	…
子代									
100051	24	70000	0	1	1	8	1	0	0
100051	24	70000	1	0	1	8	1	0	0
101129	28	29700	1	1	0	7	0	0	1
104256	26	66000	0	1	1	10	0	0	0
109849	25	27000	1	1	1	8	1	1	0
110009	29	90000	1	1	0	6	0	0	0
110108	35	30000	1	1	0	9	1	1	0
111065	28	70000	1	0	0	6	0	0	0
120092	29	36000	1	0	1	8	0	0	0
120092	29	36000	0	0	1	8	0	0	0
120100	29	58000	1	0	1	8	0	0	0
120104	38	47000	1	1	0	5	0	1	1
130036	32	130000	0	1	0	3	0	0	0
130037	22	20000	1	0	0	5	0	0	0
130059	20	35000	1	0	0	9	0	0	1
130153	28	17200	1	0	1	6	0	0	0
130164	31	24000	1	1	0	7	0	0	0
130197	21	2000	1	1	1	6	0	0	0
…	…	…	…	…	…	…	…	…	…

注：表中的数据是对 2018 年社会资本变量选取后的部分数据。

附录 16　2010 年财富资本指标部分原始数据

家庭编号	父代收入/元	子代收入/元	城乡	金融性资产/元	保险与保障/元	固定资产/元	家庭负债/元
110005	12000	6000	1	5000	121600	5000	0
110007	12000	23000	1	70120	400000	40000	0
110009	12000	6000	1	7020	35000	2000	0
110009	15000	6000	1	7020	35000	2000	0
110011	36000	0	1	181000	0	1000	0
110020	16000	3000	1	0	24900	0	0
110042	0	24000	1	12000	42000	12000	0
110043	16800	2000	1	5000	18000	5000	7000
110044	0	140000	1	330005	0	200000	0
110051	20000	30000	1	16000	40000	6000	20000
110052	9600	18000	1	10000	20400	10000	20000
110060	10000	35000	1	90450	54220	70000	0
110069	0	0	1	20000	45000	20000	0
110075	40000	20000	1	2205000	0	300000	0
110078	30000	12000	1	20000	48000	20000	0
110079	0	10000	1	2000	5400	2000	10000
110081	0	12000	1	6000	50000	3000	0
110083	0	20000	1	25700	60000	5000	0
110084	10000	36000	1	34000	21600	4000	0
110093	0	43200	1	60000	60000	40000	0
110100	12000	12000	1	5000	0	5000	0
110107	0	40000	1	4000	21600	4000	0
110108	40200	25000	1	110010	61600	10000	0
110111	0	36000	1	315000	384000	20000	0
110113	0	43200	1	55000	47000	5000	0
110120	8000	24000	1	13000	10000	10000	0
110126	0	40000	1	150000	58000	20000	0
110145	45000	16000	1	0	100000	5000	60000
120009	40000	30000	1	20200	0	10000	0
120013	0	30000	1	50000	36000	50000	500000

续表

家庭编号	父代收入/元	子代收入/元	城乡	金融性资产/元	保险与保障/元	固定资产/元	家庭负债/元
120023	60000	25000	1	53000	0	3000	0
120024	0	0	1	4000	3000	4000	400000
120050	30000	200000	1	120000	0	40000	110000
120076	20000	0	0	5000	10000	5000	0
120077	160000	15000	0	16000	40000	2000	100000
120080	20000	8000	0	32000	0	12000	0
120081	24500	400	0	5000	720	5000	0
…		…	…	…	…	…	…

注：表中的数据是对2010年财富资本家庭配对的部分数据。

附录17　2014年财富资本指标部分原始数据

家庭编号	父代收入/元	子代收入/元	城乡	金融性资产/元	保险与保障/元	固定资产/元	家庭负债/元
100051	55000	2750	1	0	380	0	0
101129	0	24190	0	110000	10430	350	0
106335	20160	40000	1	580000	35000	265000	0
109137	38400	40000	1	0	96800	0	200000
110026	130000	60000	1	310000	49000	10000	0
110043	27000	0	1	2000	42000	0	0
110052	20400	27600	1	0	60010	0	0
110064	90400	55200	1	300000	42700	6700	0
110075	0	0	0	500000	21000	2500	0
110114	48000	0	1	500000	78400	0	0
110120	24000	37000	1	30000	38200	81400	70000
120046	37000	600	1	150000	26000	5000	0
120071	0	24000	0	5000	1300	1100	220000
120080	36000	40000	1	0	4000	1500	0
120082	30000	0	1	0	28000	0	580000
120086	0	0	0	0	17000	500	300000
120087	0	30000	1	0	32700	3000	0

续表

家庭编号	父代收入/元	子代收入/元	城乡	金融性资产/元	保险与保障/元	固定资产/元	家庭负债/元
120088	0	36000	1	10000	100	1100	0
120091	0	20000	1	0	1640	8000	0
120092	0	0	1	0	1080	0	0
120096	24000	20000	1	300000	40200	0	60000
120102	12000	36000	0	0	16800	13000	200000
120104	0	5000	1	0	3500	30	19000
120108	0	0	0	0	5800	1000	110000
126162	32000	60000	1	0	1500	0	0
127689	25000	32000	1	10000	400	500	0
129938	36000	48000	1	120000	3500	13000	50000
130027	12000	20000	1	0	3520	0	0
130029	0	0	0	0	13000	1000	50024
130030	0	20000	1	0	43280	27000	210000
130034	0	16200	1	0	1400	5000	70000
130040	10000	30000	1	0	10300	0	80000
130055	20000	6000	1	2000	10300	0	0
130056	0	28000	0	10000	16200	1000	0
130057	0	0	0	80000	15070	0	0
130059	0	0	0	10000	1260	200	0
130063	0	40000	0	0	9285	0	80000
…		…	…	…	…	…	…

注：表中的数据是对2014年财富资本家庭配对的部分数据。

附录18　2018年财富资本指标部分原始数据

家庭编号	父代收入/元	子代收入/元	城乡	金融性资产/元	保险与保障/元	固定资产/元	家庭负债/元
100051	100000	70000	1	200000	0	450000	0
101129	20000	29700	0	1000	2500	60400	0
106335	0	50000	0	3100000	23000	405000	0
108244	55000	0	1	30000	9500	41000	0

续表

家庭编号	父代收入/元	子代收入/元	城乡	金融性资产/元	保险与保障/元	固定资产/元	家庭负债/元
109849	33000	27000	1	10000	9000	101000	470000
110009	26400	90000	1	170000	8000	70000	10000
110043	35000	0	1	0	20000	20000	0
110108	90000	30000	1	200000	4000	540500	0
111065	3000	70000	1	302100	17000	1515	0
114130	8000	0	0	40000	1000	185000	30000
115395	0	0	0	50000	2000	110000	100000
115905	0	40000	0	0	3700	8150	60000
117517	0	60000	1	0	0	1000	0
120001	4400	0	1	50000	3000	122000	130000
120080	0	82800	0	20000	10000	105000	300000
120091	12000	0	0	0	3600	10000	0
120092	33000	36000	0	0	1000	85000	0
120100	20000	58000	0	20000	20000	30000	0
120104	10800	47000	0	20000	8760	15500	2000
120109	20400	0	1	0	2000	20880	0
122061	70000	250000	1	200000	20000	1000	200000
123392	0	66000	1	20000	16000	203000	570000
127089	0	80000	1	10000	20000	168000	0
127889	0	0	0	3000	3000	13350	120000
129613	40000	55000	0	0	34800	13000	30000
130001	0	0	0	20000	3600	4300	0
130013	0	0	0	0	30000	18000	20000
130022	12000	0	0	0	8000	55000	20000
130030	0	18200	1	200000	7000	102000	0
130036	0	130000	1	80000	12600	123000	0
130037	18000	20000	1	120000	35000	30000	0
130058	0	0	0	0	10000	1000	0
130059	3000	35000	0	20000	0	22000	0
130067	0	40000	0	0	10150	2000	0

续表

家庭编号	父代收入/元	子代收入/元	城乡	金融性资产/元	保险与保障/元	固定资产/元	家庭负债/元
130070	0	0	0	0	2100	54000	0
130074	4200	25000	0	0	10000	130	145000
130075	0	0	0	0	5000	50000	310000
…		…	…	…	…	…	…

注：表中的数据是对 2018 年财富资本家庭配对的部分数据。

附录 19　职业评分表

职业类型	评分
管理者/行政官员/经理（包括厂长、政府官员、处长、司局长、行政干部及村干部等）	12
军官与警官	11
高级专业技术工作者（医生、教授、律师、建筑师、工程师等）	10
一般专业技术工作者（助产士、护士、教师、编辑、摄影师等）	9
办公室一般工作人员（包括秘书和办事员）	8
技术工人或熟练工人（包括工段长、班组长、工艺工人等）	7
士兵与警察	6
服务行业人员（包括管家、厨师、服务员、看门人、理发员、售货员、洗衣工、保育员等）	5
司机	4
非技术工人或熟练工人（包括普通工人和伐木工人等）	3
农民、渔民、猎人	2
其他	1

注：该表格根据埃里克森和戈尔德索普（Erikson & Goldthorpe，2002）① 使用的职业等级评分标准制作。

附录 20　2010 年自然禀赋一级指标部分原始数据

单位：元

家庭编号	区域环境	生存环境	家庭禀赋	个人禀赋
110005	20000	17000	10000	10000
110007	20000	17000	10000	18000
110007	20000	17000	10000	10000

① Erikson R，Goldthorpe J H . Intergenerational inequality：A sociological perspective [J]. Journal of Economic Perspectives ，2002，16（3）：31-44.

续表

家庭编号	区域环境	生存环境	家庭禀赋	个人禀赋
110009	20000	17000	12000	18000
110009	20000	17000	12000	18000
110042	20000	17000	23000	18000
110043	20000	17000	12000	18000
110044	20000	17000	27000	10000
110044	20000	17000	27000	18000
110051	20000	17000	27000	10000
110052	20000	17000	23000	18000
110060	20000	17000	27000	10000
110069	20000	17000	27000	18000
110081	20000	17000	27000	18000
110083	20000	17000	23000	10000
110084	20000	17000	27000	18000
110093	20000	17000	27000	18000
110093	20000	17000	27000	10000
110107	20000	17000	27000	18000
110108	20000	17000	23000	10000
110108	20000	17000	23000	18000
110111	20000	17000	27000	10000
110113	20000	17000	27000	18000
110120	20000	17000	23000	18000
110120	20000	17000	23000	10000
…	…	…	…	…

注：表中的数据是对 2010 年自然禀赋决策树建模整理后的部分数据。

附录 21　2014 年自然禀赋一级指标部分原始数据　　单位：元

家庭编号	区域环境	生存环境	家庭禀赋	个人禀赋
101129	18000	23000	11000	20000
106335	18000	23000	31000	14000
109137	19000	23000	31000	22000
110043	29000	23000	20000	22000

续表

家庭编号	区域环境	生存环境	家庭禀赋	个人禀赋
110052	29000	23000	31000	22000
110064	29000	23000	36000	22000
110120	29000	23000	31000	14000
120046	29000	23000	31000	17000
120080	18000	23000	20000	14000
120087	18000	23000	36000	22000
120091	18000	23000	20000	22000
120092	18000	23000	20000	22000
120102	18000	23000	11000	14000
120104	29000	23000	31000	14000
126162	29000	23000	20000	14000
127689	29000	14000	20000	22000
129938	29000	14000	11000	17000
130029	29000	14000	5200	17000
130030	29000	14000	11000	22000
130034	29000	14000	5200	22000
130036	18000	16000	5200	12000
130040	18000	16000	20000	22000
130041	18000	14000	5200	22000
130046	18000	16000	20000	22000
130052	18000	16000	31000	22000
…	…	…	…	…

注：表中的数据是对 2014 年自然禀赋决策树建模整理后的部分数据。

附录 22　2018 年自然禀赋一级指标部分原始数据　　单位：元

家庭编号	区域环境	生存环境	家庭禀赋	个人禀赋
100051	39000	32000	44000	32000
101129	26000	32000	15000	21000
109849	33000	32000	31000	21000
110009	39000	32000	44000	32000
110043	39000	32000	31000	38000

续表

家庭编号	区域环境	生存环境	家庭禀赋	个人禀赋
110108	39000	32000	44000	32000
111065	33000	32000	31000	32000
114130	19000	32000	31000	32000
115395	19000	20000	22000	21000
117517	39000	23000	22000	23000
120080	26000	23000	31000	21000
120091	26000	32000	22000	32000
120092	26000	32000	31000	32000
120100	26000	32000	22000	32000
120104	26000	23000	31000	32000
120109	39000	32000	31000	21000
127089	33000	20000	31000	32000
127889	26000	20000	22000	32000
129613	19000	23000	44000	32000
130001	26000	23000	22000	21000
130030	39000	23000	22000	32000
130036	39000	23000	31000	21000
130037	39000	23000	15000	32000
130058	26000	23000	15000	21000
130059	26000	23000	22000	38000
…	…	…	…	…

注：表中的数据是对 2018 年自然禀赋决策树建模整理后的部分数据。